促进企业技术创新的
税收激励政策效应研究

RESEARCH ON THE EFFECT OF TAX INCENTIVES
ON PROMOTING ENTERPRISES' TECHNOLOGICAL INNOVATION

贺　娜◎著

中国经济出版社
CHINA ECONOMIC PUBLISHING HOUSE
北京

图书在版编目（CIP）数据

促进企业技术创新的税收激励政策效应研究 / 贺娜著. -- 北京：中国经济出版社，2024.1

ISBN 978 - 7 - 5136 - 7638 - 0

Ⅰ. ①促… Ⅱ. ①贺… Ⅲ. ①税收政策 - 影响 - 企业创新 - 研究 - 中国 Ⅳ. ①F279.23

中国国家版本馆 CIP 数据核字（2024）第 001919 号

责任编辑　张利影
责任印制　马小宾
封面设计　华　子

出版发行　中国经济出版社
印 刷 者　北京建宏印刷有限公司
经 销 者　各地新华书店
开　　本　710mm × 1000mm　1/16
印　　张　15.25
字　　数　230 千字
版　　次　2024 年 1 月第 1 版
印　　次　2024 年 1 月第 1 次
定　　价　82.00 元
广告经营许可证　京西工商广字第 8179 号

中国经济出版社 **网址** www.economyph.com **社址** 北京市东城区安定门外大街 58 号 **邮编** 100011

前言 Preface

技术创新对经济增长的重要贡献已在全球范围内形成普遍共识，对国家优化资源配置、提高综合竞争力，以及企业降低成本、提高自身市场竞争力等都至关重要。改革开放以来，我国技术创新水平迅速提升，但在取得巨大成就的同时，应清楚地看到我国整体研发水平仍存在大而不强、量多质低等问题，尤其是企业作为技术创新的重要主体，创新动力不足。促进企业技术创新离不开市场机制，需要完善的制度环境，其中税收激励因其具有寻租空间小、覆盖范围广、税收法定等特性颇受欢迎。税收激励是一种特殊的财政支出，并非越优惠越好，面对财政资源的稀缺性、公共性，提升财政资金使用效率、不断优化税收激励政策是十分必要的。在我国高质量发展阶段，税收激励政策更应突出“精准”和“高效”。目前，我国税收激励政策究竟能否激发企业活力、能否提升企业技术创新能力，不同税收激励政策及其组合有何差异，又存在哪些低效率等问题有待深入研究。促进企业技术创新的税收激励政策研究不是一个新话题，但税制改革依然是当今社会热议的话题之一。财税体制改革并非解一时之弊，而是要着眼长远，在新环境、新形势与新背景下研究具有新的意义。

本书围绕促进企业技术创新的税收激励政策这个主题，沿着“发现问题—分析问题—论证问题—解决问题”的思路，从整体到个体、从单一到组合，逐层细化深入，研究税收激励政策对企业技术创新的影响及传导机制，旨在为税收激励政策改革提供理论和实证依据。为实现上述目标，在阐述研究背景和意义的基础上，提出问题；梳理国内外相关文献和理论，构建理论研究框架，分别研究税收激励政策对企业技术创新的综合效应、特质效应和组合效应，并基于2008—2017年我国沪深两市A股上市公司样本数据，采用双固定效应面板模型、Logit模型、双重差分模型、中介效应模型等方法实证研究；最终根据研究结论提出对应的政策建议。与以往文献相比，本书的创新性工作主要体现在以下几个方面。

第一，构建促进企业技术创新的税收激励政策理论研究框架。立足我国国情，在已有文献和理论的基础上，构建促进企业技术创新的税收激励政策理论研究框架。首先，明确理论研究框架构建的思路。其次，采用数理推导、逻辑分析等方法分析税收激励对企业技术创新的综合效应、特质效应和组合效应，并提出理论假设。最后，构建研究的理论框架。框架包括研究基础、研究对象、研究内容和研究结论等部分，其中文献、事实和理论是研究基础，税收激励体系是主要研究对象，研究内容为税收激励对企业技术创新的综合效应、特质效应和组合效应。综合效应研究是基础，特质效应研究是深入，组合效应研究是再深入，三个维度相互影响，关系密切，缺一不可。理论研究框架的构建拓展了税收激励对企业技术创新的理论分析，为后文实证研究提供统一的逻辑框架，使促进企业技术创新的税收激励政策研究更为系统和完善，为以后类似政策的研究奠定基础。

第二，拓宽税收激励对企业技术创新的研究范围。依托我国税收激励体系，分别研究综合税收激励政策、单一税收激励政策和税收激励政策组合对企业技术创新的影响。综合政策研究能够解析税收激励政策整体实施效果，单一政策研究有利于分析政策的异质性，政策组合研究则能发现单一政策在组合中的变化。其中，综合政策重点研究实质性减税和结构性减税对企业技术创新的影响；单一政策选取较为典型的企业所得税税率优惠、研发费用加计扣除、固定资产加速折旧、增值税优惠、西部大开发税收优惠等进行研究；政策组合则重点研究两种税基优惠、税基与税率优惠等政策组合对企业技术创新的影响。研究发现：综合来看，税收激励对企业技术创新具有正向促进作用，但对企业技术创新不同阶段影响效应呈现差异；从单一政策来看，税收激励对企业技术创新的影响具有异质性，其中企业所得税优惠激励效果最显著，且与税率优惠相比，税基优惠的促进作用更大，个人所得税优惠激励效果仅次于企业所得税优惠，增值税和西部大开发税收优惠排最末；从政策组合来看，两种税基优惠政策组合激励效果最佳，其他政策组合可能会改变单一政策的实施效果。

第三，厘清税收激励对企业技术创新的传导机制。本书分别探讨综合税收激励政策、单一税收激励政策和税收激励政策组合对企业技术创新的传导机制。研究发现：综合来看，税收激励主要通过融资约束和人力资源机制促进企业技术创新；不同单一政策对企业技术创新的传导机制呈现差异，其中税率优惠通过融资约束、公司治理、风险共担机制影响企业技术创新，研发费用加计扣除可通过融资约束、人力资源机制影响企业技术创新，固定资产加速折旧则主要通过公司治理机制起作用，个人所得税可通过融资约束、公司治理、人力资源机制影响企业技术创新；政策组合的传导机制则会在单一政策基础上产生变化，两种税基优惠政策组合的传导渠道会变得更加多样，其他政策组合则会使传导渠道变窄。本书的研究有助于进一步认清不同税收激励政策及其组合的微观传导机制，丰富“宏观经济政策与微观企业行为”的研究框架，有利于税收制度的深化改革，为制定精准、高效的税收激励政策提供科学的理论基础和实证依据。

目录 Contents

1 绪论 …… 1
1.1 研究背景及意义 …… 1
1.1.1 研究背景 …… 1
1.1.2 研究意义 …… 6
1.2 相关概念界定 …… 9
1.2.1 税收激励 …… 9
1.2.2 企业技术创新 …… 13
1.3 研究思路与方法 …… 15
1.3.1 研究思路 …… 15
1.3.2 研究方法 …… 16
1.4 内容安排与技术路线图 …… 17
1.4.1 内容安排 …… 17
1.4.2 技术路线图 …… 19
1.5 主要创新点 …… 20

2 文献综述 …… 23
2.1 税收激励与企业技术创新的衡量和分类 …… 24
2.1.1 企业技术创新的衡量和分类 …… 24
2.1.2 税收激励的衡量和分类 …… 25
2.2 单一税收激励政策与企业技术创新 …… 27
2.2.1 单一税收激励政策对企业技术创新的影响研究 …… 27
2.2.2 单一税收激励政策对企业技术创新影响的研究结果 …… 30

2.2.3 研究单一税收激励政策影响企业技术创新的方法 …… 33
2.2.4 单一税收激励政策对企业技术创新的传导机制 …… 34
2.3 税收激励政策组合与企业技术创新 …… 37
2.4 文献评述及研究切入点 …… 42
2.4.1 文献评述 …… 42
2.4.2 研究切入点 …… 44

3 促进企业技术创新的税收激励政策理论研究框架 …… 46
3.1 构建理论研究框架 …… 46
3.2 税收激励对企业技术创新的综合效应分析 …… 50
3.2.1 综合税收激励政策对企业技术创新的影响效应 …… 50
3.2.2 综合税收激励政策对企业技术创新的传导机制 …… 55
3.3 税收激励对企业技术创新的特质效应分析 …… 59
3.3.1 单一税收激励政策对企业技术创新的影响差异 …… 59
3.3.2 单一税收激励政策对企业技术创新的传导机制 …… 66
3.4 税收激励对企业技术创新的组合效应分析 …… 68
3.4.1 税收激励政策组合对企业技术创新的影响变化 …… 68
3.4.2 税收激励政策组合对企业技术创新的传导机制 …… 71
3.5 本章小结 …… 72

4 税收激励对企业技术创新综合效应的实证研究 …… 73
4.1 政策背景 …… 73
4.2 研究设计 …… 75
4.2.1 样本选择与数据来源 …… 75
4.2.2 变量的选取 …… 76
4.2.3 模型的设定 …… 81
4.2.4 描述性统计结果 …… 83
4.3 综合税收激励政策对企业技术创新的影响效应 …… 85
4.3.1 结构性减税对企业技术创新的影响 …… 85

4.3.2 实质性减税对企业技术创新的影响 …… 87
4.4 综合税收激励政策对企业技术创新的传导机制 …… 89
4.4.1 融资约束机制 …… 89
4.4.2 人力资源机制 …… 89
4.4.3 公司治理机制 …… 91
4.4.4 风险共担机制 …… 92
4.5 内生性讨论与稳健性检验 …… 94
4.5.1 更换变量法 …… 94
4.5.2 更换模型法 …… 95
4.6 进一步研究 …… 96
4.6.1 综合税收激励政策对企业技术创新的长期影响 …… 96
4.6.2 综合税收激励政策对企业技术创新要素资源扭曲性的影响 …… 98
4.6.3 综合税收激励政策对企业技术创新外溢性的影响 …… 99
4.6.4 综合税收激励政策对企业技术创新绿化性的影响 …… 99
4.6.5 综合税收激励政策对企业技术创新质量的影响 …… 101
4.6.6 综合税收激励政策对企业研发操纵的影响 …… 102
4.7 本章小结 …… 103

5 税收激励对企业技术创新特质效应的实证研究 …… 105
5.1 政策背景 …… 105
5.1.1 关于普惠性税收激励政策 …… 105
5.1.2 关于区域性税收激励政策 …… 110
5.2 研究设计 …… 112
5.2.1 样本选择及数据来源 …… 112
5.2.2 变量的选取 …… 113
5.2.3 研究方法及模型设定 …… 115
5.2.4 描述性统计结果 …… 115
5.3 单一税收激励政策对企业技术创新的影响差异 …… 115

5.3.1 企业所得税优惠对企业技术创新的影响 …… 115
5.3.2 个人所得税优惠对企业技术创新的影响 …… 117
5.3.3 增值税优惠对企业技术创新的影响 …… 119
5.3.4 西部大开发税收优惠对企业技术创新的影响 …… 120
5.4 单一税收激励政策对企业技术创新的传导机制 …… 122
5.4.1 融资约束机制 …… 122
5.4.2 人力资源机制 …… 126
5.4.3 公司治理机制 …… 128
5.4.4 风险共担机制 …… 130
5.5 稳健性检验 …… 132
5.5.1 自然实验法稳健性检验 …… 132
5.5.2 更换变量法 …… 135
5.5.3 其他稳健性检验 …… 137
5.5.4 并行多变量中介效应模型稳健性检验 …… 138
5.6 进一步研究 …… 140
5.6.1 单一税收激励政策对企业技术创新的分组回归 …… 140
5.6.2 单一税收激励政策对企业技术创新的长期影响 …… 143
5.6.3 单一税收激励政策对企业技术创新要素资源扭曲性的影响 …… 144
5.6.4 单一税收激励政策对企业技术创新外溢性的影响 …… 145
5.6.5 单一税收激励政策对企业技术创新绿化性的影响 …… 146
5.6.6 单一税收激励政策对企业技术创新质量的影响 …… 146
5.6.7 单一税收激励政策对企业研发操纵的影响 …… 146
5.7 本章小结 …… 147

6 税收激励对企业技术创新组合效应的实证研究 …… 149
6.1 研究设计 …… 149
6.2 税收激励政策组合对企业技术创新的影响变化 …… 150
6.2.1 不同税基优惠政策组合 …… 150

6.2.2 税率优惠与税基优惠政策组合 …… 152
6.2.3 不同普惠性税收激励政策组合 …… 154
6.2.4 普惠性税收激励与区域性税收激励政策组合 …… 156
6.3 税收激励政策组合对企业技术创新的传导机制 …… 159
6.3.1 两种税基优惠政策组合的传导机制检验 …… 159
6.3.2 税率优惠与税基优惠政策组合的传导机制检验 …… 161
6.4 稳健性检验 …… 164
6.4.1 更换被解释变量或模型 …… 164
6.4.2 更换解释变量 …… 165
6.5 进一步研究 …… 165
6.5.1 税收激励政策组合对企业技术创新要素资源扭曲性的影响 …… 165
6.5.2 税收激励政策组合对企业技术创新外溢性的影响 …… 167
6.5.3 税收激励政策组合对企业技术创新绿化性的影响 …… 168
6.5.4 税收激励政策组合对企业技术创新质量的影响 …… 170
6.5.5 税收激励政策组合对企业研发操纵的影响 …… 171
6.6 本章小结 …… 172
6.7 实证研究小结 …… 173

7 促进企业技术创新的税收激励政策建议 …… 177
7.1 持续深化税制结构改革 …… 177
7.2 健全税收激励政策体系 …… 178
7.2.1 明确税收激励目标，落实税收法定原则 …… 179
7.2.2 实施精准激励政策，确保政策高效落地 …… 179
7.2.3 关注政策组合效果，提高政策的一致性 …… 180
7.2.4 规范税收激励管理，提升政策的前瞻性 …… 181
7.3 优化已有税收激励政策 …… 183
7.3.1 企业所得税 …… 183
7.3.2 个人所得税 …… 185

7.3.3 增值税 …… 186
7.3.4 西部大开发税收优惠 …… 187
7.3.5 其他税收激励政策 …… 188
7.4 探索新型税收激励政策 …… 188
7.5 逐渐完善税收管理环境 …… 191
7.5.1 提升税收征管效率 …… 191
7.5.2 加强企业税收管理 …… 192
7.6 不断优化相关配套措施 …… 193
7.6.1 降低企业整体负担 …… 193
7.6.2 持续优化制度环境 …… 193
7.6.3 深化金融体制改革 …… 194
7.6.4 促进产学研的结合 …… 194
7.6.5 健全人才培养机制 …… 195

8 结论与展望 …… 196
8.1 研究结论 …… 196
8.2 研究展望 …… 199

参考文献 …… 200
术语索引 …… 229

1 绪论

1.1 研究背景及意义

1.1.1 研究背景

1）创新主要是企业的事，但普遍动力不足

创新对经济增长的重要贡献（Romer，1990；Rosenberg，2006）[1-2]已在全球范围内成为普遍共识。对一个国家来说，创新是优化资源配置、实现经济持续增长的重要原动力；对一个企业来说，创新是降低成本、提高自身市场竞争力的主要手段。我国历来高度重视创新，党的十六大报告指出“创新是一个民族进步的灵魂，是一个国家兴旺发达的不竭动力”。党的十八大明确提出“实施创新驱动发展战略”“科技创新是提高社会生产力和综合国力的战略支撑，必须摆在国家发展全局的核心位置”。在党的十九大报告中“创新”一词更是频繁出现。习近平总书记一再强调“创新是引领发展的第一动力”“抓住了创新，就抓住了牵动经济社会发展全局的‘牛鼻子’”“惟创新者进，惟创新者强，惟创新者胜”。改革开放以来，我国创新发展水平逐年提升。2018 年，共投入 R&D 经费 19677.9 亿元，比上年增加 2071.8 亿元，增长 11.8%；R&D 投入强度为 2.19%，提高 0.06 个百分点，连续 5 年超过 2%，已接近经济合作与发展组织（OECD）平均水平①；发明专利申请

① 数据来源：2019 年 8 月 30 日，国家统计局、科学技术部、财政部发布的《2018 年全国科技经费投入统计公报》。

量154.2万件，同比增长11.58%。我国创新取得巨大成就的同时，也应清楚地看到整体研发水平存在大而不强、量多质低、研发成果转化率低等诸多问题，还有研究指出科技创新投入并未显著促进全要素生产率的提升（唐未兵等，2014）[3]。企业作为创新的重要主体，对R&D经费支出的贡献达77.4%，是我国创新水平提升的主要拉动力量，但与发达国家相比仍有较大差距。2014年世界500强企业中，我国制造业企业研发投入占GDP比重为1.1%，而发达国家这一比重达4%（林木西等，2018）[4]；2017年，我国规模以上工业企业有R&D活动的共计10.22万家，占比27.4%，虽然与2004年的6.2%相比，这一比例已提升20个百分点以上，但仍有大量企业未开展R&D活动①；根据中国社科院发布的《法治蓝皮书（2017）》的披露数据，我国研发经费投入在100万元以下的企业占67%，在500万元以上的仅占4.1%，且真正愿意在3年以上开展长期研发的企业仅占6.2%。创新是一件非常专业的事，主要是企业的事情（韦森，2017）[5]，我国“十三五”规划中也一再强调企业技术创新的主体地位，企业要充分发挥其主导作用。企业技术创新，从宏观来看，关系着国家创新发展；从微观来看，决定着企业的市场价值、长期生存与发展（Porter，1992）[6]。不断提升企业创新能力是我国实施创新驱动发展战略的关键所在，企业创新动力不足不利于我国经济高质量发展。

2）税收激励是主要支持政策，且越来越被重视

企业创新的积极性始终不高，究其原因，创新所具有的特殊属性是主因之一（Silva and Carreira，2017）[7]。企业技术创新具有公共物品特性，存在投入大、产出不确定、外部性等特性，导致其面临着巨大的投资风险，常常遭遇市场失灵、投资不足等问题（Tassey，2004）[8]，使企业自发创新投入常常低于社会最优水平（Arrow，1962）[9]，以及企业技术创新的私人回报率低于社会回报率，以上这些因素为企业创新发展需要国家产业政策支持提供了理由。创新驱动是世界大势所趋，是科技创新、制度创新、管理创新等的结合，要坚持科技创新与制度创新“双轮驱动”。发展

① 数据来源：《中国统计年鉴2018》规模以上工业企业的科技活动基本情况。

科技创新不能盲目，要充分重视科技创新，又不能忽视体制机制创新，要调整生产关系与创新驱动发展相匹配，营造良好的创新环境，需要政府实施有利于科技创新的金融、财税等激励政策。因此，激励企业技术创新离不开政府支持，需要“有为的政府”和“有效的市场”的共同作用（林毅夫，2017）[10]。在创新制度体系相对缺失的情况下，以财税政策为主的政府政策成为促进创新发展的有力手段，一方面，弥补企业制度缺失；另一方面，补偿企业研发活动的外部性，解决创新过程中的市场失灵问题（Cropper and Oates，1992；Hu and Jefferson，2009）[11-12]。其中，税收激励是一种隐性补贴方式，具有较低的寻租风险，被许多经济学家认可，在世界各国的使用越来越普遍。与政府补贴、政府采购等其他财税政策相比，税收激励作为市场化的激励政策具有直接干预小、资源扭曲性少（Czarnitzki et al.，2011）[13]、税收中性等特征。特别是在我国当前有限的货币政策和财政政策调整空间下，税收激励被认为是一种重要的反周期宏观政策（刘啟仁等，2019）[14]，是改善研发投入不足的一个有效途径（Greenwald and Stiglitz，1986）[15]。税收制度承载着建成现代税收制度、推动国家创新驱动发展，以及实现“双轮驱动”等的重要任务。税收激励政策直接作用于企业，适用于企业技术创新的各个阶段，是通过“造血”机制，而不是简单的“输血”来实现促进效应的，引导企业根据市场需求自发开展创新活动。

1995 年，OECD 国家中仅有 12 个采用税收激励政策（Gokhberg et al.，2014）[16]，但到 2004 年，这一数据增加至 18 个（Cappelen et al.，2012）[17]。截至 2015 年，OECD 国家中除爱沙尼亚、芬兰、德国和墨西哥外均已使用企业研发相关税制（Neubig et al.，2016）[18]。而且各国对税收激励的依赖程度和激励强度越来越高，根据 OECD 的最新数据，近两年采用税收间接激励企业技术创新的比例已经超过直接补贴方式，其中法国、比利时、爱尔兰等国采用税收间接支持的比例较高，政府税收支持占 GDP 之比分别为 28.26%、29.81% 和 24.52%，具体详情见图 1-1 和图 1-2。为激励企业技术创新，很多国家新引入研发税制或者加大优惠力度（OECD，2017）[19]，例如，2016 年，澳大利亚将总量税收抵免率从 10% 上调至12%；2009年，墨西哥废除税收激励政策后，于2017年重新引入增量税收抵免政策；2018年，卢森堡公布新的专利盒制度；新西兰于2019年重新引入研发税收抵免政策，而且税率由原先计划的12.5%提高至15%；印度尼西亚也计划将企业所得税税率下调至20%①。为提升企业创新水平，进而提升国家整体创新水平，需要以税收激励政策作为支撑。

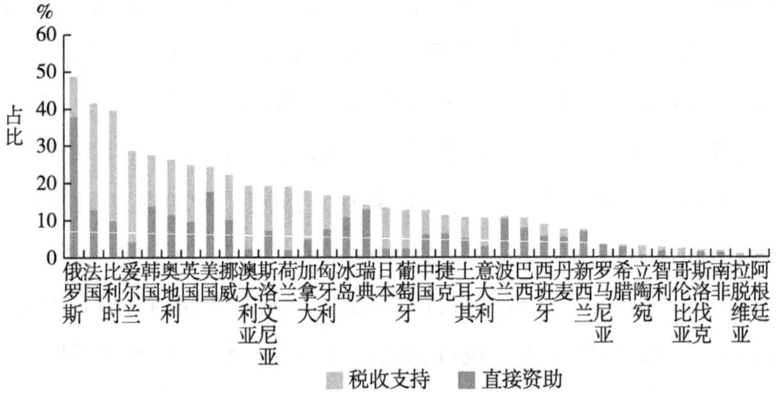

图1-1　主要国家税收支持与直接资助情况

资料来源：OECD官网。

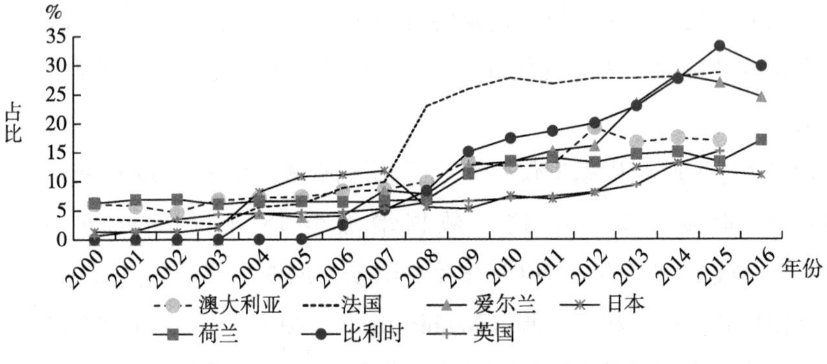

图1-2　主要国家2000—2016年税收支持占比

资料来源：OECD官网。

① 数据来源:《中国居民赴印度尼西亚投资税收指南》。

3）税收激励政策改革要突出“精准”和“高效”

我国促进企业技术创新的税收激励政策从无到有，先后经历了积极探索阶段（1994 年以前）、扩展完善阶段（1995—2010 年）和深化发展阶段（2010 年至今）。最初仅有税率优惠，直到 1999 年才逐步引入投资抵免、结转扣除等更为多样的税收优惠政策。分税制改革后，我国逐步建立了较为完善的税收体系，由“区域式”税收优惠逐渐向产业化转变，加计扣除、加速折旧等间接税收激励的使用逐渐普及。而 2010 年后，以中关村国家自主创新示范区试点“1 + 6”政策出台为标志，税收激励改革逐渐深化，但“以直接优惠为主，间接优惠为辅”的特征仍较为显著。近年来，为激励企业技术创新我国频繁调整税收激励政策，但企业技术创新动力仍显不足。我国究竟需要什么样的税收激励政策，政策越多越好？税率越优惠越好？显然都不是。我国经济经历三十多年高速增长，离不开政府产业政策的支持，但政府扶持之手的使用过繁或过度都会适得其反，过度的产业政策可能会阻碍企业多元化经营（杨兴全等，2018）[20]，也会对非扶持企业产生限制，使其面临更多压力甚至被淘汰（江飞涛、李晓萍，2010）[21]。面对多样的税收优惠政策，企业可能较难抓住重点，政策实施过程中可能出现“用药过度”“药量不够”（骆永民、翟晓霞，2018）[22]等情形。税收激励作为一种特殊的财政支出，实际上是用公共的货币提供津贴，低效的税收激励政策显然会降低财政资源的使用效率，特别在金融危机和经济紧缩时期，政府资金更成为日益稀缺的资源（Becker，2014）[23]。面对财政资源的稀缺性、公共性，提升财政资金使用效率，不断优化税收激励政策是十分必要的。党的十九大报告指出，我国经济已由高速增长阶段转向高质量发展阶段，高质量发展是以“创新、协调、绿色、开放、共享”为指导，以最高的资源配置效率、最少的要素投入、最低的环境成本获取最大的经济社会效益。创新驱动的激励税制是高质量发展目标要求下税收体系所包含的重要板块之一，税收激励改革应突出“精准”和“高效”，税收激励的政策目标已不单单是促进企业增加研发投入，还应注重税收激励的使用效率，以及促进企业研发成果转化、提升创新质量等多个方面。为促进企业开展高质量技术创新活动，需要制定更高效的税收激励政策，这才是促进企业技术创新的长久之策。

综上，促进我国经济高质量发展，需要高水平创新，而税收激励政策的使用也要体现其高效性，现阶段要制定精准高效有力的税收激励政策。目前，有些税收激励政策确实对企业技术创新产生了促进作用，但有些税收激励政策效果可能不尽如人意，多项税收激励政策的组合有可能产生更为复杂的影响。在我国现阶段，税收激励政策对企业技术创新能否起到有效激励作用、不同税收激励政策及其组合对企业技术创新不同阶段的影响有何差异、不同税收激励传导机制有何差异，以及哪些因素影响了税收激励政策的实施效果等问题有待深入研究。

1.1.2 研究意义

税收是国家实施宏观调控的重要手段之一，在调节分配关系、筹集财政资金等领域都发挥着重要作用，而研发相关税收激励则在企业税收激励措施中具有重要的地位。促进企业技术创新的税收激励政策研究并不是一个新话题，但税制改革依然是当今社会热议的话题之一，更何况财税体制改革并非解一时之弊，而是要着眼长远[①]，而且在新环境、新形势与新背景下，研究促进企业技术创新的税收激励政策具有新的意义。首先，国内宏观经济环境发生变化，经济增长乏力，我国经济由高速增长阶段已转向高质量发展阶段，技术创新越来越重要，逐渐成为各国寻求经济增长的重要手段。在供给侧结构性改革的背景下，创新不仅能提高传统产业的效能，而且可以发掘新的增长点，创新成为引领发展的第一动力，更是打造“中国制造 2025”的主要驱动力，在高质量发展阶段，创新发展的需求更加紧迫。其次，国际形势多变，世界各国为激励企业开展研发创新，提升本土企业竞争力和本国经济发展水平，除直接支持措施外，越来越多地依靠税收优惠来激励企业技术创新。近年来，各国税制改革加速，日本于

① 习近平．财税体制改革非解一时之弊而是着眼长远[EB/OL].[2014-06-06]. http://www.chinanews.com/gn/2014/06-06/6254036.shtml.

2015 年将企业所得税从 25. 5% 降至 23. 9%；印度于 2017 年实施商品与服务税法改革；美国于 2018 年 1 月执行《减税与就业法案》（*The Tax Cuts and Jobs Act*），将企业所得税税率从 35% 降至 21%，同年 7 月还提出 2. 0 版税改计划，认为税制改革应成为“新常态”，并永久性延长对小企业的减税，以及减轻初创企业税收负担以鼓励企业创新；英国也计划将企业所得税主要税率降至 17%。在这种形势下，深化税制改革意义重大，有利于增强我国企业在国际上的竞争力，提升我国整体创新水平，激励企业开展高质量技术创新。最后，为适应新环境、新形势，促进企业技术创新的税收激励政策变化频繁，对最新税收激励政策研究具有较强的现实意义。因此，研究促进企业技术创新的税收激励政策具有较强的理论和现实意义。

1）理论意义

从创新相关理论来看，创新对于经济发展的贡献已被认可，如何激励企业开展技术创新活动一直是专家学者关注的焦点问题之一。从财税理论来看，税收激励是财税政策的主要内容之一，对于经济发展、社会福利调节等发挥着重要的作用，但作为有限的资源，如何使税收激励政策高效地发挥作用是财政理论研究的重点内容。第一，明确税收激励的概念。关于税收激励的概念可以是狭义的，也可以是广义的。狭义的税收激励仅包含与企业技术创新直接相关的税收激励政策，如研发费用加计扣除、高新技术企业税率优惠等。广义的税收激励则将间接相关的税收激励纳入研究范围。本书探讨的是一个相对宽泛的概念，建立税收激励体系，从不同维度研究促进企业技术创新的税收激励政策，为其他税收政策的研究打下理论基础。第二，从理论上分析税收激励对企业技术创新的影响效应、传导机制等，为高效税收激励政策的出台和实施提供理论依据。第三，在高质量发展的视域下，将高质量发展的概念及理念融入税收激励与企业技术创新的理论研究，使相关理论进一步得到拓展和丰富。

2）现实意义

从现实来看，我国经济发展面临着从要素驱动向创新驱动转变，创新发展将是我国现阶段和未来较长一段时期的主题，而企业是创新的重要主体，研究促进企业技术创新的税收激励政策对企业和国家发展都是十分必要和有意义的。第一，为税收激励制度深化改革提供依据。为激励企业技术创新我国已出台多项税收优惠政策，涉及企业所得税、增值税等多个税种，覆盖企业成长期、成熟期等多个阶段，但不同税收激励政策实施效果如何，缺少较为全面的评价和实证研究，在有限的资源下为制定精准高效的税收优惠政策而对税收激励政策进一步细化深入研究是必要的。更重要的是，我国税收激励政策还有较大的提升优化空间，我国企业技术创新水平与发达国家还存在较大差距。根据 2016—2017 年国家创新指数报告，我国创新指数排名提升至 17 位，环比提升 1 位，取得这样的成果离不开国家政策，但在构成国家创新指数的五项一级指标中，创新环境却下降 1 名，说明在经济增速下行的背景下，企业创新面临的市场环境受到一定程度影响。本书的研究具有较强的政策启示作用，以期通过对税收激励政策的深入研究，能够为优化企业研发相关税收激励政策、深化税制改革提供理论和实证依据，为促进企业技术创新提供精准高效的税收激励政策，为税制优化以及减税降费提供政策建议。第二，有利于提高税收激励政策质量和效率。在高质量发展阶段，为促进企业开展高质量技术创新，“加力”和“提效”是税收激励政策的研究重点，对此研究具有较强的现实意义。通过研究不同税收激励政策及其组合对企业技术创新各个阶段的影响，更加深入和细致地剖析税收激励政策的实施效果和存在的问题；通过研究宏观税收政策对微观企业行为的传导机制，以及税收激励政策效率，探索税收激励效果如何才能实现最大化。不当的政府研发支持可能降低企业研发创新质量（张杰、郑文平，2018）[24]、降低创新效率（王俊，2011）[25]，甚至促使企业策略性创新或研发操纵。在有限的财政资源下，须选择合适的税收优惠力度，进一步优化企业研发税收激励政策，这不仅可以最大限度地激励企业开展技术创新，还可以保证财政收支平衡，防止财政资源浪费。

1.2 相关概念界定

1.2.1 税收激励

税收激励也称为税收优惠、税式支出，是指税收对消费或生产等经济活动或行为产生的激励机制。税收激励的对象和领域十分广泛，本书研究的税收激励是一个相对广义的概念，包括所有与企业技术创新活动直接或间接相关的税收制度，其中与企业技术创新密切相关的税收激励政策为研究重点。政府通过不征或少征税，将本应上缴给财政的部分资金留给企业，降低企业面临的研发投资的边际成本，以支持企业创新发展（胡凯、吴清，2018）[26]。税收激励的主要目标是增加企业研发创新的动力，其形式多样，包括免税、减税、先征后返、税收抵免、加速折旧等，我国主要的税收激励政策有企业所得税税率优惠、研发费用加计扣除等，其中研发费用加计扣除是国际普遍使用的激励政策之一。为激励企业技术创新，各国政府普遍会出台支持企业技术创新的政策，主要有税收激励、研发补贴、政府采购，以及对科研系统和产学研结合的支持等，但税收激励与之不同，它是市场导向的方式，与其他政策相比，税收激励具有明确的法律约束和指导，带来的激励扭曲更少，寻租空间更小，具有覆盖范围广、法定性、确定性、市场导向性、行政负担低等特性，而且“选择失败者”风险较低（Jia and Ma，2017）[27]。表 1－1 对政府促进企业技术创新的主要支持政策进行对比分析。

表 1－1 政府促进企业技术创新的主要支持政策

项目	政府补贴	税收激励	政府采购	优惠贷款
激励方式	政府直接给予符合要求的企业拨付财政支持资金	企业通过税收减免获得收益	企业通过政府招标采购商品扩大销售增加收益	政府通过政策性银行为企业创新活动提供低利率贷款
激励过程	事前支持	事后补偿	事后支持	事前支持
激励时长	依据项目而定，具有一定阶段性	持续期较长，但也有短期激励政策	依据政府采购需求而定，属阶段性	长期/短期

续表

项目	政府补贴	税收激励	政府采购	优惠贷款
激励对象	补贴对象由政府选定，一般规模较大、创新能力强的企业更易获得补贴，“选择失败者”可能性较大	政策更具有普惠性，适用于各类企业，不会将某一企业排除	具有竞争性，一般规模较大、创新能力强的企业更易中标	一般规模较大、创新能力强或进行特殊创新项目的企业更易获得优惠贷款
覆盖范围	有限	较广	较少	较少
项目选择	部分政府补贴会限制创新项目，企业自主决策范围小	企业可根据市场需求，结合自身发展自主决定研发项目	政府规定采购项目和标准，企业自主决策空间小	政府可能会限制创新项目，企业自主决策范围小
公平性	补贴标准不统一，缺乏明确的制度约束	依托税法，具有一定的普惠性，满足条件的企业均可享受，寻租空间小	招标过程透明则企业公平竞争，但也易出现寻租行为，加剧招标的不公平	银行对企业或项目具有选择性，可能存在寻租行为

资料来源：林木西等（2018）和笔者整理。

近年来，为鼓励企业技术创新，我国政府先后出台一系列税收优惠政策，基本覆盖研发投入、中间产出、最终产出等企业技术创新各个阶段。在减税降费的大背景下，税收激励政策出台达到高峰，税收优惠规模和力度更是空前，仅研发费用加计扣除政策就连续出台多个文件①，2019 年还对固定资产加速折旧优惠政策调整，将行业范围扩大至全部制造业领域②。另外，在个人所得税方面也有所突破，不仅重新修订了个人所得税法，建立综合与分类相结合的征收方式，而且为了打造国际科技创新中心，引进高端人才，在粤港澳大湾区实施个人所得税优惠③。2018 年为企业和个人

① 财政部和国家税务总局分别发布财税〔2013〕70 号、财税〔2015〕119 号、财税〔2017〕34 号、财税〔2018〕99 号等文件对研发费用加计扣除政策进行修订与完善。

② 2019 年财政部、国家税务总局联合发文《关于扩大固定资产加速折旧优惠政策使用范围的公告》（财政部、国家税务总局公告 2019 年第 66 号），这是继 2014 年、2015 年两次下发文件后的再次调整。

③ 财政部、国家税务总局《关于粤港澳大湾区个人所得税优惠政策的通知》（财税〔2019〕31 号）规定，广东省、深圳市按内地与香港个人所得税税负差额，对在大湾区工作的境外（含港澳台，下同）高端人才和紧缺人才给予补贴，该补贴免征个人所得税。

减税降费约 1.3 万亿元①，其中仅研发费用加计扣除一项政策减税即达千亿元，并且还面临着更大规模的减税。可见，为促进企业技术创新，我国打出的是税收激励政策的“组合拳”，我国具有较为完善的税收激励体系，同一企业可获得多项税收优惠政策。因此，关于税收激励的研究不应局限于单一税收激励政策，而是要着眼于现有税收激励体系，对其进行全面分析。我国税收优惠政策主要内容见表 1－2。

表 1－2　我国促进企业技术创新的主要税收激励政策现状

优惠政策	优惠内容	类型	归属税种	最新政策文件	是否需要资格认定
高新技术企业	国家重点扶持的高新技术企业减按 15% 征收企业所得税	税率优惠	企业所得税	中华人民共和国主席令第 63 号	是
软件/集成电路产业	符合要求的软件产业和集成电路产业给予免税或减税	税率优惠	企业所得税	财税〔2016〕49 号	是
固定资产加速折旧	2014 年 1 月 1 日以后新购进专门用于研发的仪器、设备和制造业的小型微利企业新购进的研发和生产共同的仪器、设备，单位价值不超 100 万元的，允许一次性扣除；超过 100 万元的可缩短折旧年限，或采取加速折旧的方法	税基优惠	企业所得税	财税〔2014〕75 号 财税〔2015〕106 号 财政部、国家税务总局公告 2019 年第 66 号	否
研发费用加计扣除	2018 年 1 月 1 日至 2020 年 12 月 31 日，研究开发费用，其中未形成无形资产计入当期损益的，在据实扣除基础上，按实际发生额的 75% 加计扣除；形成无形资产的，可按成本的 175% 在税前摊销	税基优惠	企业所得税	财税〔2015〕119 号 国家税务总局公告 2015 年第 97 号 财税〔2018〕99 号	否

① 数据来源：2019 年政府工作报告（http://www.gov.cn/premier/2019－03/16/content_5374314.htm）。

续表

优惠政策	优惠内容	类型	归属税种	最新政策文件	是否需要资格认定
委托境外研发费用加计扣除	委托境外研发活动产生的费用，按产生费用实际发生额的80%计入委托方的委托境外研发费用；委托境外研发费用不超过境内符合条件的研发费用2/3的部分，可按规定在税前加计扣除	税基优惠	企业所得税	财税〔2018〕64号	否
技术转让所得	一个纳税年度内，居民企业技术转让所得不超过500万元的部分，免征企业所得税；超过500万元的部分，减半征收	税率优惠	企业所得税	财税〔2015〕116号	否
天使投资	天使投资个人采取股权投资方式直接投资于初创科技型企业满2年的，可按其投资额70%抵扣转让该初创科技型企业股权取得的应纳税所得额	税基优惠	企业所得税	财税〔2018〕55号	否
设备、器具优惠	2018年1月1日至2020年12月31日，新购进设备、器具，单位价值不足500万元的，允许一次性扣除	税基优惠	企业所得税	财税〔2018〕54号	否
购买符合条件设备	科学研究机构、技术开发机构、学校等单位进口国内不能生产或者性能不能满足需要的科学研究、科技开发和教学用品，免征进口关税和进口环节增值税、消费税	税率优惠	关税/增值税	财关税〔2016〕70号	否
科技企业孵化器	对国家级、省级科技企业孵化器向在孵对象提供孵化服务获得的收入，免征增值税	税率优惠	增值税	财税〔2018〕120号	是
科技企业孵化器	对国家级、省级科技企业孵化器自用以及无偿或通过出租等方式提供给在孵对象使用的房产、土地，免征房产税和城镇土地使用税	税率优惠	房产税/城镇土地使用税	财税〔2018〕120号	是

续表

优惠政策	优惠内容	类型	归属税种	最新政策文件	是否需要资格认定
创新人才	高新技术企业转化科技成果，给予本企业相关技术人员的股权奖励，可在不超过5个公历年度内（含）分期缴纳	税基优惠	个人所得税	财税〔2015〕116号	否
	职务科技成果转化获得的现金奖励收入3年内减半征收个人所得税	税率优惠	个人所得税	财税〔2018〕58号	否
股权激励	符合条件的非上市公司股票期权、股权期权等实行递延纳税政策，上市公司股票期权、股权奖励等适当延长纳税期限	递延纳税	个人所得税	财税〔2016〕101号	否
技术入股	以技术成果投资入股的企业或个人，被投资企业支付的对价全部为股票（权）的，可递延纳税	递延纳税	个人/企业所得税	财税〔2016〕101号	否

1.2.2 企业技术创新

创新的概念由来已久，亚当·斯密在《国富论》中从“分工”角度对科学技术的作用进行了相关阐述，他认为分工能够提升劳动者专业技巧，促进某些机械的发明，提高劳动生产率；他还指出土地和劳动的年产物可通过改进社会上实际雇用的有用劳动生产力来增加，而有用劳动生产力的改进则取决于劳动者自身能力的改进和其所有机械的改进，这些都是与科技进步密切相关的。马克思不仅意识到科技创新的重要性，还从唯物主义历史观的高度阐述了科技创新的重要意义，在其著作中虽然未明确使用“创新”，但使用了“技术”“发明”“科学技术”等词语，对创新还有很多精辟的论述，例如，“手推磨产生的是封建主的社会，蒸汽磨产生的是工业资本家的社会”“劳动生产力是随着科学和技术的不断进步而不断发展的”。1912 年，熊彼特（Schumpeter J. M.）在其德文版的《经济发展理论》中，最早明确提出创新，并在 1939 年的《经济周期：资本主义过程的理论、历史和统计分析》一书中较为全面地阐述了创新理论。他将创新形象地描述为“创造性的破坏”，认为企业的垄断实力越强，规模越大，企业资源更充裕，创新能力也就越强[28]。创新是一个相对综合的概念，包括制度创新和技术创新，本书研究的核心是技术创新，而且是以企业为主体的技术创新。目前，关于企业技术创新并没有统一的概念，在熊彼特的创新理论中，创新是一个包含内容广泛的概念，包括技术创新和非技术创新，而且是动态发展的，是一个由创新到扩散，然后再创新再扩散的动态非均衡过程，是推动经济动态转变的动力。伊诺思认为技术创新是几种行为综合的结果。林恩（Lynn G.）则认为技术创新是“始于对技术的商业潜力的认识而终于将其完全转化为商业化产品的整个行为过程”。中国学者傅家骥（1998）[29]将其定义为企业家抓住市场的潜在盈利机会以获取商业利益为目标，重新组织生产条件和要素，建立起效能更强、效率更高和费用更低的生产经营系统，从而推出新产品、新生产方法等，是包括科技、组织、商业和金融等一系列活动的综合过程。邓子基和杨志宏（2011）[30]则认为技术创新是一个复杂的系统，每个阶段都有不同的特点，企业技术创新是以企业为主体的技术与经济的结合体。无论如何，企业技术创新是以企业为主体而开展的创新活动，可通过自主创新、合作、技术引进等方式来实现，企业技术创新失败率高、收益不确定，需要频繁试错，是一个积累性的、复杂的过程（Hsu et al.，2014）[31]。

企业技术创新需要大量持续性的资金投入，具有风险高、周期长、信息不对称、研发成果不确定、融资难度大等特性。具体如下：①风险性。创新活动风险大，前期需要大量资金投入，包括设备、人力等，创新成果收益期长、不确定，一旦研发失败，面临巨大损失，如果研发成果被同行剽窃，也难以达到预期目标。与高风险相对的必然是高收益性，成功的技术创新成果能够增强企业市场竞争力，为企业带来持续的收益，是企业生存和发展的重要动力。②不确定性。③长期性。研发活动周期长，创新过程包括多个阶段，包括决策阶段、投入阶段以及产出阶段等，整个过程都需要持续的资金投入。④融资难。企业技术创新需要大量资金支持

(Chemmanur et al., 2014)[32]，风险越大对资金的要求越高，企业需要足够的资金来应对研发失败的发生。但企业内部资金有限，外部融资受限，创新活动不易被监管，研发者和投资者存在严重的信息不对称性，而且创新活动对人力资本依赖度较高，创新投入中人力资本占据较大部分且没有任何抵押物，企业获得银行等金融机构贷款较难，使其常常陷入资金困境，尤其是中小企业面临融资难的发展障碍。⑤公共产品性。创新的公共产品特性使其私人收益小于社会收益，研发成果易引起同行企业“搭便车”行为，以较低的成本模仿甚至抄袭，技术创新者难以独自享受创新带来的知识溢出和消费剩余。另外，技术创新的不同特性之间是相互影响、相互加强的，创新的长期性加剧了不确定性和风险性，不确定性和风险性又进一步导致其融资难。根据定义可知，创新应是一个相对综合的过程性概念①，本书将企业技术创新划分为“研发决策—研发投入—中间产出—最终产出”四个过程性阶段。高效的企业研发税收激励政策，在研发决策阶段能够引导企业积极开展创新活动，研发投入阶段能够激励企业增加研发投入，中间产出阶段能够带来更多的专利产品，激发企业创新的积极性，而最终产出阶段是能够将创新成果应用于产成品上，产生社会效益和经济效益，为企业带来利润和全要素生产率的提升。

1.3 研究思路与方法

1.3.1 研究思路

本书围绕促进企业技术创新的税收激励政策这个主题，沿着“发现问题—分析问题—论证问题—解决问题”的思路，按照从整体到个体、从单一到组合的顺序研究税收激励对企业技术创新的影响，以期为制定精准高效的税收激励政策提供理论和实证依据。具体研究思路如下：首先，阐述

① 熊彼特在1928年的文章《资本主义的非稳定性》(*Instability of Capitalism*)中首次提出“创新是一个过程”的概念。

促进企业技术创新的税收激励政策的相关背景和意义，发现目前存在的主要问题。其次，对国内外已有研究文献、理论等进行梳理，立足我国国情和事实，在已有研究文献和理论基础上，构建促进企业技术创新的税收激励政策理论研究框架，从理论上分别研究税收激励对企业技术创新的综合效应、特质效应和组合效应。进而在理论研究的基础上，以我国2008—2017年沪深两市A股上市公司为样本，采用双固定效应面板模型、Logit模型、中介效应模型、双重差分模型等方法展开实证研究。最后，根据研究得出的结论，对我国促进企业技术创新的税收激励政策提出完善的政策建议。

1.3.2 研究方法

秉承一般经济学的研究范式，重点从综合效应、特质效应和组合效应等方面深入探讨税收激励与企业技术创新之间的关系。主要采用规范与实证、理论与实践相结合的方法，综合运用文献归纳、比较研究、逻辑分析、数理推导等方法进行研究，具体如下：

（1）文献归纳法。已有研究文献是本书研究的基石，文献归纳法是通过对选题相关文献的大量收集和梳理，实现对相关问题的系统全面理解，进而找出事物的内在联系和规律。坚持原始文献为主的原则，通过CNKI系列数据库，JSTOR、SDOL全文数据库，OECD官方网站等多个渠道收集国内外关于企业技术创新、税收激励，以及其他政府支持政策的相关研究文献，掌握国内外研究现状，采用文献归纳法对已有文献分类、归纳和总结，明确本书研究的主体方向。

（2）比较研究法。比较研究法是对两个或两个以上有联系的物与物之间或人与人之间的相似性或相异程度进行研究与判断的方法。按照我国现有税收激励体系，对税收激励进行详细划分，研究综合税收激励政策（结构性减税、实质性减税）、单一税收激励政策（企业所得税税率优惠、研发费用加计扣除、固定资产加速折旧、个人所得税等）和税收激励政策组合对企业技术创新的影响效应、传导机制以及效率，并对不同税收激励政策及其组合的实施效果进行比较研究。

（3）规范分析与实证研究。规范分析是对已有事物现象应有的规律性和结果进行阐述和说明，并做出是非曲直的主观价值判断。本书研究我国当前税收激励与企业技术创新中至关重要的问题，对我国税收激励政策的历史、现状等进行分析，提出税收激励政策应注重精准和效率。实证研究则是着重对理论分析的结论进行经验支持检验，本书第 4 章到第 6 章为实证研究部分，采用双固定效应面板模型、Logit 模型、中介效应模型、双重差分模型等方法对理论假设进行实证检验。

（4）理论研究与实践研究。理论研究是从概念出发，经过判断和推理从而认识事物的本质和规律的思维方法，实践研究则更体现社会性，理论与实践相结合，研究视野更为开阔，更具有实际意义。在理论分析方面，构建促进企业技术创新的税收激励政策理论研究框架，通过数理推导、逻辑分析等方法研究税收激励对企业技术创新的综合效应、特质效应和组合效应，提出相关理论假设。其中，理论研究框架的构建是立足我国国情和事实，以及已有研究文献和理论基础，研究促进企业技术创新的税收激励政策不能仅停留于理论上的思考，而要与我国国情和事实相结合，为税收激励政策改革提供政策建议。

1.4 内容安排与技术路线图

1.4.1 内容安排

本书共分为八章，具体内容安排如下。

第 1 章，绪论。绪论部分主要分析研究背景和意义，界定相关研究对象的概念，阐述文章的研究思路、方法与创新点，介绍文章结构与技术路线图。提出研究的问题，为全书后续研究做准备。

第 2 章，文献综述。已有文献和理论是本书研究的基础，在文献综述部分，对国内外关于企业技术创新和税收激励政策等研究成果进行梳理和总结，包括税收激励对企业技术创新的影响效应、传导机制研究，以及其他政府支持政策对企业技术创新的研究，并对直接补贴、政府采购等其他政府支持政策的已有研究情况进行对比研究。最后，对既有研究评述，在肯定以往研究成果的基础上指出其中存在的不完美之处，从而找出研究的切入点。

第 3 章，促进企业技术创新的税收激励政策理论研究框架。首先，明确理论研究框架构建的思路，理论研究框架的构建要以已有文献和理论研究为基础，同时不能脱离我国国情，并基于我国现有税收激励体系对研究对象系统划分。其次，明确本书要解决的主要问题，构建促进企业技术创新的税收激励政策理论研究框架。再次，构建数理模型，运用数理推导和逻辑分析的方法，分别研究综合政策、单一政策和政策组合对企业技术创新的影响效应及传导机制。最后，提出研究假设，对本章进行总结和讨论。

第 4 章，税收激励对企业技术创新综合效应的实证研究。第 4 章到第 6 章为实证研究部分，对第 3 章提出的假设进行实证检验。本章的目的是研究税收激励对企业技术创新的综合效应。采用 2010—2017 年我国沪深两市 A 股上市公司的面板数据，构建双固定效应面板模型、Logit 模型、中介效应模型等，研究综合税收激励政策对企业技术创新的影响效应和传导机制，且进一步研究综合税收激励对企业技术创新扭曲性、外溢性、绿化性等影响。为确保研究结论的可靠性，还通过更换变量法、更换模型法等进行稳健性检验。最后对实证结果进行总结和讨论。

第 5 章，税收激励对企业技术创新特质效应的实证研究。本章同样采用 2010—2017 年我国沪深两市 A 股上市公司的面板数据，构建双固定效应面板模型、Logit 模型、中介效应模型等，在第 4 章对综合税收激励政策研究的基础上，深入研究单一税收激励政策对企业技术创新的影响差异，以及单一税收激励政策对企业技术创新传导机制差异，进而研究单一税收激励政策对企业技术创新扭曲性、外溢性、绿化性等影响。最后进行稳健性检验并对实证结论进行总结和讨论。

第 6 章，税收激励对企业技术创新组合效应的实证研究。本章将在单一税收激励政策研究的基础上，研究税收激励政策组合对企业技术创新的影响变化，以及不同税收激励政策组合对企业技术创新的传导机制变化，主要包括不同税基优惠、税率优惠与税基优惠、不同普惠性税收激励、普惠性税收激励与区域性税收激励等政策组合，且进一步研究税收激励政策组合对企业技术创新扭曲性、外溢性、绿化性等影响。最后进行稳健性检验，对本章进行总结和讨论，并对整体实证研究部分的结论进行总结和讨论。

第 7 章，促进企业技术创新的税收激励政策建议。结合研究结论，从继续深化税制结构改革、健全税收激励政策体系、优化已有税收激励政策、探索创新型税收激励、不断优化相关配套措施等方面提出税收激励改革的对策建议。

第 8 章，结论与展望。本章是全书的结语，总结全书，归纳出主要研究结论，并进一步指出可能存在的不足之处以及下一步研究的方向，以期为后续研究指明方向。

1.4.2 技术路线图

沿着“背景分析—文献综述—理论分析—实证研究—对策建议”的脉络，综合采用文献归纳、规范与实证相结合、理论与实践相结合等方法，从整体到个体、从单一到组合，逐层细化深入，研究促进企业技术创新的税收激励政策。文章整体采用“总—分—总”的结构，首先，在研究背景、已有文献和理论的基础上，构建促进企业技术创新的税收激励政策理论研究框架；其次，分别研究税收激励对企业技术创新的综合效应、特质效应和组合效应；最后，根据研究结论提出对应的政策建议，以期为税收激励政策改革提供理论和实证依据。技术路线见图 1－3。

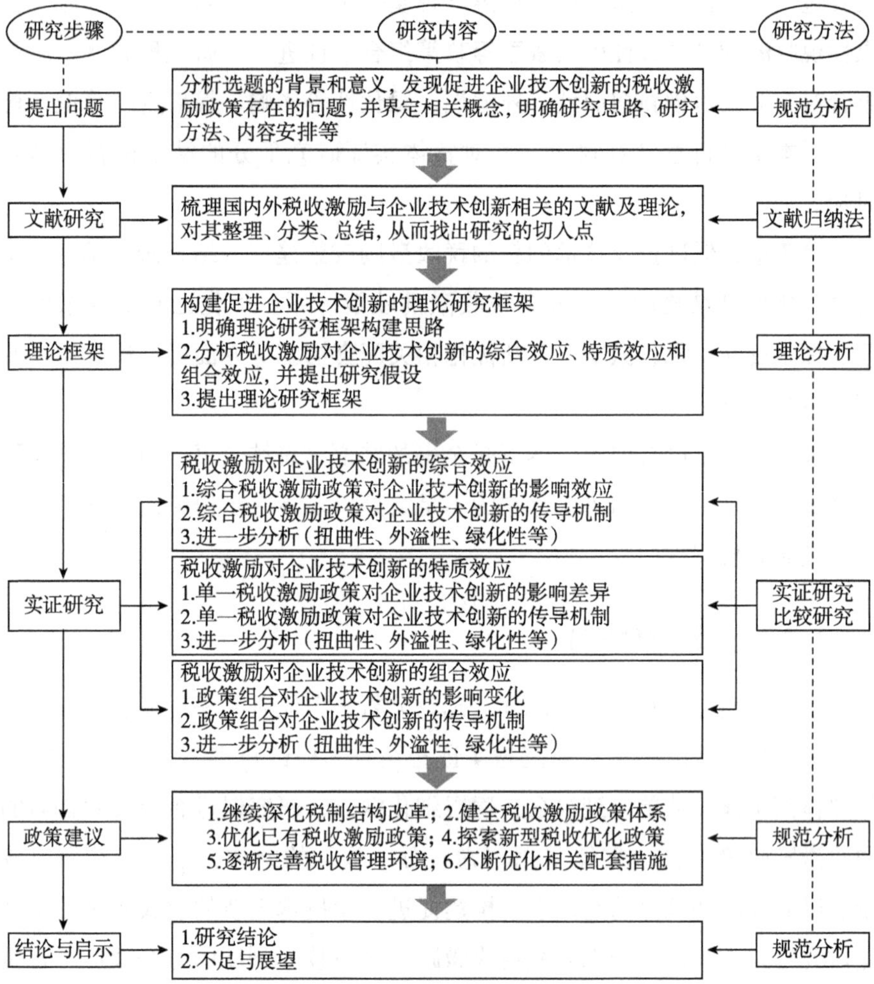

图 1－3　技术路线

1.5　主要创新点

第一，构建促进企业技术创新的税收激励政策理论研究框架。立足我国国情和事实，在已有研究文献和理论基础上，构建促进企业技术创新的税收激励政策理论研究框架。首先，明确理论研究框架构建思路；其次，采用数理推导、逻辑分析等方法研究税收激励政策对企业技术创新的综合效应、特质效应和组合效应；最后，提出研究的理论框架，主要包括研究基础、研究对象、研究内容和研究结论等部分，其中文献、事实和理论是研究基础，税收激励体系是主要研究对象，研究内容为税收激励对企业技术创新的综合效应、特质效应和组合效应，以期通过深入细致的研究提高财政支出使用效率。综合效应研究是基础，特质效应研究是深入，组合效应研究是再深入，三个维度相互影响，关系密切，缺一不可。理论研究框架的构建拓展了税收激励对企业技术创新作用的理论分析，为后文实证研究提供了统一的逻辑框架，使促进企业技术创新的税收激励政策研究更为系统和完善，为以后类似政策的研究打下基础。

第二，拓宽税收激励对企业技术创新的研究范围。依托我国税收激励体系，分别研究综合税收激励政策、单一税收激励政策和税收激励政策组合对企业技术创新的影响。综合政策研究能够解析税收激励政策整体实施效果，单一政策研究有利于分析政策的异质性，政策组合研究则能发现单一政策在政策组合中的变化。其中，综合政策重点研究实质性减税和结构性减税对企业技术创新的影响；单一政策选取较为典型的企业所得税税率优惠、研发费用加计扣除、固定资产加速折旧、增值税优惠、西部大开发税收优惠等进行研究；政策组合则重点研究两种税基优惠、税基与税率优惠等政策组合对企业技术创新的影响。研究发现：综合来看，税收激励对企业技术创新具有正向促进作用，但对企业技术创新不同阶段影响效应呈现差异；从单一政策来看，税收激励对企业技术创新的影响具有异质性，其中企业所得税优惠激励效果最显著，而且与税率优惠相比，税基优惠的激励作用更大，个人所得税优惠激励效果仅次于企业所得税优惠，增值税和西部大开发税收优惠排最末；从政策组合来看，两种税基优惠政策组合激励效果最佳，其他政策组合可能会改变单一政策的实施效果。这在同类研究中较为少见，仅对整体政策研究会忽略不同政策的差异性，仅对单一政策研究则会忽略不同政策的组合性，也可能导致结果有偏。

第三，厘清税收激励对企业技术创新的传导机制。有文献对税收激励的传导机制进行研究，但相对忽略不同税收激励政策及其组合的差异性，这对于充分发挥不同税收激励政策的优势是不利的。本书在研究税收激励对企业技术创新影响效应的基础上，分别研究综合税收激励政策、单一税收激励政策和税收激励政策组合对企业技术创新的传导机制。研究发现：综合来看，税收激励主要通过融资约束和人力资源机制促进企业技术创新；单一政策对企业技术创新的传导机制呈现差异，其中税率优惠可通过融资约束、公司治理、风险共担机制影响企业技术创新，研发费用加计扣除可通过融资约束、人力资源机制影响企业技术创新；固定资产加速折旧则主要通过公司治理机制起作用；政策组合的传导机制则会在单一政策基础上产生变化，两种税基优惠政策组合体现出政策的高效性，使传导渠道变得更加多样，其他政策组合则会使传导渠道变窄。国家出台多项税收激励政策大力支持鼓励创新，但政策到达企业层面时其效果可能低于预期，甚至不尽如人意，为了探寻原因，不得不回归至微观企业层面，研究宏观政策对微观企业的影响及传导机制，这进一步认清不同税收激励政策及其组合的微观传导机制，丰富“宏观经济政策与微观企业行为”的研究框架，有利于税收制度的深化改革，从而为制定精准高效的税收激励政策提供科学的理论和实证依据。

2 文献综述

随着熊彼特创新理论被越来越多的人认可，以及以索洛、罗默等为代表的经济学家将技术进步内生化，纳入经济增长模型，技术进步对经济增长的重要性已毋庸置疑。为提升企业技术创新能力，学者开展了大量研究，取得丰硕的成果。企业技术创新受企业规模（Williamson and Oliver, 1965）[33]、股权分置改革（Tan et al., 2014）[34]、高管特征（Jin et al., 2016）[35]、政治关联（党力等，2015）[36]、并购（Federico et al., 2018）[37]等多因素影响。然而，技术创新的公共物品特性，导致私人部门研发活动投入低于社会最优水平，为政府支持政策的出台提供理论支持，Stiglitz 和 Joseph（2015）[38]指出政府对创新主体的支持才是欧美等国处于全球科技前沿的主要原因。Manso（2011）[39]、蔡卫星等（2019）[40]认为企业创新要着力解决的难题之一就是创新的“激励不足”，其中创新制度体系，如健全的知识产权保护体系、完善的科技金融风险投资制度等是创新发展的有力保证。促进创新发展离不开市场机制，亦需要完善的制度环境（Acemoglu, 2010；Barasa et al., 2017）[41-42]。政府支持政策种类多样，包括政府补贴、税收激励、政府采购、专项贷款、创新基金等，其中关于政府补贴的研究较早，但之后有研究发现政府补贴作为直接干预，存在资源扭曲性大、补贴效率低等问题，税收激励作为市场化手段越来越受欢迎，相关研究逐渐增多。关于税收激励与企业技术创新，国内外学者运用经济理论分析框架，进行广泛而具有成效的探索，形成大量富有价值的研究成果。这些研究成果为下一步深入研究奠定基础，有利于发现已有研究可能存在的不足以及尚未涉及的领域，进而确定本书研究的切入点。

2.1 税收激励与企业技术创新的衡量和分类

2.1.1 企业技术创新的衡量和分类

关于企业技术创新的衡量，已有文献通常将研发投入强度和专利产出情况作为代理变量（Faleye et al.，2014；袁建国等，2015；Balsmeier et al.，2017）[43-45]，其中关于研发投入强度的研究最为突出，通常采用企业研发投入与营业收入之比来表示。研发投入一般以强度不足研究为主（王玉泽等，2019）[46]，但也有少量研究指出可能存在过度投资。Fudenberg 和 Tirole（1987）[47]曾指出企业在寻求创新竞争优势的过程中存在过度投入。Fedyk 和 Khimich（2018）[48]认为当研发支出是主要价值驱动力时，企业往往会过度投资，而研发投入的过度投资会导致企业未来业绩不佳。专利产出指标则根据研究内容的侧重点不同可发生多种变化，例如，采用专利申请数据、有效专利数据、专利授权数据等（Fang et al.，2014；张劲帆等，2017；龙小宁、林菡馨，2018；虞义华等，2018）[49-52]，还有采用发明、实用新型、外观设计三种专利类型数据分别研究的（林志帆、龙晓旋，2019）[53]。不同代理变量各有利弊，周煊等（2012）[54]、Tong 等（2014）[55]、孔东民等（2017）[56]倾向于采用专利申请数据，因为专利申请数据比授权数据更能反映相对真实水平，专利授权量受较多因素影响存在不确定性和不稳定性，专利申请数据比专利授予数据更可靠和及时。Amore 等（2013）[57]从专利数量和质量两方面进行研究，其中，关于创新质量普遍采用专利中含金量较高的发明专利占比或引用次数作为代理变量（Hashmi and Rafique，2013；Chang et al.，2015；许昊等，2017；Haucap et al.，2019）[58-61]。但龙小宁和王俊（2015）[62]认为发明专利占比指标存在局限性，因为不同发明专利质量存在差别，故选择专利授权率、专利续期率等指标作为专利质量的代理变量。有研究开始采用专利所属技术领域数量、家族规模等指标来表示创新质量（Akcigit et al.，2016）[63]。还有一些研究通过调查问卷方式，设置相关问题来实现企业技术创新的衡量

(Huergo and Jaumandreu, 2004)[64]。

随着企业技术创新相关研究的深化，有学者从不同角度对企业技术创新进行了分类研究。Duguet (2006)[65]根据创新的技术差异，将其分为产品创新和工艺创新或者过程创新。张杰等 (2016)[66]、Hirshleifer 等 (2017)[67]从专利的不同类型角度对企业创新进行研究。钟腾和汪昌云 (2017)[68]根据创新含量的不同将企业创新产出分为“增量创新”和“激进创新”，其中增量创新是微小的改进，而激进创新是革命性的变化。还有一些将科技研发分为科学研究 (research) 与技术开发 (development) 两种类型，而科学研究又可细分为基础研究和应用研究 (Clausen, 2009; 严成樑、龚六堂, 2013; 叶祥松、刘敬, 2018)[69-71]。企业技术创新其实是一个动态过程，可分为研发决策、研发投入等多个阶段，有研究对企业技术创新研发决策 (Lin et al., 2009)[72]和最终产出 (温军、冯根福, 2018)[73]等不同阶段进行探索，但往往将专利产出作为最终产出阶段。在生态环境保护越来越被人们重视的情况下，企业技术创新的研究不断向绿化性发展，即关于企业绿色技术创新的研究越来越多，例如，Lambertini 等 (2017)[74]、罗良文和梁圣蓉 (2016)[75]、徐建中和王曼曼 (2018)[76]等。除此之外，技术创新效率、溢出效应等也是重要的研究对象，创新效率方面已有文献主要采用随机前沿、DEA 等方法对企业技术创新的效率进行测度，并围绕创新效率展开相关研究，如 Nasierowski 和 Arcelus (2003)[77]采用非参数方法对 45 个国家的创新技术效率进行研究，屈国俊等 (2018)[78]基于三阶段 DEA 模型对我国上市企业技术创新效率进行评估，发现企业技术创新受到不利环境的影响。肖仁桥等 (2018)[79]利用共同前沿理论，构建并联网络 DEA 模型，对中国 2007—2015 年高新技术制造业创新效率进行测算，发现不同地区和各行业效率损失存在较大差异。Lucking 等 (2018)[80]研究企业技术创新的溢出效应对企业市场价值、研发支出、生产率等的影响，发现技术密集型企业存在较大的正溢出性，但竞争对手研发对企业知识产出却具有负影响。

2.1.2 税收激励的衡量和分类

税收在国民经济发展中发挥着重要作用，其应用领域非常广泛，包括促进出口、减少污染、鼓励创业等。关于税收激励，已有文献主要对税收激励政策效应进行研究。一类是按照税收激励政策的目标研究税收激励是否达到政策制定的直接目标，例如，环境税能否提升环境质量，企业研发税收激励政策是否有利于企业技术创新。钟炜（2006）[81]对税收优惠与FDI进行研究，认为随着市场化程度的提高，税收优惠对FDI的影响力降低。Scharf和Smith（2015）[82]对英国捐赠抵税政策进行研究，认为该政策对捐赠参与度并无显著正效应。另一类则主要研究税收激励政策能否实现政策制定的间接目标，包括提升企业经营绩效、有利于国家经济发展等。Lokshin和Mohnen（2013）[83]研究荷兰研发税收激励对研发人员工资的影响，发现研发工资相对于财政激励计划的弹性在短期内为0.2，在长期内为0.24。贾俊雪（2014）[84]研究税收激励对创新企业进入的影响，认为税收激励能够缓解投资风险、信贷约束等对企业进入的不利影响。张莹和王雷（2016）[85]发现在非国有企业中，税收激励引致的投资结构有助于增加企业价值。还有研究认为不能仅仅从企业获得的显性税收优惠进行分析，因为在完全竞争市场中，税收优惠会导致资本竞相流入，使享受优惠的产品供给增加，销售价格降低，税前收益率降低（Scholes et al.，1992）[86]。基于此，陈运森等（2018）[87]从隐性税收的视角，研究中国税收政策宏观调控的有效性，认为地方税收优惠权的回收弱化了关系型税收优惠的程度。与企业技术创新相关的税收激励政策是本书研究的核心，有的政策直接目标即是促进企业技术创新，有些虽然并非直接目标，但却依然有利于企业技术创新。另外，在实际操作中，中国地方政府没有税收政策制定的权力，有研究指出地区间无差别的税收优惠不是最优的，中央政府可以选择性地将部分税收优惠授权于地方政府（唐飞鹏，2017）[88]，但地方政府可通过调整税收征管强度、税收先征后返等方式变相调整税率，税收收入易受税收征管效率和征税努力程度的影响（高培勇，2006）[89]，在某种程度上税收征管被认为是一种变相的税收激励。

代理变量方面，一般会选择单一税收激励指标，如企业所得税优惠主要采用企业所得税实际税负或名义税负为代理变量。刘放等（2016）[90]选用实际企业所得税税负作为税收激励的代理变量，考察融资约束、市场竞争程度和地区市场进程影响下税收激励对企业技术创新的调节效应。宋凌云和王贤彬（2013）[91]使用国家法定基本所得税税率与实际执行所得税税率的差额衡量所得税优惠。类似地，李维安等（2016）[92]采用当期企业所得税费用×（法定企业所得税税率/当期企业所得税税率－1）/营业收入来表示高新技术企业所享受的所得税优惠。付文林和赵永辉（2014）[93]采用所得税费用与利润总额之比的自然对数作为税收激励代理变量。柳光强（2016）[94]从信息不对称理论视角切入，采用"收到各项税费返还"来表示税收优惠。雷根强和郭玥（2018）[95]采用所得税费/息税前利润、（所得税费用－递延所得税费用）/息税前利润表示税收优惠。林志帆和刘诗源（2017）[96]将城市层面税收数据与世界银行企业调查数据进行宏微观匹配，采用城市税负指标，研究税收负担对企业技术创新的影响，发现间接税的"非中性"特征更明显。

2.2 单一税收激励政策与企业技术创新

2.2.1 单一税收激励政策对企业技术创新的影响研究

从不同税种来看，国内关于税收激励政策的研究大部分以企业所得税优惠为主研究税收激励对企业技术创新的影响。林洲钰等（2013）[97]研究所得税改革与企业技术创新，发现税收激励强度与企业技术创新之间存在倒"U"形关系。李林木和郭存芝（2014）[98]采用全国高新技术产业减免税调查数据进行实证研究，发现减免税能有效刺激企业增加研发投入，但短期内对研发产出没有显著效应。近年来，税收激励政策越来越细，对企业所得税中某一项税收优惠政策的研究逐渐增多。例如，王登礼等（2018）[99]以战略性新兴产业为例，研究研发费用加计扣除的税收激励效应，发现税收激励效应显著，但不同行业、创新主体和规模的企业存在显著差异，建议差异化研发费用加计扣除政策。曹越和陈文瑞（2017）[100]、李昊洋等（2017）[101]、刘啟仁等（2019）以财税〔2014〕75号文件为基础对固定资产加速折旧进行研究。关于增值税方面的研究，集中于讨论

“营改增”政策调整对企业技术创新的影响。范子英和彭飞（2017）[102]研究“营改增”的减税效应。张璇等（2019）[103]发现“营改增”使企业平均税负增幅降低，促进了企业创新，而且对民营、中小企业等的影响更为突出。刘行和赵健宇（2019）[104]研究我国2004—2009年增值税专项改革对企业技术创新的影响，认为增值税改革显著增加了企业专利数量。申广军等（2016）[105]、Zhang等（2017）[106]等虽未直接检验增值税与企业技术创新，但研究了增值税改革对企业固定资产投资的影响。关于个人所得税优惠的研究相对较少，李旭红和方超（2019）[107]、高凤勤等（2019）[108]对促进创新的个人所得税制进行研究，提出相关改革思考及建议。关于西部大开发税收优惠，学者主要从区域经济增长（刘生龙等，2009）[109]、产业结构转型升级（袁航、朱承亮，2018）[110]等方面进行探讨，但该政策创新效应的研究相对不足，周业安和高新雅（2008）[111]将西部大开发税收优惠看成促进地区创新的政策组合，发现西部大开发税收优惠显著提升了当地的创新能力。还有一些文献研究其他税收激励政策，贾俊雪和应世为（2016）[112]研究前瞻性有效平均税率和有效边际税率。唐书林等（2018）[113]对税收递延、政府补贴与企业自主创新进行研究，认为税收递延对自主创新的正向促进作用优于政府补贴。

国外关于税收激励政策的研究主要集中于税收抵免（tax credits）政策。Castellacci和Lie（2015）[114]认为税收抵免对企业技术创新的影响因行业而异，研发税收激励计划的总体效益取决于税收抵免的增量效益、同一行业的生产率以及对其他行业的溢出效应。Rao（2016）[115]以美国为例，采用工具变量法研究税收抵免对研发投入的影响，发现短期内具有显著的激励作用。Freitas等（2017）[116]对挪威、意大利和法国三个国家的税收抵免政策进行研究。国外其他税收激励政策的研究主要包括专利盒制度、税收递延、个人所得税优惠等，还有一些研究专门评估某一项促进企业技术创新的税收激励政策改革的效果。Wilson（2009）[117]采用1981—2004年美国州际面板数据研究，发现州内税收优惠政策对其他州的研发支出产生负影响。Karkinsky和Riedel（2012）[118]研究发现企业所得税税率上调一个百分点将导致该地区专利申请减少3.5%左右。Kasahara等（2014）[119]研究日本

2003 年税收抵免改革，认为如果没有 2003 年的税收抵免改革，研发支出总额将会下降 3.0～3.4%。Oestreich 等（2015）[120]对税收递延进行研究，认为税收递延能够降低企业融资约束，为企业技术创新提供机会。Alstadsæter 等（2017）[121]对专利盒制度进行研究，发现专利对税收的敏感性较强，但存在行业异质性。Mohnen 等（2017）[122]基于荷兰 2007—2013 年数据，研究发现专利盒制度对研发投入确实有积极影响。国外有学者构建一般均衡模型对促进企业技术创新的不同税收激励政策进行排序，认为研发税收抵免政策的激励作用最大，税率优惠和针对创新产品下游用户的税收抵免次之，个人所得税最后，而针对创新产品上游生产商的税收抵免是无效的（Russo，2004）[123]。还有一些学者对税收弹性进行估计（Koga，2003）[124]，其中瓦达（Warda）提出的 B 指数常常用来衡量企业 R&D 税收优惠的强度，如李万福和杜静（2017）[125]，但该指数的计算需要满足一系列假定条件（戴晨、刘怡，2008）[126]。表 2－1 展示了部分单一税收激励政策对企业技术创新影响研究的文献。

表 2－1 部分单一税收激励政策对企业技术创新影响研究的文献

税种大类	细项	相关研究
企业所得税	税率优惠	Karkinsky 和 Riedel（2012）；Aghion（2012）[127]；李林木和郭存芝（2014）；刘放等（2016）；李维安等（2016）；李林木和汪冲（2017）[128]；Mukherjee 等（2017）[129]；雷根强和郭玥（2018）
	研发费用加计扣除	王登礼等（2018）；兰贵良和张友棠（2018）[130]；李新等（2019）[131]
	固定资产加速折旧	曹越和陈文瑞（2017）；李昊洋等（2017）；刘啟仁等（2019）
	专利盒制度	Bradley 等（2015）[132]；Alstadsæter 等（2017）；Mohnen 等（2017）
	税收抵免	Hines（1994）[133]；Hall 和 Reenen（2000）[134]；Kobayashi（2014）[135]；Rao（2016）；Crespi 等（2016）[136]；Bodas Freitas 等（2017）；Minniti 和 Venturini（2017）[137]
增值税	“营改增”	Howell（2016）[138]；范子英和彭飞（2017）；袁建国等（2018）[139]；孙吉乐（2017）[140]；刘行和赵健宇（2019）

续表

税种大类	细项	相关研究
个人所得税	个人所得税	李旭红和方超（2019）；高凤勤等（2019）
西部大开发税收优惠	西部大开发税收优惠	周业安和高新雅（2008）
其他	环保税	贺娜和李香菊（2018）[141]
	科技园区	陈远燕等（2017）[142]
	孵化器税收激励	崔静静和程郁（2016）[143]；关成华等（2018）[144]

2.2.2 单一税收激励政策对企业技术创新影响的研究结果

关于单一税收激励政策与企业技术创新，学者已展开丰富的研究，尤其是近十几年随着税收工具的频繁使用，以及微观企业数据库的成熟，相关文献逐渐增多，但关于税收激励对企业技术创新影响的结果仍存在争议。从理论来看，税收激励对企业技术创新既存在激励效应，也存在挤出效应，大量研究认可税收激励对企业技术创新的正向促进作用（Hall，1993；William，1993；谭光荣、黄慧，2010）[145-147]，即税收激励可通过弥补创新的外部性、缓解企业融资约束、改变企业投资行为等影响企业技术创新产出，最终影响整体经济产出，乃至下一轮宏观经济政策。对企业来说，技术创新能够改变企业传统生产方式，提高企业生产率，提升企业整体竞争力，有利于企业持续长期发展（Hsiao，2014）[148]。从消费者的角度来看，税收激励对企业技术创新的激励效应可从两方面来阐述，一是收入效应，税收激励提高相关消费者的实际购买力，使消费者有能力购买创新产品；另一个是替代效应，税收激励改变产品的相对价格，从而改变消费者偏好，使其购买创新产品。Hall 和 Reenen（2000）对 OECD 国家进行研究，发现一美元研发税收抵免能刺激额外的一美元研发投入。Bloom 等（2002）[149]基于九个 OECD 国家 1979—1997 年的面板数据，研究发现在控制国家特征、宏观经济波动等因素的情况下，税收激励政策对增加研发投入强度依然是有效的。Faber 和 Hesen（2004）[150]对欧盟国家进行研究，发现企业税负与创新专利产出成反比。Yang 等（2012）[151]对台湾制造企业研发活动进行研究，发现税收抵免的非高科技企业似乎比高科技企业具有更高的研发支出增长率。Cappelen 等（2012）对挪威税收抵免计划（SkatteFUNN）进行研究，考察企业新产品、市场新产品和新产品流程三种创新，发现税收抵免计划可以促进企业开发新产品和新流程。Kobayashi（2014）研究日本税收抵免对中小型企业的影响，结果显示税收抵免政策会增加中小型企业的研发支出，而且税收抵免对受流动性约束公司的影响要远大于不受约束公司的影响。王玺和张嘉怡（2015）[152]研究高新技术企业，结果显示税收优惠每增加 1 单位，将直接导致企业内部研发支出增长 0.74 个单位。Dechezleprêtre（2016）[153]认为研发税收价格弹性很大，2006—2011 年，英国如果没有税收减免计划，研发业务将下降大约 10%，而且税收激励政策具有正溢出性。税收激励对企业技术创新的正向促进效应存在异质性，有研究表明中小企业易受流动性限制，税收激励对中小企业或之前研发投入较低企业的激励作用更大（Lokshin and Mohnen，2012）[154]，但有研究指出大型企业的知识溢出效应超过中小型企业，这会削弱对中小企业的税收激励。Ernst 等（2014）[155]研究发现专利收入方面的低税率有助于吸引更多高水平的创新项目，但创新税收抵免和税收减免等政策对创新项目质量的提升并不具备统计上的显著性。柳光强（2016）从信息不对称视角研究战略性新兴产业上市企业，实证结果显示税收优惠在不同产业、不同政策目标之间的激励效应存在差异。李新等（2019）研究发现研发费用加计扣除能够显著促进企业增加研发投入，但对不同类型企业的促进作用会产生差异，建议加大中小企业税收优惠力度。陈红等（2019）[156]则从不同生命周期阶段进行实证研究，认为税收激励对制造业成熟期企业的创新活动更有效。

虽然大部分学者认为税收激励政策能够促进企业技术创新，但也有一些学者提出不同的意见，认为税收激励对企业技术创新具有挤出效应。Eisner（1984）[157]认为税收抵免政策花费大量支出，但对研发支出的刺激却是有限的。Han 和 Manry（2004）[158]研究认为研发加计扣除具有较强的诱导效应。Baghana 和 Mohnen（2009）[159]对魁北克研发税收激励措施进行研究，认为税收激励存在无谓损失，而且对大型企业尤为严重。吴祖光等(2013)[160]认为在很大程度上，税收优惠成为企业规避税收的“税盾”，避税激励导致企业的研发投入强度偏离其真实水平，支持创新活动的税收政策应从激励研发要素投入转变为激励企业创新。黎文靖和郑曼妮(2016)[161]研究发现仅实质性创新才能推动技术进步和促进企业发展，当企业预期能获得更多政府补贴或税收优惠时，非实质性创新会显著增加，企业会为“寻扶持”而创新，虽然创新数量显著增加，但并未提升创新质量。杨国超等（2017)[162]认为“高新技术企业”所得税税率降低15%，企业可将10%的利润留在公司，数额可观，而且在法律执行力度较弱、信息不对称等影响下，税收优惠反而会导致企业研发操纵。Brown等(2017)[163]对金融市场规则、税收抵免、知识产权等进行对比研究，发现税收抵免与研发创新具有负相关关系，而且直接与创新融资和专利独占性等相关的国内政策要比税收抵免、政府补贴更有效。吴一平和李鲁(2017)[164]利用中国工业企业微观数据考察开发区政策对企业创新能力的影响，发现开发区的优惠政策抑制了企业创新能力。Mukherjee等（2017）研究发现增加税收会减少企业未来技术创新，减税却不一定会增加企业技术创新。汪冲和江笑云（2018)[165]对江苏高新技术企业进行研究，发现资格认定型税收减免会产生可持续的自我削弱影响。税收激励对企业技术创新的挤出效应主要受政府失灵、政策低效等因素影响。首先，税收激励受经济发展水平、企业特征等多因素影响，优惠力度难把握，作为“有限理性”的政府失灵难避免，可能导致税收激励政策实施效果偏离最初目标(Haapanen et al.，2014)[166]。企业技术创新最终体现为新产品或服务的市场投放，因此，技术创新活动需要市场主导，虽然可能面临市场失灵等问题，但由于信息的不对称和不完美性，政府干预强度难以衡量和测算。吴文锋等（2009)[167]发现高管政府背景、公司所在省市的税收负担与税收优惠密切相关。Jia和Ma（2017）指出在发展中国家，对财政的不良保护、不完善的法律制度以及政府的严厉干预均可能会削弱税收激励对企业技术创新的促进作用。其次，税收激励可能导致寻租行为。当税收激励强度过大或多项税收优惠政策组合导致优惠力度较大时，企业面临很高的扶持收益，可能释放虚假信号欺骗政策制定者，即发生道德风险或逆向选择等问题，企业技术创新水平或质量并未得到真正提升（Bloom et al.，2002；Rodrik，2004；安同良等，2009）[149,168-169]。如高新技术企业税收激励，一旦被认定为高新技术企业即可享受特别优惠的税率和其他特权，企业进行研发操纵有利可图，即使被发现违规，成本也相对较低，进而可能导致税收激励政策激励作用失效，甚至挤出。最后，地方政府与中央政府目标可能存在不一致性，Nadine（2018）[170]等指出税收优惠在全球范围内可能会产生“税收洼地”，而区域性的税收优惠可能存在负外部性（罗鸣令等，2019）[171]，当各地竞相出台税收优惠政策或放松税收征管力度时，可能引发逐底竞争（Race to Bottom）。地方政府为了激励企业创新发展还可能通过调节税收征管力度给予企业特殊税收优惠。

2.2.3 研究单一税收激励政策影响企业技术创新的方法

采用实证方法研究税收激励与企业技术创新较为普遍，通常以上市公司、工业企业数据库或调查数据等研究为主，实证研究方法也非常多样，包括双固定效应面板模型、反事实分析法、倾向评分匹配法、双重差分模型等。Kasahara（2014）使用GMM法对日本税收抵免进行研究。Castellacci和Lie（2015）采用Meta回归分析对税收激励进行研究。Rao（2016）、林志帆和刘诗源（2017）均引入新的工具变量，采用工具变量法进行研究。Takalo等（2017）[172]采用芬兰项目级研发和补贴数据进行反事实分析，认为与放任自流相比，税收减免和补贴都不会改善福利。Russo（2004）、冯海波和刘胜（2017）[173]、Crespi等（2016）则分别采用可计算一般均衡模型、两步系统广义矩估计法和动态面板模型。近年来，倾向评分匹配法、双重差分模型等方法的使用逐渐普遍，其在处理内生性问题、政策效果评估等方面具有较大优势，胡凯和吴清（2018）采用能克服样本自选择性的倾向得分匹配法进行研究，认为税收激励并不能促进企业全要素生产率的提升。Kobayashi（2014）、程瑶和闫慧慧（2018）均采用倾向得分匹配法。王春元（2017）[174]、刘行和赵健宇（2019）、刘啟仁等（2019）则构建双重差分模型。还有一些文献结合理论和实践研究促进企业技术创新的税收激励政策，或对国外税收激励政策进行借鉴。刘溶沧(2000)[175]探讨中国促进科技成果转化的税收政策。曾国祥（2001）[176]、胡勇辉等（2016）[177]对英、美、德、日等发达国家促进企业技术创新的税收激励政策经验进行借鉴，并提出我国企业所得税优惠改革的政策建议。薛薇和魏世杰（2018）[178]对国家自主创新示范区推广的创新税收政策进行研究。许多奇（2018）[179]从税收优惠法定、税制结构优化等方面研究新税制改革与创新驱动发展战略。朱为群和李佳坤（2019）[180]研究“专利盒”优惠税制的发展特征，为完善我国税制提出政策建议。

2.2.4 单一税收激励政策对企业技术创新的传导机制

1）相关理论研究

关于税收激励对企业技术创新传导机制的研究，具有深厚的理论基础。现代与企业技术创新相关激励政策在很大程度上都基于市场失灵理论(Clausen，2009)。市场失灵理论认为完全竞争的市场结构是资源配置的最佳方式，但现实中由于公共产品性、垄断、外部性、不确定性、信息不完全等情况，市场无法仅依靠价格机制实现资源配置的最优；出现市场失灵时，为了实现资源的最优配置，需要通过国家宏观调控来解决，为政府干预提供理论依据。以亚当·斯密为代表的古典经济理论，主张限制国家职能，认为市场主要由“看不见的手”发挥作用，应最大限度地发挥市场机制规范社会经济活动，而政府只是在市场不能有效发挥作用的地方发挥作用，国家职能主要限于为私人部门的平等竞争创造必要的外部条件。以马歇尔、庇古为代表的新古典经济理论则扩大了政府的经济职能，在边际效用、消费者剩余等概念基础上为政府微观干预提供理论支持理由，他们提出国家财政应以增进社会公共福利为目标，除传统的政府三大职能外，还要对收入分配进行调节，提升国家总体福利水平。以凯恩斯为代表的功能财政理论则进一步拓展了财政职能的研究范围，他们以有效需求理论为核心思想，主张政府运用财政政策刺激消费、增加投资，阐述政府宏观调控的必要性，充分肯定财政政策对于纠正“市场失灵”的重要作用。其中，公共物品特性和外部性是导致市场失灵的主要原因。公共物品理论的研究历史较长，休谟在《人性论》中通过“草地排水”问题的分析，最早给出公共物品自发供给不足的表述；亚当·斯密在《国富论》中指出国防、治安等需要君主供给等[①]。保罗·萨缪尔森（Paul A. Samuelson）于20世纪50年代在《公共支出的纯粹理论》一文中对公共物品给出较为权威的解释，纯公共物品或服务是每个人对物品的消费不会使其他人对该种物品或服务的消费减少，是与纯私人物品相对的，主要具有以下两个特性——非排他性和非竞争性，而技术创新正具有公共物品的特性。关于公共物品如何实现有效提供，萨缪尔森给出数学界定，对纯公共物品来说，当所有人愿意支付的价格之和与边际转换率相等时实现最优。针对非纯公共物品的供给，布坎南和麦圭尔提出俱乐部理论。然而，对于公共物品的喜好，人们可能会有所隐瞒，因为即使他们不付出任何成本也可以获得免费享用，这些人就是免费搭车者。因此，市场不能自发实现公共物品的有效提供，但公共物品并非必须由公共来提供，它可以由公共提供，也可以由私人提供。尤其是在现实中，纯公共物品并不常见，公共提供与私人提供两种机制往往交织在一起，很难截然分开，对于外部性显著的公共物品，政府可通过特许经营授权于私人企业；对于具有竞争性的或预期收益较高、风险较大的公共物品，可以通过市场机制由私人企业来提供，但同时需要政府的财政支持。关于外部性理论，庇古和科斯为外部性理论的发展做出重要贡献。庇古首次采用现代经济学、福利经济学等方法，系统研究外部性问题，并将“外部经济”概念扩展至“外部经济”和“外部不经济”，发现商品生产过程中社会成本与私人成本不一致的问题，提出著名的“庇古税”，他认为税收调节可缓解外部性问题，税收激励可弥补市场失灵，解决企业技术创新外部性问题。科斯则认为可以用市场交易形式即自愿协商替代庇古税手段来解决外部性问题。

创新市场失灵理论方面，以阿罗（Arrow）的探讨最为经典，他认为

① 《国富论》下卷第279页“原来在平时在战时都无须君主支出何等费用的社会的兵力，随着社会进步的过程，初则在战时需要君主出钱维持，后则在平时亦非君主出钱维持不可”。

技术创新的公共产品性、非独占性和外部性，使其在完全由市场主导的情况下，不能完全满足市场需求，政府的调节机制十分必要。外部性可按照其产生的影响效果，分为正外部性和负外部性。企业技术创新往往会产生正外部性，即创新的过程中企业面临知识泄露和溢出作用，很难独享创新带来的利益（Clarysse et al.，2009）[181]。某个经济主体的个体经济活动使他人或社会受益，而不需要受益者花费任何代价，但会导致该经济主体利益受损，企业技术创新的研发周期普遍较长，收益和结果具有较大的不确定性（Nelson，1959）[182]，最终导致企业技术创新投入不足，使私人收益率低于社会收益率。因此，市场在创新资源方面的调节作用存在失灵，政府可通过税收激励方式降低研发成本，也可通过税收激励方式增加企业收益，进而弥补或者缩小私人收益率和社会收益率之间的差距，鼓励企业开展技术创新活动。

2）相关实证研究

已有文献主要从资金角度展开研究，认为税收激励可以弥补私人边际成本，可通过缓解企业融资约束，降低研发成本等促进企业技术创新水平的提升。Cerulli 和 Poti（2012）[183]认为财税激励政策可以弥补企业技术创新的外溢成本。Xu 等（2013）[184]认为税收优惠可以减轻企业研发机构费用，进而提升企业创新绩效。水会莉和韩庆兰（2016）[185]、田中禾和王丽茗（2017）[186]等都认为融资约束是企业技术创新普遍面临的困境，税收激励能够有效缓解企业融资问题，对研发投入产生积极影响，而且在民营企业中效果更为显著。王春元和叶伟巍（2018）[187]发现融资约束可能会抑制税收激励的正向促进作用。刘啟仁等（2019）对固定资产加速折旧优惠政策进行研究，认为税收优惠能够减轻企业现金流压力，助推企业购置固定资产。还有一些文献针对税收激励的信号传递机制进行研究，获得税收激励的企业，尤其是资格认定型税收激励的企业，相当于获得政府的资格认证，通过税收的信号效应向外界传递积极信息，降低企业与投资者之间的信息不对称性，使企业获得更多的资金支持以及更先进的管理。Bond 和 Samuelson（1986）[188]最早把税收优惠的信号作用引入模型，构建一个把税收优惠作为东道国信号发出的理论模型，来研究东道国政府与外商之间的关系，税收优惠可以当作政府发出的信号，以展示本国的经济发展情况和发展潜力，达到吸引外资的目的。但关于税收激励对企业技术创新信号传导机制的研究文献较少，而关于政府补贴的研究相对较多，郭晓丹和何文韬（2011）[189]、Meuleman 和 Maeseneire （2012）[190]、Yan 和 Li (2018)[191]、郭玥（2018）[192] 等都做出类似研究。王明海和李小静 (2017)[193]采用因子分析法构建较为综合的政府干预指数，认为政府干预对创新投入具有显著的信号传递作用。还有研究发现税收激励通过对企业家产生引导作用，进而提升企业技术创新，如黄永春等（2020）[194]认为创新资助能够促进新生企业家追求产品研发和实施规模扩张来提升企业技术创新水平。由以上分析可知，已有文献对税收激励传导机制的研究在融资约束机制方面较为丰富，其他传导机制的实证研究相对不足，还有文献将税收激励的研究融入政府支持政策之中，但不同税收激励政策及其组合的具体传导机制还较为模糊。

2.3 税收激励政策组合与企业技术创新

支持创新的公共政策源于 20 世纪五六十年代，为加强研发创新优势，美国、德国、日本、韩国先后实行类似的公共政策（代明等，2012）[195]，随后关于创新支持政策的研究逐渐增多，涉及知识产权保护、公司制度、税收优惠等各个方面，以构建适宜创新的良好政策环境（Pablo et al.，2010）[196]。为促进企业技术创新，政府往往采取多种支持政策，政府补助、政府采购、专项贷款、创新基金等均是政府资助的重要方式，而且支持方式不断多样化，如创新人才、共建实验室等。Aghion 等（2015）[197]指出产业政策对宏观经济持续发展和微观企业投资决策等都有着举足轻重的作用。余明桂等（2016）[198]利用五年规划关于鼓励行业规划的调整信息，研究产业政策对企业创新的影响，发现产业政策有利于企业创新，而且对民营企业和重点鼓励行业的促进作用更大。陈志军（2017）[199]采用空间滞后面板模型研究财政竞争的空间策略行为与企业技术创新，发现地方政府间财政竞争存在显著的策略模仿行为，并促进了企业技术创新。Busom 等 (2017)[200]采用西班牙 2001—2008 年制造业企业数据，从连续获得政府支持角度对税收激励进行研究，发现高效率企业更有可能获得补贴，而税收抵免的使用与企业生产率无关，企业以前年度是否获得政府支持是企业能否连续获得政府支持的主因。从理论来看，政府采购能够扩大市场需求，并为企业提供领先的终端市场需求，引导企业开展创新活动有助于企业技术创新和产品升级（Rothwell and Gardiner，1989；Vecchiato and Roveda，2014）[201-202]。Slavtchev 和 Wiederhold （2016）[203]认为，美国政府采购显著推动了企业研发创新发展。Bascavusoglu - Moreau 等 （2017）[204]发现公共和私人需求都会对企业技术创新产生积极作用。但也有研究指出只有在一定条件下，政府采购才能促进企业技术创新（Geroski，1990）[205]。胡凯等(2013)[206]采用中国 2001—2010 年省级数据进行实证研究，发现在市场竞争不足的影响下，政府采购未能发挥促进企业技术创新的作用，反而阻碍了技术创新。Huergo 等 （2016）[207]研究西班牙公共低息贷款对企业研发的影响，发现公共低息贷款具有有效性，而且对中小企业的刺激作用更大。Wang 等 （2017）[208]对中国创新基金进行研究，程聪慧和王斯亮(2018)[209]、董建卫等 （2018）[210]则对政府引导基金展开研究。

其中，关于政府补贴的使用历史最长，相关研究最为广泛，但政府补贴与企业技术创新两者之间的关系较为复杂，存在较大争议。大部分研究认为政府补贴对企业技术创新具有促进作用（Czarnitzki and Licht，2005；Wolff and Reinthaler，2008；Aerts and Schmidt，2008；Carboni，2011；李汇东等，2013；陆国庆等，2014；Xu et al.，2014）[211-217]。Adams 等(2003)[218]发现联邦实验室和企业之间的合作对私人研发支出具有积极影响。Hottenrott 和 Lopes - Bento （2014）[219]对私人融资研发和政府补贴引发的研发投资分别展开研究，认为两者对促进企业研发投资都具有促进作用，但政府补贴引发的投资在新产品销售方面的激励作用更大。郭玥(2018) 区分创新补助和非创新补助，研究发现创新补助能够显著促进企业研发投入和实质性创新产出。但随着政府补贴的增长，一些弊端被暴露出来，很多学者提出相反的意见，认为政府补贴对企业技术创新具有挤出作用或影响并不明确（Yu et al.，2016；Montmartin and Herrera，2015）[220-221]，主要观点有以下几种：一是补贴给予哪些企业效益最大目前仍存在争议。一方面，政府补贴支出并没有明确的法律约束以及补贴的分配机制，政府选择被补贴的企业具有较强的主观性，可能存在“寻租”行为；另一方面，政府受信息不对称等因素影响，难以对市场失灵有效识别，为了预期效果，往往会择优补助，但择优补助是否最优遭到质疑（Howell，2017；刘春济、高静；2019）[222-223]。Boeing（2016）[224]认为企业获得的政府补贴主要受先前补助情况影响，应将补贴给予高科技企业、对社会福利增进大的行业或领域。李溪等（2018）[225]认为当企业处于业绩困境时，会显著增加研发创新投入的概率。不当的政府支持还会导致企业“寻扶持”或“策略性创新”，使“创新战略”被“寻租战略”替代（张璇等，2017）[226]。肖文和林高榜（2014）[227]认为政府对资金用途监管不足和明确的政府意愿特色，导致政府直接和间接支持并不利于技术创新效率的提升。过高的政府扶持政策或可观的补贴收入可能会加强企业“寻补贴”的动机（邵敏、包群，2012）[228]，从而对企业技术创新产生抑制效应（Wallsten，2000）[229]。毛其淋和许家云（2016）[230]、Shleifer 和 Vishny（1994）[231]、余明桂等（2010）[232]研究均指出企业为了获得补贴收入，会积极地与当地政府官员建立寻租关系，在这过程中有可能产生寻租成本或“寻补贴”投资。企业会为了寻补贴而生产（孟辉、白雪洁，2017）[233]，会降低企业讨价还价的能力（刘海洋等，2012）[234]，增加研发成本，弱化企业通过研发创新提升企业创新水平的动力（Gwartney et al.，1998）[235]。二是政府支持可能会导致创新要素价格上涨，增加创新成本，反而阻碍企业技术创新（Wu，2005）[236]。三是认为政府支持虽然提升了研发创新数量，但对研发创新质量的提升并无益处，甚至政府支持会对企业创新质量产生抑制效应（Dang and Motohashi，2015）[237]。陈远燕等（2018）[238]研究发现财政补贴与税收优惠对发明专利产出的影响并不显著。四是认为政府支持存在异质性。Lach（2002）[239]对以色列展开研究，发现政府补贴对小型企业的创新投入具有显著促进作用，对大型企业却具有挤出效应。

Clausen（2009）研究发现科学研究补贴刺激企业内部研发支出，而技术开发补贴则替代了这种支出。熊和平等（2016）[240]认为对生命周期不同阶段来说，政府补助对企业研发投入的影响存在差异，政府补助对初创期企业的研发投入具有显著促进作用，与成长期企业的研发投入存在倒“U”形关系，与成熟期企业的研发投入没有显著相关关系。Wang（2018）[241]对比新加坡和中国香港特别行政区政府支持创新的政策效果，该研究提供了政府干预成功的一些证据，但也指出政策的局限性，政府的高度参与并未使新加坡本地创新企业的数量显著增加。范子英和王倩（2019）[242]从税收超收视角解释财政补贴的低效率，认为政府对企业的税收超收使企业获得下一期财政补贴的概率提高。还有学者认为政府补贴与企业技术创新之间存在非线性关系（张辉等，2016；李晓钟、徐怡，2019）[243-244]。

已有文献不乏不同政府支持政策的对比研究。例如，邓子基和杨志宏（2011）对比政府补贴、税收优惠和政府采购对技术创新不同阶段的影响，认为财政支持在研发阶段更为有效，财政支持和税收优惠在成果转化阶段的效果相当，而政府采购则在产业化生产阶段的作用更大。从结果来看，一种认为某种政策优于另一种政策，比如，税收激励政策对企业技术创新的影响更显著。柳光强等（2015）[245]认为税收优惠、财政补贴对企业发展均具有正向促进作用，但税收优惠对总收入和净利润的影响更大。戴晨和刘怡（2008）认为与研发补贴相比，税收优惠激励对资源的扭曲度更低，选择失败者补贴的风险更低，对企业研发投入的激励作用更强。Guan 和 Yam（2015）[246]对 1000 多家中国制造业企业的调查数据进行分析，发现税收激励对企业创新经济绩效产生积极影响，但直接专项拨款却未能对其产生积极影响，甚至有时会产生负面影响。另一种则认为不同政府支持政策在不同领域发挥着重要作用，或者需要发挥其共同作用。Lee 等（2005）[247]认为对于新成立企业而言，税收激励能够发挥的作用有限，而创新补贴是必要的。Atkinson（2007）[248]认为激励企业技术创新直接补贴和税收抵免都是必要的。与税收激励相比，政府补贴具有较浓的行政色彩，产生寻租和挤出效应的风险更大，但政府补贴在部分领域发挥着重要的作用。张同斌和高铁梅（2012）[249]构建一般均衡模型，研究认为在促进高新技术产业的产出增长方面，财政激励政策更有效，在高新技术产业增加值率的提高和内部结构优化方面，税收优惠政策的效果更显著。Czarnitzki 和 Lopes - Bento（2014）[250]对德国国家支持政策与欧洲政府支持政策进行研究，在研发投入阶段并没有发现一项政策对另一项政策的挤出，这些政策反而是相互补充的。储德银等（2016）[251]认为税收激励与财政补贴效果基本相同。Busom 等（2017）对西班牙制造业企业进行研究，发现税收激励和政府补贴不能相互替代。

随着企业获得政府支持政策的增多，一些学者开始由单一政策研究转为政策组合（policy mix）研究。1999 年，诺贝尔经济学奖得主罗伯特·A. 蒙代尔提出政策搭配理论，即财政和货币政策的灵活搭配能够解决内外部均衡问题，随后经济学家对政策组合的研究逐渐增多。国外已有学者尝试对政府支持创新的多种政策组合进行研究，Berube 和 Mohnen（2009）[252]发现同时使用税收激励和政府补贴的企业比单独使用税收激励政策的企业更有动力创新。Rogge 和 Reichardt（2013）[253]、Costantini 等（2017）[254]则进一步发现政策组合的特征，如综合性、可信性等都对创新有促进作用，认为政策组合应具有一致性、连贯性等特征。Guerzoni 和 Raiteri（2015）[255]分别对供给侧和需求侧的政府支持政策及其交叉影响进行研究，发现当控制与其他政策的互动时，公共采购比政府补贴更有效，而且当不同支持政策相互影响时，不同政府支持政策将发挥最大效用。Dumont（2017）[256]运用比利时 2003—2011 年数据研究不同支持政策对企业技术创新的影响，发现当企业同时从不同方案中受益时，研发支持的有效性会降低，特别是补贴与几种税收优惠组合起来时。Hottenrott 等（2017）[257]研究比利时研究项目、开发项目和混合 R&D 项目，以及对应的三种补贴对其直接影响和组合影响，认为促进研发创新，针对创新目标的直接政策比政策组合更有效。Montmartin 等（2018）[258]以法国为例，在地理区位视角下研究税收抵免、地区补贴、国家补贴和欧洲补贴等政策组合对企业技术创新的影响，认为法国研发政策组合相对有效，并未产生显著的挤出效应。国内也有类似研究，其中关于财政补贴和税收优惠政策组合的研究较多。郑绪涛和柳剑平（2008）[259]研究认为税收激励和研发补贴两种措施应该有效搭配使用。赵爱武和关洪军（2018）[260]采用社会科学计算实验方法，研究不同政策工具及其组合对企业环境技术创新的影响。张娜和杜俊涛（2019）[261]从交互作用的视角，研究财政补贴、所得税优惠、流转税优惠及其交互项对高新技术企业创新效率的影响，结果发现财政补贴和税收优惠通过交互作用共同作用于企业创新效率。徐喆和李春艳（2017）[262]、孟维站等（2019）[263]则研究科技政策组合特征，包括综合性、一致性和均衡性对创新的影响。但在笔者所阅读的文献中，鲜有文献对税收激励政策的组合影响进行研究，仅娄贺统和徐恬静（2008）[264]从理论上分析税率式优惠方式与税基式优惠方式的效应差异；叶金育（2016）[265]探讨“单一模式”和“复合模式”的税收优惠，认为应加大“复合模式”的使用频率。程瑶和闫慧慧（2018）[266]利用倾向得分法研究研发费用加计扣除和税率优惠，但直接针对中国税收激励体系的政策组合研究却较为缺乏。

2.4 文献评述及研究切入点

2.4.1 文献评述

从税收激励与企业技术创新的衡量和分类、单一税收激励政策与企业技术创新、税收激励政策组合与企业技术创新等方面对已有文献进行研究，发现关于税收激励和企业技术创新学者已采用多种方法开展广泛的研究，为我国促进企业技术创新税收激励政策的不断优化改革提供了丰富的研究思路，做出了重要贡献，但仍有一些问题未解决，主要体现在以下几个方面。

（1）从整体来看，关于促进企业技术创新的税收激励政策研究缺少一个较为完善的理论研究框架。由第1章可知，我国不乏税收激励政策，但缺乏的是精准高效的税收激励政策，尤其在高质量发展阶段，税收激励政策更应凸显其高效性，目前已有研究文献并未系统地回答我国税收激励政策应如何深化改革。研究促进企业技术创新的税收激励政策需要这样一个较为完善的理论研究框架，从而对税收激励政策进行较为全面的评估，使促进企业技术创新的税收激励政策研究更为系统。

（2）从研究对象来看，关于激励企业技术创新的税制研究对象较为单一，不够体系化。一方面，已有文献关于税收激励的研究主要集中于企业所得税税率优惠或整体税负中，个人所得税、增值税、固定资产加速折旧、研发费用加计扣除等常用优惠对企业技术创新的影响研究相对不足，缺乏不同税收激励政策的对比和组合研究，仅对单一税收激励政策研究可能导致结果有偏；另一方面，已有文献往往将税收优惠作为一个整体变量，这不易分辨不同税收激励政策的真实影响。国外已有学者尝试对政府支持政策组合进行研究，但国内的研究基本集中于税收激励与政府补贴这两种财税政策，并未继续往下细分和深挖，这对于制定高效精准的税收激励政策是不利的。我国税收激励政策种类较多，研究不同税收激励政策之间的差异及其组合作用效果是十分必要和有意义的。

（3）从研究结果来看，税收激励对企业技术创新影响的结果尚无定论，有研究认为税收激励对企业技术创新存在激励效应，也有研究指出存在挤出效应。其中，税收激励政策的定义较为模糊、缺乏不同税收激励政策的对比分析和组合分析，以及税收激励政策实施效率研究不足等可能是主要原因。税收激励在促进企业技术创新的同时可能存在低效率情况，影响税收激励对企业技术创新的正向促进效应，但最终是否会显示出挤出效应需要从多维度深入研究。因此，促进企业技术创新的税收激励政策研究需要更为严谨的实证依据。

（4）从研究内容来看，促进企业技术创新的税收激励政策的研究应更加深入、细致和注重效率。已有文献关于税收激励对企业技术创新的影响研究主要集中于讨论税收激励对企业技术创新的影响效果，关于税收激励政策的传导机制和实施效率方面的研究不足，不利于税收激励政策深化改革。税收激励对企业技术创新有直接影响和间接影响，可通过信号效应、缓解融资约束等影响企业技术创新，但目前关于宏观税收政策如何影响微观企业创新行为的研究不尽完善。关于税收激励政策效率评估相对较少，相比之下，财政补贴的效率研究却相对丰富。税收激励政策对创新绩效影响的研究存在多种困难，受各种混淆因素影响，在缓解市场失灵的同时可能带来新的市场失灵（Griffith et al.，1995）[267]，税收激励在促进企业技术创新的同时是否会产生其他负面影响等问题有待解决。同时，应加强不同税收激励政策及其组合的对比分析，这在已有研究中尤为缺乏，如不同税收激励政策及其组合对企业技术创新的影响存在哪些差异？不同税收激励政策及其组合对企业技术创新的传导机制是怎样的？另外，企业技术创新是一个过程变量，已有文献关于企业技术创新的研究主要集中于研发投入阶段，税收激励对企业技术创新各个阶段的影响差异如何尚不明确。

2.4.2 研究切入点

通过对国内外已有相关文献的归纳整理分析，笔者认为上述研究未完善之处是本书研究的突破口，试图解决和完善这些问题，拟从以下几点切入展开研究。

第一，关于税收激励。在税制改革的背景下，税收激励政策研究不断细化是大趋势，从税收角度展开的基础事实分析和效应评估研究仍需深入，以打开税收优惠这一“黑箱”（高培勇、毛捷，2013）[268]，让不断细化深入的研究为税收激励政策优化改革提供有力依据。为促进企业技术创新，几乎所有国家都同时采用一揽子税收激励政策，我国也不例外，先后推出多项税收激励政策，政策较多但具体执行效果可能不尽如人意，在有限的资源下，势必要探求最高效的税收激励政策。若仅对综合政策进行研究则会忽略不同政策的差异性，仅研究单一政策对企业技术创新的影响则会忽略政策的组合效应，甚至导致结果有偏。为提升税收激励政策实施的精准度，将分别研究“综合政策”“单一政策”“政策组合”对企业技术创新的影响，分别对应税收激励对企业技术创新的综合效应研究、特质效应研究和组合效应研究，以深入研究不同税收激励政策对企业技术创新的影响差异及变化，为制定高效精准的税收激励政策服务。

第二，关于企业技术创新。企业技术创新是一个积累性的复杂过程，而以往文献关于企业技术创新的研究主要集中于研发投入阶段，从研发投入强度、专利产出等角度进行研究，相对忽略企业技术创新的过程性，本书将针对企业技术创新的过程性，从“研发决策—研发投入—中间产出—最终产出”四个阶段对其进行探讨，研究企业技术创新不仅要关注研发投入阶段，还要关注研发决策、研发成果转化等方面，而且企业专利产出并非研发成果转化的最终阶段，还要研究技术创新产品市场化情况。深入理解企业技术创新的过程性对税收激励政策的优化改革是有利的。税收激励政策应与企业技术创新的过程性相匹配，研究不同税收激励政策对企业技术创新各阶段的影响，有利于制定精准的税收激励政策。

第三，关于两者之间的关系。关于税收激励与企业技术创新的研究不仅限于两者之间的关系，而是在整个宏观经济体系下，探讨两者之间的关系。一方面，关注税收激励政策是否有利于企业技术创新水平的提升，不同税收激励政策有何差异，不同政策组合有何变化，即政策的有效性；另一方面，有必要厘清税收激励对企业技术创新的有效传导机制，不同税收激励政策的传导机制有何差异，政策组合的传导机制又有何变化，即确保传导渠道的有效性。另外，为确保政策的高效率性有必要进一步分析税收激励政策对创新资源扭曲性、外溢性、绿化性等影响，高效的税收激励政策在促进企业技术创新的同时要防止顾此失彼。因此，研究税收激励对企业技术创新的影响，单单探讨两者之间的影响关系不甚完善，税收激励政策的实施效果可能被高估。

3　促进企业技术创新的税收激励政策理论研究框架

通过第 2 章对已有文献的研究，发现促进企业技术创新的税收激励政策研究存在结论不一致、研究对象单一等问题。为使本书的研究更为系统、逻辑更为清晰，本章拟构建一个促进企业技术创新的税收激励政策理论研究框架，以期完善税收激励对企业技术创新的研究。按照先总后分的模式，首先，从整体探讨构建促进企业技术创新的税收激励政策理论研究框架的思路，并立足我国国情，在已有文献和理论基础上，构建促进企业技术创新的税收激励政策理论研究框架。其次，分析理论研究框架的主要内容，即分别从综合税收激励政策、单一税收激励政策和组合税收激励政策三个维度分析税收激励对企业技术创新的理论影响、传导机制等。最后，对本章进行总结。理论框架统领全书的研究，为后续实证研究提供统一的逻辑框架，也为同类政策研究框架的构建奠定基础。在研究方法上，一方面，基于大量已有经济学理论基础进行理论分析；另一方面，构建理论计量经济模型进行数理推导研究。

3.1　构建理论研究框架

理论研究框架的构建主要基于以下几点考虑：第一，研究我国促进企业技术创新的税收激励政策，要以已有文献和理论研究为基础，同时要立足事实，与我国国情相符。书中第 1 章分析研究背景，第 2 章对既有文献和相关理论进行研究，特别要关注的是，党的十九大报告指出我国经济已由高速增长阶段转向高质量发展阶段，高质量发展是我国社会主要矛盾变化、经济社会持续健康发展的必然要求，是我国未来发展的主题。在高质量发展阶段，既要提升全要素生产率，又要发展新动力；既要降低产品和服务成本，又要尽可能少地使用资源，要实现这些都离不开创新，也离不开精准高效的税收激励政策。“高质量发展”这个概念看似简单，实质上内涵丰富，无法简单地用单一指标对其进行评判。关于什么是高质量发展，专家学者从不同角度做出阐释，从宏观视角来看，高质量发展要求经济均衡发展；从中观视角来看，是产业结构、市场结构、区域结构等的优化升级；从微观视角来看，需要生产力、生产要素的提高。高质量发展与只追求经济增长不同，还关注资源短缺、结构失衡、配置不公、环境恶化等问题，是要协调高速增长期间存在的“不平衡、不协调、不可持续”等突出问题。高质量发展以“创新、协调、绿色、开放、共享”新发展理念为指导，以最高的资源配置效率、最少的要素投入、最低的环境成本获取最大的经济社会效益，要对资源有效、高效地利用，把最宝贵的资源配置到最需要的地方。税收制度应为高质量发展助力，而不应成为其阻碍，促进企业技术创新的税收激励政策改革离不开高质量发展的理念，应以最少的投入获取最高的创新价值，要注重其高效性，防止顾此失彼。

第二，研究促进企业技术创新的税收激励政策，应依托我国现有税收激励体系，不能脱离实际而空谈理论。经过多年发展，我国促进企业技术创新的税收激励体系已基本形成，根据税收激励政策作用群体和范围的不同对其进行分类：从综合政策来看，主要有结构性减税、实质性减税；从单一政策来看，可分为普惠性税收激励和区域性税收激励。其中普惠性税收激励源自企业所得税、个人所得税、增值税等各个税种，只要符合要求的企业均可使用，我国激励企业技术创新的税收优惠主要集中于企业所得税中，使用频率接近50%（孙莹，2018）[269]，故将企业所得税优惠进一步细分为税率优惠和税基优惠。税率优惠，也称为税率式优惠，主要指通过降低或减免税率的方式实行的税收优惠，例如，高新技术企业减按15%征收企业所得税、技术转让减免税等；税基优惠，也称为税基式优惠，是通过直接缩小计税依据的方式而实现的税收优惠，包括研发费用加计扣除、加速折旧、免征额、投资抵免、亏损结转、风险准备金税前扣除等，而研发费用加计扣除、加速折旧两项激励政策在国际上的使用最为广泛，在我国也具有较长的历史且经过多次修订完善，是较为常用的支持技术创新的税收激励政策，也是本书研究的重点之一。我国税收制度以流转税为主，尤其是"营改增"之后，增值税已成为我国第一大税种，增值税优惠政策是不能忽视的。另外，个人所得税优惠在激励研发人员方面发挥着重要作用。因此，本书将重点针对以上三个税种的优惠政策逐一进行研究。区域性税收激励主要作用于区域内群体，根据区域创新体系理论，区域在创新体系中具有重要的地位，为推动区域内新技术的产生、转移、更新和转化，区域性税收激励不可少，如粤港澳大湾区个人所得税优惠，西部大开发税收优惠，科技园区、孵化器等特殊税收优惠政策等。其中，西部大开发税收优惠将是本书研究的重点之一，该政策延期后再次被延续，且降低了政策享受门槛①，西部大开发税收优惠政策能否对西部发展起到促进作用、是否有利于企业开展技术创新活动，以及促进企业长期健康发展有待评估。具体促进企业技术创新的税收激励体系见图3－1。

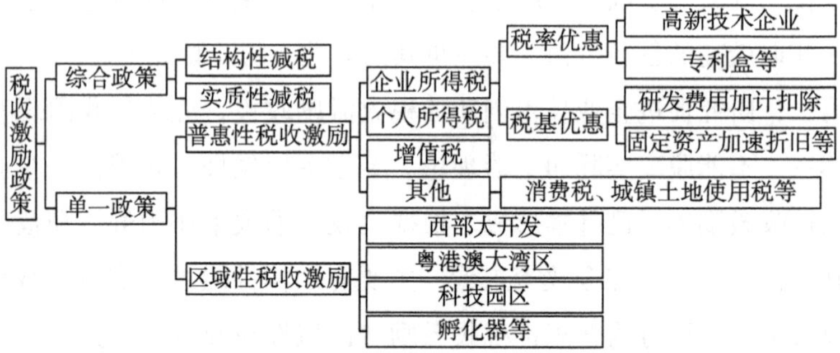

图3－1　促进企业技术创新的税收激励体系

第三，研究促进企业技术创新的税收激励政策，是要服务实际，能够系统解决已有问题。研究促进企业技术创新的税收激励政策主要目的是政策优化与改革，我国不缺政策，但是缺少精准、高效的税收激励政策。如何制定精准高效的税收激励政策？首先，应依托现有税收激励体系，从多

① 2020年4月14日，李克强主持召开国务院常务会议，决定延续西部大开发企业所得税优惠政策。

维度研究不同税收激励政策，包括综合政策、单一政策以及政策组合等。其次，要精准解析不同税收激励政策的作用效果，尤其是企业技术创新是一个复杂的过程，每个阶段有不同的特点，需探究税收激励政策是否与企业技术创新各阶段特点相匹配。再次，宏观税收激励政策如何向微观企业传导？不同税收激励政策有何差异？不同组合又有何变化？哪些因素会导致传导机制失效等需要深入研究。最后，评估一项政策的好坏不能仅限于评判其直接价值，还要考虑其整体福利效应、税收激励带来创新水平提升的同时又会产生哪些负效应等，这些都是制定精准高效税收激励政策所需要研究的，也是构建理论研究框架所需要考虑的。

根据以上分析可知，我国国情、已有研究文献和理论是文章研究的基础，为政府干预的必要性提供依据。在此基础上，根据我国现有税收激励体系，对其进一步详细划分，明确本研究的主要对象，分别为综合政策、单一政策和政策组合；并由此引申出本书的主要内容，即税收激励对企业技术创新的综合效应、特质效应和组合效应。其中，综合效应研究是基础，特质效应研究是深入，组合效应研究是再深入，三个维度相互影响，关系密切，缺一不可。综合效应研究有利于解析税收激励政策整体实施效果，特质效应研究则能够发现单一政策的差异性，组合效应研究则有利于发现单一政策在政策组合中的变化。仅对综合政策研究不易发现税收激励政策的差异性，仅对单一政策研究则不能掌握政策组合实施后的变化，可能导致单一政策评估有偏差。针对每一种效应的研究，本书不仅研究税收激励对企业技术创新的影响效应，还深入探究税收激励政策的传导机制。另外，根据最优税收理论，税收政策应关注公平与效率，以及社会整体经济福利最大化，故在重点研究税收激励对企业技术创新的影响效应及传导机制的基础上，有必要进一步探讨税收激励效率，防止以较高代价来换取技术创新，导致顾此失彼，以期发现税收激励政策中低效的一面，为政策的不断完善提供补充依据，这部分也将在实证研究的进一步分析中体现。最后得出研究的结论，并提出对应的政策建议。研究基础、研究对象、研究内容和研究结果共同构成一个完整框架，使促进企业技术创新的税收激励政策研究更为丰富和完善，为后续实证研究提供统一的逻辑框架。具体框架见图3－2。

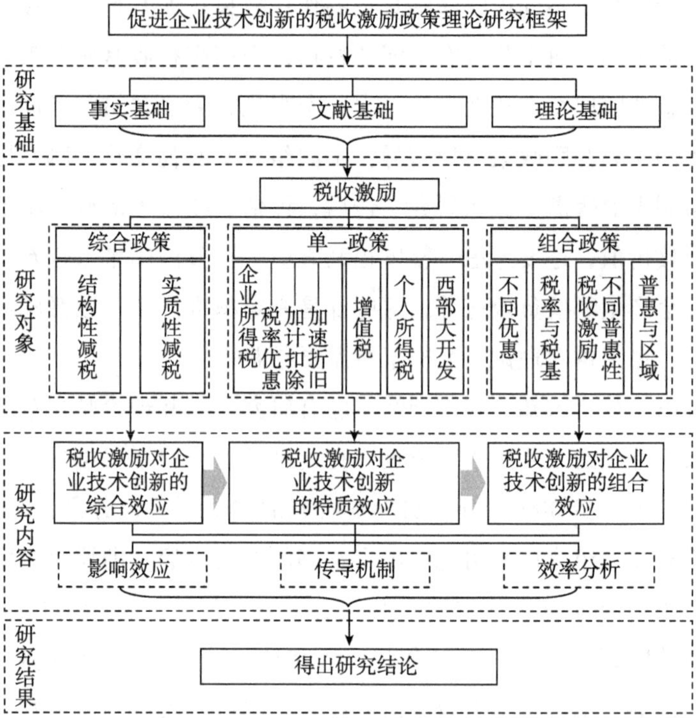

图3－2　促进企业技术创新的税收激励政策理论研究框架

3.2　税收激励对企业技术创新的综合效应分析

3.2.1　综合税收激励政策对企业技术创新的影响效应

借鉴严成樑和龚六堂（2012）[270]、王春元（2017）等的研究，在Romer（1990）的知识外溢性经济增长模型基础上，引入政府税收变量，构建基于内生经济增长的模型来研究税收激励对企业技术创新的影响。假定经济体系中包括最终产品生产部门、中间产品生产部门、创新部门、教育部门和家庭。该经济中只有一种最终产品，但有 A 种中间产品，A 的大小可反映国内技术水平的高低，且技术进步是通过投资的外在性来实现的，为简化分析，假定人口增长率为零，即劳动力（L）数量为常数。政府对最终产品和创新产品征税，同时为鼓励创新将给予税收政策优惠。

1）最终产品生产部门

最终产品生产部门是完全竞争的，厂商通过雇用劳动力 L 和使用中间产品 $x(i)$ 来生产最终产品 Y，假设最终产品价值为 1，其中 $i \in [0,A]$，将生产函数定义如下：

$$Y = L^{\alpha}\int_{0}^{A} x(i)^{1-\alpha}\mathrm{d}i \tag{3-1}$$

最终产品生产部门利润函数为

$$\pi_{z} = (1-t)L^{\alpha}\int_{0}^{A} x(i)^{1-\alpha}\mathrm{d}i - wL - \int_{0}^{A} p(i)x(i)\mathrm{d}i \tag{3-2}$$

最终产品生产部门的目标是通过对劳动和中间产品的选择使其利润最大化，α 为弹性系数，且满足 $0<\alpha<1$，w 为工资率，政府对最终产品征税，且税率为 t，$p(i)$ 为中间产品价格。求解以上利润极大化问题，得到劳动和中间产品的需求函数分别为

$$w = (1-t)\alpha L^{\alpha-1}\int_{0}^{A} x(i)^{1-\alpha}\mathrm{d}i \tag{3-3}$$

$$p(i) = (1-t)(1-\alpha)L^{\alpha}x(i)^{-\alpha} \tag{3-4}$$

2）中间产品生产部门

中间产品生产部门由一系列生产不同产品的垄断厂商构成，每个厂商只生产一种中间产品，不存在替代或互补关系。垄断厂商通过租用资本 K 来生产，资本的价格为 r，假设生产 1 单位中间产品需要使用 μ 单位的资本量，即 $K = \mu\sum_{i=1}^{A} x(i)$，则垄断厂商的利润函数为

$$\pi_{m}(i) = p(i)x(i) - r\mu x(i) \tag{3-5}$$

中间产品生产部门通过选择中间产品数量实现利润最大化，将式（3-4）代入式（3-5）中，根据最优化条件，可得

$$r\mu = (1-t)(1-\alpha)^{2}L^{\alpha}x(i)^{-\alpha} \tag{3-6}$$

将式（3-6）代入式（3-4）和式（3-5）中，其中代入式（3-4）后得到式（3-7），即为中间产品生产厂商的垄断定价：

$$p(i) = r\mu/(1-\alpha) \tag{3-7}$$

$$\pi_m(i) = \left(\frac{r\mu}{1-\alpha} - r\mu\right)x(i) = \frac{\alpha r\mu}{1-\alpha}x(i) \tag{3-8}$$

3）研发部门

研发部门是完全竞争的，可以免费获得已有的知识，并使用人力资本（H）、研发经费（R）和现存技术知识存量（A）开展研发活动，政府对研发部门同样按照税率 t 征税，但为鼓励研发部门创新，政府给予的税收优惠为 λ，生产函数如下：

$$\dot{A} = AR^{\beta}H^{1-\beta} \tag{3-9}$$

其中，β 为弹性系数，且满足 $0 < \beta < 1$。根据式（3-9）可得 $\dot{A}/A = R^{\beta}H^{1-\beta}$，研发投入越多，研发人力资本投入越多，知识增长速度越快，存在规模效应。假设单位研发产出的价格为 P_{RD}，研发部门的利润函数为

$$\pi_{RD} = (1-t)[P_{RD}\dot{A} - (1+\lambda)R] \tag{3-10}$$

得到式（3-10）利润最大化的最优条件为

$$P_{RD} = (1+\lambda)/A\beta R^{\beta-1}H^{1-\beta} \tag{3-11}$$

另外，根据罗默的假设，研发部门在做出研发决策时，将会使其出售的价格等于中间产品生产厂商利用该专利赚取利润的贴现值求和，即

$$P_{RD}(T) = \int_T^{\infty} \pi_m(\tau)\, e^{-\int_{\tau}^{s} r(s)ds} \mathrm{d}\tau \tag{3-12}$$

对式（3-12）的时间 τ 求导，得到 $P_{RD}(T) = \pi_m(T)/r(T)$，将式（3-8）代入式（3-12）中，可得

$$P_{RD} = \frac{\pi_m}{r} = \frac{\alpha\mu}{1-\alpha}x(i) \tag{3-13}$$

将式（3-13）代入式（3-11）中得到

$$x(i) = \frac{(1+\lambda)(1-\alpha)}{\alpha\mu A\beta R^{\beta-1}H^{1-\beta}} \tag{3-14}$$

4）教育部门

假定研发部门使用的人力资本与教育部门的投入（W）相等，即 $H =$

W，且研发经费 R 与教育部门投入存在比例关系，即 $R = \delta W$。教育部门加大投入，研发部门能使用的人力资本也更充足，而教育部门的投入全部来自政府征税的收入，存在以下等式：

$$W = t\left\{\left[L^{\alpha}\int_{0}^{A} x(i)^{1-\alpha}\mathrm{d}i - wL - \int_{0}^{A} p(i)x(i)\mathrm{d}i\right] + \left[P_{RD}\dot{A} - (1+\lambda)R\right]\right\} \tag{3-15}$$

5）家庭部门

家庭部门是消费者的代表，假设家庭在无限时域上有一个标准的固定弹性效用函数，家庭在资产约束条件下，通过选择消费最大化实现效用最大化，效用函数则采用 Ramzey 形式：

$$U = \int_{0}^{\infty}\frac{C^{1-\theta}}{1-\theta}e^{-\rho t}\mathrm{d}t \tag{3-16}$$

$$\text{s.t.}\ \dot{a} = w + \gamma a - c \tag{3-17}$$

其中，θ 为边际效用弹性，ρ 为消费者的主观时间偏好率，a 为人均总资产，γ 为利率，且 $\theta,\rho > 0$。当经济收敛于平衡增长路径时，C、K、A、Y 的增长率均相等，假设增长率为 φ；结合式（3 – 11）、式（3 – 13）、式（3 – 14）、式（3 – 15），以及 $H = W$，可得

$$\frac{(\varphi R^{-\beta})^{\frac{1}{1-\beta}}}{t} = AL^{\alpha}\left[\frac{(1+\lambda)(1-\alpha)\delta^{1-\beta}}{\alpha\mu A\beta}\right]^{1-\alpha}[1-(1-t)\alpha-(1-t)(1-\alpha)] + \left[\frac{(1+\lambda)\varphi\delta^{1-\beta}}{\beta} - (1+\lambda)R\right] \tag{3-18}$$

两边对 t 求导得出下式：

$$(\varphi R^{-\beta})^{\frac{1}{1-\beta}} = -t^{2}AL^{\alpha}\left[\frac{(1+\lambda)(1-\alpha)\delta^{1-\beta}}{\alpha\mu A\beta}\right]^{1-\alpha} \tag{3-19}$$

两边对 λ 分别求一阶导和二阶导，可以得出 $\frac{\partial R}{\partial\lambda} > 0$，$\frac{\partial^{2}R}{\partial\lambda^{2}} < 0$，即在企业所得税法定税率一定的情况下，税收激励政策能够促进企业增加研发投入，进而增加研发产出，但随着税收激励政策优惠力度的增加，激励效应会逐渐减弱。从理论来看，税收激励对企业技术创新的激励效应和挤出效应是同时存在的，但综合来看，表现为税收激励对企业技术创新的正向

促进作用，主要体现在以下几个方面：第一，资金是影响企业技术创新的重要因素，根据供给学派理论，高税收将增加企业经营成本减少投资，税收激励能够降低企业技术创新的成本，研发投入阶段的税收激励使企业有充足的资金采购设备、引进人才等；而产成品阶段的税收激励则能够使企业降低预期成本，增加预期收入。即税收激励能够改变研发活动预期成本和收益，缓解企业融资约束、改善技术创新信息不对称等问题，进而增强企业开展技术创新的动力。第二，创新所具有的“公共物品”特性产生显著的“溢出效应”，使私人收益低于社会收益，进而降低投资者研发投资的意愿，以庇古为代表的学者认为税收调节可解决外溢性问题。根据市场失灵理论，降低税率可以降低企业技术创新失败带来的风险，弥补创新过程中的市场失灵问题，将研发活动的经济效益内部化，以促进公司增加研发投入。第三，税收激励在一定程度上能够缓解税收对生产经营活动产生的扭曲，调整创新资源的需求和供给，尤其是创新人才的需求和供给，进而提高企业生产效率以及技术创新水平。第四，税收激励政策可能会影响企业家的信心和情绪，有效的激励政策能够给予决策者更多的安全感和自信心，决策者心理特征的变化也会影响企业投资风险的选择（Kahneman and Tversky，1979；Baker and Wurgler，2011）[271-272]。但税收激励对企业技术创新各个阶段的影响存在差异，企业技术创新是一个积累性的复杂过程，包括研发决策、研发投入、中间产出和最终产出等主要阶段，从理论来看，这四个阶段具有传递性，对于之前没有研发活动的企业来说，在税收激励的引导下选择开展研发活动，必然会使研发投入增加；之前低研发投入的企业，若决策选择高研发投入，同样会使研发投入增加，即高研发决策或企业决策开展研发活动都会使企业增加研发投入。研发投入的增加则会进一步推进中间产出和最终产出的转化，研发投入阶段的税收激励能够促进企业研发成果的转化，研发成果转化阶段的税收激励政策可以倒逼企业增加研发投入。但在政策低效、技术能力、市场等因素影响下，这种传递性可能会断裂，虽然税收激励引导企业增加研发投入但企业未必一定会选择高研发投入。税收激励能够促进企业研发投入的增加，但能否促进研发成果的转化还受政策效率、技术水平等多方面因素影响。政策的低效性也会影响这种传递性，在税收激励的影响下，企业为了获得更多税收优惠、获取更多利益而开展低质量创新或者实施研发操纵，研发投入虽然显著增加，但却不一定有利于研发成果的转化。另外，市场需求、商业化手段等因素也影响着研发投入能否进一步转化为最终产品。因此，税收激励对企业技术创新各个阶段的影响可能存在差异。

3.2.2 综合税收激励政策对企业技术创新的传导机制

从理论来看，税收激励可通过多种机制影响企业技术创新，例如，融资约束机制、人力资源机制、信号传导机制、公司治理机制等，结合3.3.1节综合税收激励政策对企业技术创新正向促进效应的研究，将从融资约束机制、人力资源机制、公司治理机制和风险共担机制四方面研究税收激励对企业技术创新的传导机制，税收激励对企业技术创新还有信号传递机制、信息不对称机制等，但其对企业技术创新的影响主要还是归结为融资方面，这些额外的认证融资拓宽了企业R&D融资来源（王刚刚等，2017）[273]，因此，拟将其纳入融资约束机制综合讨论。

（1）融资约束机制。企业技术创新需要大量持续的资金投入，稳定的融资渠道的缺乏严重阻碍企业技术创新水平的提升（马光荣等，2014）[274]。企业技术创新离不开银行、风险投资机构等金融机构的支持（Colombo et al.，2016）[275]，但信息不对称、抵押品缺乏、融资歧视等问题的存在，导致企业内部融资受限、外部融资受困，极易陷入融资约束问题（Hall and Lerner，2010）[276]。金融发展的滞后或金融压抑体制的形成是经常发生的现象，对发展中国家来说更为普遍（Levine，2002）[277]，无疑会阻碍企业开展技术创新活动，而税收激励在一定程度上可以缓解企业融资约束问题，其中融资约束包括内部融资约束，也包括外部融资约束。根据Myers和Majluf（1984）[278]的优序融资理论，信息不对称程度较高的企业在筹资时，首先会采用内部资源融资，再利用外部资源融资。企业技术创新的信息不对称性使其外部融资难度加大，而内部资金是企业研发投资，尤其是高成长小公司融资的主要途径（Stiglitz and Weiss，1981）[279]。从企业内部来看，税收激励降低资本、人才等要素价格，使企业技术创新成本下降，提升企业内部融资能力，进而有利于企业技术创新水平的提升。在税收优先的原则下，支付税收直接导致企业投资可用现金减少，现金流的减少进一步影响研发活动的可用现金，而税收激励政策，如降低企业所得税税率、研发费用加计扣除、固定资产加速折旧等，可起到类似“无息贷款效应”，降低成本，缓解企业现金流压力，提高设备更新换代率（刘啟仁等，2019），进而引导企业加大研发创新活动。从企业外部来看，税收激励政策可通过其所产生的信号效应和降低银企间的信息不对称（Chen et al.，2017）[280]等，缓解企业外部融资约束。根据税收优惠信号理论，税收优惠可当作政府发出的信号，表明政府的政策导向以及对企业创新工作的认可，影响投资者的信心和情绪。企业技术创新具有信息不对称、投资风险高、回收期长等特征，银行或投资者对其投资意愿不高，但税收激励政策的出台，表明国家对企业技术创新支持的方向，给银行和投资者发出信号，增加其对企业技术创新投资的积极性。税务部门还能发挥信息中介的作用，当投资机构得知企业获得税收激励政策后，知晓税务部门会加强税收激励政策实施的管理，企业为获得税收激励会更加规范自己披露的财务信息。投资机构能够间接获得企业更多的信息，对企业披露的信息也会更加信任，企业技术创新的信息不对称性得到缓解，从而增加对企业的投资，助力企业技术创新，企业外部融资约束得到缓解，有更多的资本和能力开展技术创新活动。

（2）人力资源机制。人力资源是企业技术创新最为重要的资源投入，人才是创新的根基，直接决定着研发的成败，对整体劳动力素质提升和产业升级等具有重要作用。税收激励可通过人力资源机制影响企业技术创新，从宏观来看，税收激励影响着国家的教育投入，对创新人才的培养至关重要；从微观来看，在税收激励的影响下，企业更有动力和资本增加对研发人员的投资，包括培训、工资、社保等，企业也有资本吸引更多创新型人才加入，防止人才外流。还可通过供求关系来解释税收激励的人力资源机制，税收激励影响人力资源的需求，进而影响企业技术创新。企业是人力资源的需求方，在创新人才培养方面发挥着巨大作用，有利于提高劳动力的市场适应能力，以及推动劳动力的高级化（娄贺统、徐恬静，

2008)，政府对企业征收较高的税率，将直接降低企业的收益，也会降低企业对人力资源投资的需求和能力，在税收激励的影响下，企业预期收益增加，对人力资源投资的需求增强。而且人力资本具有较强的流动性，企业对人力投资具有较强的正外部性，私人收益与社会收益不对称，投资存在较大的不确定性，税收激励在一定程度上可以缓解这种不对称性，使企业增加对人力资源的投资。税收激励还可以影响人力资源的供给，进而影响企业技术创新。人才是人力资本的供给方，对科技创新人才的税收激励，直接影响个人的可支配收入，提高其劳动欲望，发挥其优秀才能，帮助企业留住人才或吸引更多创新型人才，即增加创新型人力资本的供给。

(3) 公司治理机制。税收制度与公司治理的研究由来已久，税收是企业运营、监控的重要外部力量，税务机关可通过征税稽查对企业财务情况进行检查，进而对公司治理行为产生影响。税收激励也会影响企业管理层对公司的管理和决策，企业管理层为了自身利益，可能会通过避税实现盈余管理目标，尤其是在委托代理问题下，公司管理者与股东存在利益不一致的情况，管理层更倾向于通过税收同时实现避税和财务报告目标，对企业技术创新的重视程度却不够。但在税收激励政策的影响下，企业管理者为获得税收激励必须开展必要的研发活动，使其与股东目标趋于一致，有利于企业长期发展。随着税收激励强度的增加，企业避税的动机越来越明显。从税收筹划角度来看，企业可通过增加“非债务税盾”合理避税，提升企业投资报酬率，以及技术创新水平。另外，企业获得税收激励或政策出台税收优惠的积极信号能够影响投资机构对企业的投资决策，一旦风险投资进入企业不但能缓解企业融资问题，还能积极参与企业的经营管理(陈思等，2017)[281]。值得注意的是，公司治理机制可能产生相反的影响，管理者会根据国家出台的税收激励政策，在税法规定的范围内筹划，调整企业投资计划，甚至利用税收激励政策加强盈余管理，以期将更多的现金留存于企业，而技术创新水平却并未真正得到提升。

(4) 风险共担机制。企业为追求高利润势必要承担一定风险，但企业技术创新的高风险性是企业止步的原因之一。税收对企业风险承担水平的影响既有收入效应又有替代效应。收入效应表现为，当政府增加税收后，企业税后收入变少，为获得更高的收益会增加高收益项目的投资，但高收益与高风险共存，随着收益的增加企业承担的风险增加，即随着税收的增加，企业承担的风险也会增加。替代效应主要表现为：税收会影响企业投资项目的边际效益，当政府增加税收后，企业高风险投资项目的边际收益减少，企业可能会转而投资低风险项目，即风险承担水平会下降，即随着税收的增加，企业承担风险水平反而会下降。当收入效应大于替代效应时，就会表现为增加税收企业所承担的风险；反之，则表现为企业承担的风险随着税收的增加而下降。因此，税收激励减少企业成本，增加企业可支配资源，在一定程度上会降低企业承担的风险，激励企业开展技术创新活动。政府在征税的过程中，与企业成为隐性合伙人，政府在取得税收收益的同时，也会承担企业的部分风险。风险共担机制使企业承担的风险下降，使企业更愿意开展技术创新活动，即税收激励可通过风险共担机制影响企业技术创新。但当替代效应大于收入效应时，税收激励可能会使企业承担的风险增加，导致税收激励对企业技术创新的挤出。已有研究更多地认同前者，但后者的出现，会减弱税收激励对企业技术创新的正向促进作用。

本书分析了税收激励对企业技术创新的四种传导机制，但综合来看，并非所有传导机制效果都会显著，一方面与税收激励政策本身有关，另一方面与传导渠道的完善性相关，这些都会影响税收激励的实施效果。Silva和 Carreira（2017）认为“公共物品”和“金融市场失灵”是影响创新的两个主要原因，前者可通过本书的税收激励政策来解决，后者主要体现为创新易受资金限制影响，融资约束是影响企业技术创新的重要因素，而税收激励可降低成本，改善企业现金流，进而促进企业技术创新，融资约束机制在已有研究中也最被认可。企业技术创新是专业性特别强的工作，需要专业的创新型人才支持，没有创新型人才的支持，即使有再多的资金、再先进的设备也无法真正提升企业技术创新水平。可见，资金和人才是影响企业技术创新的重要因素，税收激励对企业技术创新的传导机制也可从资金和人才两个维度来解释，解决技术创新所遇到的资金流、人才流的问题。关于是融资约束机制，税收激励可降低成本，缓解内部融资约束，亦可通过信号传递、降低信息不对称等缓解外部融资约束。人力资源机制已有研究但成果并不丰富，但税收激励可通过需求端和供给端双向影响企业技术创新，再结合税收激励政策本身，与人力资源相关的税收激励主要集中于直接税中，与间接税收激励相比，直接税收激励对企业的影响更直接，受税负转嫁等因素影响较小。因此，人力资源机制发挥作用的可能性较大。即融资约束机制和人力资源机制是税收激励对企业技术创新的主要传导渠道，公司治理机制和风险共担机制可能是某一项税收激励政策的传导机制。但综合来看，其传导机制可能不足，示意图见图3－3。后文将基于这四种传导机制进一步分析不同税收激励政策及其组合对企业技术创新的传导机制。

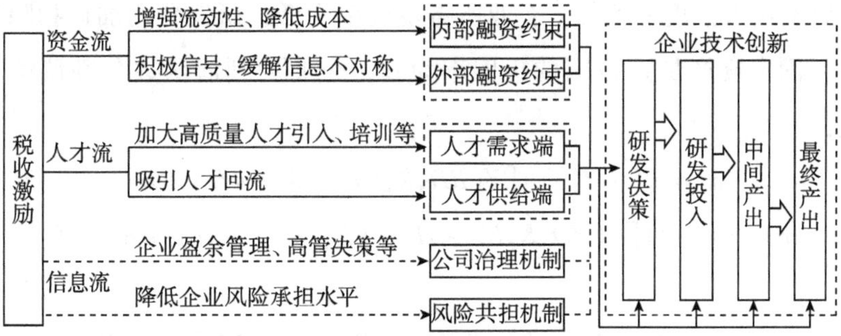

图3－3 综合税收激励政策对企业技术创新的传导机制

3.3 税收激励对企业技术创新的特质效应分析

3.3.1 单一税收激励政策对企业技术创新的影响差异

为研究不同税收激励政策对企业技术创新各阶段的影响，下面将引入一个理论模型，分别研究税率优惠、研发费用加计扣除、固定资产加速折旧对企业研发投入和研发产出两个主要阶段的影响。假设在完全竞争的市场条件下，企业是市场价格的接受者，且具有同质性，企业开展技术创新活动可享受不同的优惠税率。企业通过雇用劳动力 L、资本投入 K，以及研发创新投入 RD 来生产最终产品 Y，生产函数如下：

$$Y = Y(RD,K,L) \tag{3-20}$$

假定生产函数满足凹函数，企业通过对 RD、L 和 K 的选择安排生产以实现利润最大化，政府征收的企业所得税税率为 t，劳动力的工资率为 w，资本的价格为 r，则税后利润函数如下：

$$\pi = (1-t)[Y(RD,K,L) - rK - wL - RD] \tag{3-21}$$

假定企业研发投入与税后利润相关，且两者之间存在以下比例关系，即 $RD = \delta\pi$，$\delta \geqslant 0$。当 $\delta = 0$ 时，表示企业没有研发投入。企业可适用三种税收优惠，分别为税率优惠、研发费用加计扣除和固定资产加速折旧优惠，且固定资产投资包括在资本投资中，为资本投资的固定比例，即为 θK。其中，企业所得税税率优惠为研发投入强度 δ 的减函数，即 $t(\delta)$，随着研发投入强度的增加，企业所得税税率变低，研发费用加计扣除比例为 α，固定资产加速折旧的折旧率为 β，企业的利润函数分别调整为如下式：

$$\pi = (1-t(\delta))[Y(RD,K,L) - rK - wL - RD] \tag{3-22}$$

$$\pi = (1-t)[Y(RD,K,L) - rK - wL] - [1-t(1+\alpha)]RD \tag{3-23}$$

$$\pi = (1-t)[Y(RD,K,L) - rK - wL - RD] + t\beta\theta K \tag{3-24}$$

企业技术创新产出为 Q，包括直接产出、最终产出等，是研发投入的直接结果，即 $Q = Q(RD)$。

1）税率优惠对研发投入和产出的影响

在税率优惠政策下，对企业利润最大化求解，分别对 K、L 和 RD 求偏导，可得如下结果：

$$\frac{\partial \pi}{\partial K} = [1-t(\delta)]\left(\frac{\partial Y}{\partial K} - r\right) \tag{3-25}$$

$$\frac{\partial \pi}{\partial L} = [1-t(\delta)]\left(\frac{\partial Y}{\partial L} - w\right) \tag{3-26}$$

$$\frac{\partial \pi}{\partial RD} = [1-t(\delta)]\left(\frac{\partial Y}{\partial RD} - 1\right) \tag{3-27}$$

令一阶导为零，得到式（3-28）~式（3-30）。可知，在资本、人员投入一定的情况下，企业为了获得利润最大化，应不断增加研发投入，使研发投入的边际增加值与利润一致。

$$r = Y_K(RD,K,L) = \frac{\partial Y}{\partial K} \tag{3-28}$$

$$w = Y_L(RD,K,L) = \frac{\partial Y}{\partial L} \tag{3-29}$$

$$\frac{\partial Y}{\partial RD} = 1 \tag{3-30}$$

将以上利润最大化条件代入研发投入和研发产出中，可知研发投入随着企业适用所得税税率的降低而增加，创新产出同样随着研发投入强度的增加而增加。

$$RD = \delta\pi = \delta[1 - t(\delta)][Y(RD,K,L) - rK - wL - RD] \tag{3-31}$$

$$\frac{\partial RD}{\partial t} = -\delta[Y(RD,K,L) - rK - wL - RD] +$$

$$\delta(1-t)\left[Y_{RD}\frac{\partial RD}{\partial t} + (Y_K - r)\frac{\partial K}{\partial t} + (Y_L - w)\frac{\partial L}{\partial t} - \frac{\partial RD}{\partial t}\right] \tag{3-32}$$

整理后可得

$$\frac{\partial RD}{\partial t} = -\delta[Y(RD,K,L) - rK - wL - RD] \tag{3-33}$$

$$\frac{\partial Q}{\partial \delta} = Q_{RD}\frac{\partial RD}{\partial \delta} = Q_{RD}\pi > 0 \tag{3-34}$$

2）研发费用加计扣除对研发投入和产出的影响

在研发费用加计扣除政策下，对企业利润最大化进行求解，分别对 K、L 和 RD 求偏导，可得如下结果：

$$\frac{\partial \pi}{\partial K} = (1-t)\left(\frac{\partial Y}{\partial K} - r\right) \tag{3-35}$$

$$\frac{\partial \pi}{\partial L} = (1-t)\left(\frac{\partial Y}{\partial L} - w\right) \tag{3-36}$$

$$\frac{\partial \pi}{\partial RD} = (1-t)\frac{\partial Y}{\partial RD} - [1 - t(1+\alpha)] \tag{3-37}$$

税收利润函数同样为凹函数，令一阶偏导数为零，得到以下条件：

$$r = Y_K(RD,K,L) \tag{3-38}$$

$$w = Y_L(RD,K,L) \tag{3-39}$$

$$Y_{RD}(RD,K,L) = \frac{1-t(1+\alpha)}{1-t} \tag{3-40}$$

将以上条件代入研发投入和研发产出函数中，易知研发费用加计扣除降低企业成本，能够增加企业研发投入。对研发费用加计扣除比例 α 求偏导，可得出研发费用加计扣除比例变化时研发投入的反应情况，结果见下式：

$$RD = \delta\pi = \delta(1-t)[Y(RD,K,L) - rK - wL] - \delta[1-t(1+\alpha)]RD \tag{3-41}$$

$$\frac{\partial RD}{\partial \alpha} = \delta(1-t)\left[Y_{RD}\frac{\partial RD}{\partial \alpha} + (Y_K - r)\frac{\partial K}{\partial \alpha} + (Y_L - w)\frac{\partial L}{\partial \alpha}\right] - \delta[1-t(1+\alpha)]\frac{\partial RD}{\partial \alpha} + t\delta RD \tag{3-42}$$

将最大化条件式（3－38）～式（3－40）代入，整理后可得如下结果：

$$\frac{\partial RD}{\partial \alpha} = t\delta RD \tag{3-43}$$

因为 $\delta \geqslant 0$，$0 < t < 1$，对有研发活动的企业来说，$\frac{\partial RD}{\partial \alpha} > 0$，随着研发费用加计扣除比例的增加，企业研发投入也随之增加。企业通过劳动力、资本和研发投入来安排生产，根据边际规模递减规律，若企业研发投入为零，即不开展研发活动，仅通过资本和劳动力安排生产，产出增长量会随着资本和劳动力投入的增加而逐渐减少，而少量的研发投入增加则会带来产出较大的增长。因此，对企业来说，开展研发活动是最优选择，而且在税收激励的影响下，企业研发投入会逐渐增加。由式（3－44）可知，研发产出也会随着研发费用加计扣除比例的增加而增加，研发费用加计扣除将直接引导企业增加研发投入，进而促进企业研发成果产出。

$$\frac{\partial Q}{\partial \alpha} = Q_{RD}\frac{\partial RD}{\partial \alpha} = Q_{RD}t\delta RD \tag{3-44}$$

3）固定资产加速折旧对研发投入和产出的影响

在固定资产加速折旧优惠政策下，对企业利润最大化求解，分别对 K、

L 和 RD 求偏导，得到

$$\frac{\partial \pi}{\partial K} = (1 - t)\left(\frac{\partial Y}{\partial K} - r\right) + t\beta\theta \tag{3-45}$$

$$\frac{\partial \pi}{\partial L} = (1 - t)\left(\frac{\partial Y}{\partial L} - w\right) \tag{3-46}$$

$$\frac{\partial \pi}{\partial RD} = (1 - t)\left(\frac{\partial Y}{\partial RD} - 1\right) \tag{3-47}$$

令一阶偏导等于零，得如下结果：

$$\frac{\partial Y}{\partial K} - r = \frac{-t\beta\theta}{1 - t} \tag{3-48}$$

$$w = Y_L(RD,K,L) \tag{3-49}$$

$$Y_{RD}(RD,K,L) = 1 \tag{3-50}$$

将以上条件代入研发投入和研发产出函数中，对固定资产加速折旧率 β 求偏导，可得出固定资产加速折旧率变化时研发投入的反应情况，结果见式（3－52）。

$$RD = \delta\pi = \delta(1 - t)[Y(RD,K,L) - rK - wL - RD] + \delta t\beta\theta K \tag{3-51}$$

$$\frac{\partial RD}{\partial \beta} = \delta(1 - t)\left[Y_{RD}\frac{\partial RD}{\partial \beta} + (Y_K - r)\frac{\partial K}{\partial \beta} + (Y_L - w)\frac{\partial L}{\partial \beta} - \frac{\partial RD}{\partial \beta}\right] + \left[\delta t\theta K + \delta t\beta\theta\frac{\partial K}{\partial \beta}\right] \tag{3-52}$$

将最大化条件式（3－48）～式（3－50）代入，整理后可得如下结果：

$$\frac{\partial RD}{\partial \beta} = t\delta\theta K \tag{3-53}$$

因为 $\delta \geqslant 0$，$0 < t < 1$，$0 \leqslant \theta \leqslant 1$，对有研发活动且有固定资产支出的企业来说，$\frac{\partial RD}{\partial \beta} > 0$，随着固定资产加速折旧率的增加，企业研发投入也相应增加。根据式（3－54）研发产出也会随着固定资产加速折旧率的增加而增加，固定资产加速折旧率引导企业增加研发投入，进而促进企业研发成果产出。

$$\frac{\partial Q}{\partial \beta} = Q_{RD}\frac{\partial RD}{\partial \beta} = Q_{RD}t\delta\theta K \tag{3-54}$$

4）单一税收激励政策对企业技术创新的影响差异讨论

以上通过数理推导研究企业所得税中的税率优惠、研发费用加计扣除、固定资产加速折旧对企业技术创新研发投入和最终产出的影响，虽然都能够促进企业技术创新水平的提升，但不同单一政策对企业技术创新的作用目的、作用机制不同，其对企业技术创新的影响力度呈现差异：

（1）普惠性税收激励包括企业所得税优惠、增值税优惠、个人所得税优惠等。其中，促进企业技术创新的税收激励主要集中于企业所得税，无论税率优惠还是税基优惠，均能够对企业技术创新起到促进作用，但不同单一政策成本不同，对创新不同阶段的政策效果也存在差异。税率优惠主要为降低或免征企业所得税，如高新技术企业减按15%征税、技术转让减免企业所得税等。税率优惠是从整体上降低企业创新成本，缓解人才薪酬、原材料购买、设备采购等成本价格上涨带来的资金压力，最终改善企业创新投资的盈利情况，提升创新积极性。税基优惠主要通过税前扣除降低企业税负，激励企业技术创新，属于“非债务税盾”，包括研发费用加计扣除、加速折旧等。但税基优惠中固定资产加速折旧与研发费用加计扣除又有不同：研发费用加计扣除主要作用于研发投入阶段，针对性较强，政策普适性较高，两者相比，研发费用加计扣除涉及范围较广，还有利于高新技术企业资格复审。固定资产加速折旧优惠的主要作用机理是递延纳税，企业在当期可享受多少税收优惠主要受折旧年限和折旧方法影响，不同方法并不会影响企业纳税的总额，但会影响企业纳税的时间分布，加速折旧能够使企业快速回收部分投资资金，改变企业的现金流（Edgerton，2012）[282]，降低企业投资初期的资金压力。因此，固定资产加速折旧对企业技术创新的激励效果可能要弱于研发费用加计扣除。对比企业所得税中的税率优惠与税基优惠，税基优惠是事后激励，只有创新活动开展后才给予减免，直接与创新活动相关；税率优惠属于事前激励，税率降低所带来的收益，企业可用于创新投入但也可能投资至别处。因此，两者相比，税基优惠对企业技术创新的正向促进作用可能更大。个人所得税优惠主要是通过减少个人所得税，吸引高精尖人员回国，开展研发创新活动，个人所得税优惠的力度和优惠项目虽然都不及企业所得税，但个人所得税直接作用于企业研发人员，人力资源是企业技术创新的核心资源，该税收激励直接影响着企业研发活动的开展，个人所得税优惠在促进企业技术创新方面的作用是其他税收激励政策所不能替代的，故个人所得税优惠激励效果可能仅次于企业所得税优惠，甚至在某些方面激励更大。与企业所得税、个人所得税等直接税优惠相比，增值税、消费税等间接税优惠管理更简便，但其促进企业技术创新的实施精准度却较弱，因为间接税激励局限较大，税负转嫁受经济情况、市场供需等多因素影响，较难估计，很难像直接税那样精准地鼓励技术创新（许多奇，2018）。增值税是我国第一大税种，但增值税与企业技术创新直接相关的优惠较少。虽然，“营改增”减少了重复征税，但也带来了新的问题，仍在逐渐优化中，增值税优惠对企业技术创新的提升作用有限。

（2）区域性税收优惠主要目的是促进区域发展，本书以西部大开发税收优惠为例，根据财政部、国家税务总局、海关总署下发财税〔2001〕202号文件，规定2001—2010年设在西部的，主营国家规定的鼓励类产业项目且当年主营业收入超过企业总收入70%的企业，经税务机关审核确认后，可按15%缴纳企业所得税。政策到期后，财政部、海关总署、国家税务总局再次发文将该政策延期至2020年12月31日，该政策直接目的并非鼓励西部企业技术创新，但旨在通过税收激励激发企业积极性以及西部经济的发展，而开展创新是促进企业长期健康发展的重要手段之一。从理论来看，西部大开发税收优惠是一种特殊的税率优惠，能吸引高端产业进入西部地区，对于提升西部地区整体技术创新水平是有利的，但随着2008年以后企业税负的整体下降，以及高新技术企业减税优惠的普遍实施，东西部地区高新技术企业的优惠税率保持一致，西部大开发税收优惠作用效果可能不如从前，而且西部大开发税收优惠过程中可能存在“政策陷阱”（刘瑞明、赵仁杰，2015）[283]。综上分析，可对以上单一税收激励政策的影响效果排序，企业所得税的正向促进作用最为显著且税基优惠大于税率优惠，个人所得税优惠激励效果仅次于企业所得税优惠，增值税和西部大开发税收优惠激励作用最小。

3.3.2 单一税收激励政策对企业技术创新的传导机制

本书分析了融资约束、人力资源、公司治理、风险共担四种传导机制（见图3-4）。整体来看，税收激励主要通过融资约束和人力资源机制影响企业技术创新，但不同单一税收激励政策的传导机制可能存在差异。关于企业所得税税率优惠，税率优惠直接降低法定税率，并未针对企业技术创新某个阶段或某个创新活动，故其对企业技术创新的传导渠道可能最为多样。在税率优惠的影响下，企业可将数目可观的资金留存于企业，如高新技术企业减按15%的优惠税率，直接减免10%的企业所得税，故税率优惠在缓解企业融资约束机制方面也最为显著。而且税率优惠是从整体上降低企业创新成本，该政策被企业、投资者等普遍认同，向外部传递的信号效应更强，其对缓解外部融资约束可能更有效。税率越高企业承受风险的能力就越差，企业所得税税率的降低可能会降低企业风险承受水平（王永海、刘慧玲，2013）[284]，税收激励政策在一定程度上使政府与企业共担风险，加大企业承受风险能力，提高企业技术创新水平，尤其是在损失可以冲减的情况下，随着税率的增加，风险承受水平相应增加（Domar and Musgrave，1944；Fochmann et al.，2012）[285-286]。我国企业所得税中还专门有损失可以冲减的情况规定，即“企业纳税年度发生的亏损，准予向后结转，但结转年限最长不得超过五年”，故税率优惠的风险承担机制可能较为显著。但税率优惠作用范围广，企业可能将有限的资金投资于回报率高、回收期短的项目，而未用于企业技术创新所急需的人才、设备等，即人力资源机制面临失效的可能。针对企业所得税两种常用的税基优惠，研发费用加计扣除主要针对企业技术创新的研发投入阶段，在符合税法要求的研发费用的实际发生额基础上，再加成一定比例作为计算应纳税所得额的扣除数，对企业技术创新活动的针对性更强，是政府支持企业技术创新的一种资金配套模式，属于“事后补助”，主要通过抵扣企业研发投入的资金成本，缓解企业现金流压力，故研发费用加计扣除亦可通过融资约束机制促进企业技术创新，而且对内部融资约束的缓解更为直接。同时，研发费用加计扣除对于直接从事研发活动人员的工资薪金、养老保险费等，以及外聘研发人员劳务费、专家咨询费等均纳入加计扣除范围，研发费用加计扣除的人力资源机制可能是有效的。固定资产加速折旧优惠则侧重于固定资产更替、新购等的激励，与税率优惠和研发费用加计扣除相比，适用范围更小，而且加速折旧主要有利于企业快速回收资金，但并不影响企业纳税的总额，该政策主要影响的是企业投资决策，因此，公司治理将是固定资产加速折旧的主要作用机制。从理论上来看，研发费用加计扣除和固定资产加速折旧都可通过公司治理影响企业技术创新，但也应注意到，我国企业会计准则要求，研发活动分为研究阶段和开发阶段：研究阶段支出全部费用化，开发阶段可按要求资本化，研发费用资本化和费用化与抵扣费用的大小直接相关，资本化可抵减的所得税费用现值约为费用化的61%（王亮亮，2016）[287]，资本化产生的税收损失较为明显，而且会计准则对于资本化的规定存在不确定性，企业自行判断的空间较大，为企业避税提供条件。企业可能会利用研发费用加计扣除政策加大盈余管理，对研发投入操纵，即研发费用加计扣除可能会产生相反的公司治理效应，反而不利于企业技术创新水平的提升。

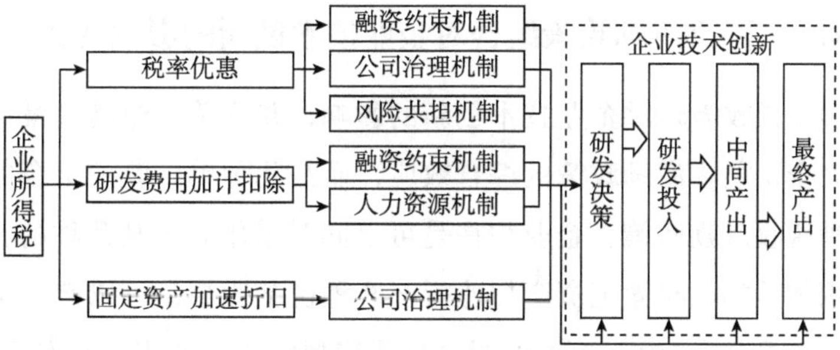

图 3-4 企业所得税税收激励对企业技术创新的主要传导机制

从个人所得税来看，研发人员是企业技术创新的核心资源，个人所得税方面的优惠能够吸引更多创新型人才加盟，不仅增加个人收入而且降低企业成本。对个人来说，个人所得税优惠直接影响着个人纳税的多少，已有研究表明，高层次人才对税负更为敏感，影响着其对工作地点的选择，个人所得税优惠能吸引更多研发型人才开展创新。研发成果转化的股权奖励、现金奖励等税收激励政策则能够最大化激励人才投入创新工作，促进研发成果的转化。对企业来说，个人所得税能够引导企业加大对创新型人才的投资，有利于吸引和留住更多人才，降低企业成本，使其有更多的资金用于研发人员的需求、培训等。即个人所得税优惠会影响企业的用人机制、培训机制、激励机制等，可通过人力资源机制、公司治理机制影响企业技术创新；同时创新型人才因税收优惠而提高收入，企业因此而降低人力成本，从一定程度上缓解企业融资约束，进而促进企业技术创新。增值税优惠与企业所得税类似，减少重复征税，降低企业整体税负，融资约束是其主要传导机制，同时可能通过公司治理、风险共担等影响企业技术创新，但增值税和西部大开发税收优惠对企业技术创新的促进效应可能不佳，应进一步回归政策本身进行探讨。西部大开发税收优惠其实是一种特殊的税率优惠，其对企业技术创新的传导机制与税率优惠理应是一致的，但该政策有效性受到多因素影响，与其他税率优惠存在不一致的情况。

3.4 税收激励对企业技术创新的组合效应分析

3.4.1 税收激励政策组合对企业技术创新的影响变化

现实中税收激励对企业技术创新的影响，并非单一激励政策的结果，也并不完全是税收激励政策的综合效应，而是几种单一政策组合的效果。面对多种税收激励政策，企业往往是可以同时采用其中某几种的，例如，研发费用加计扣除与固定资产加速折旧两种税基优惠是可以叠加享受的，国家税务总局公告2017年第40号文件明确规定“企业用于研发活动的仪器、设备，符合税法规定且选择加速折旧优惠的，在享受研发费用税前加计扣除政策时，就税前扣除的折旧部分计算加计扣除”。因此，有必要进一步研究税收激励对企业技术创新的组合效应。为便于理解税收激励政策组合对企业技术创新的影响，本书在 Ernst 等（2014）、程瑶和闫慧慧（2018）等的研究基础上构建一个简单的理论模型，选择一个具有代表性的企业。对技术创新决策，创新投资额为 I，税前预期收益为 E，企业所得

税税率为 T。资金使用成本是影响企业技术创新的重要因素，资金总成本为 C，包括自有资金 C_1 、股权融资 C_2 和债券融资 C_3 ，其中 C_1 、C_2 、C_3 分别为三种融资方式的单位融资成本，所占比例分别为 a、b、c。另外，项目折旧率为 ε ，假设不存在通货膨胀，则企业技术创新所使用的资金成本为 $C = I \cdot (aC_1 + bC_2 + cC_3 + \varepsilon)$ ，$a + b + c = 1$ 。企业目的是利润最大化，只有当税后预期收益 $(1-T)E$ 大于等于资金使用成本 C 时才会开展研发活动，即 $(1-T)E \geqslant C$ ，由此得出投资资金的使用成本：

$$C_T = \frac{C}{1-T} = \frac{I \cdot (aC_1 + bC_2 + cC_3 + \varepsilon)}{1-T} \tag{3-55}$$

根据式（3-55）可知，对企业征收所得税后，资金使用成本由 C 变为 C_T ，且 $C < C_T$ ，企业研发投入成本增加。当企业获得所得税税率优惠时，税率由 T 降低为 t，其中 $0 < t < T < 1$ ，此时企业投资资金使用成本由 C_T 调整为 C_t ，且 $\frac{C}{1-t} = C_t < C_T = \frac{C}{1-T}$，降低企业所得税税率后，投资成本下降。当企业可享受的税基优惠为研发费用加计扣除或固定资产加速折旧时，假设其中可在税前扣除的研发费用为 A，扣除比例为 α ，一般 $\alpha > 1$ ，符合要求的固定资产为 B，折旧率为 β ，因此，企业投资资金的使用成本为

$$E - (E - \alpha A - \beta B)T > C \tag{3-56}$$

$$C_{AB} = \frac{C - (\alpha A + \beta B)T}{1-T} = \frac{C}{1-T} - \frac{(\alpha A + \beta B)T}{1-T} = C_T - \frac{(\alpha A + \beta B)T}{1-T} \tag{3-57}$$

由式（3-57）可知，仅有研发费用加计扣除优惠时 $C_A = C_T - \frac{\alpha AT}{1-T}$，仅有固定资产加速折旧优惠时 $C_B = C_T - \frac{\beta BT}{1-T}$，无论 C_A 还是 C_B 均小于 C_T，即企业享受税基优惠后，投资成本下降。当企业同时享受两种税基组合优惠时，$C_{AB} = C_T - \frac{(\alpha A + \beta B)T}{1-T}$ 。在企业所得税税率一定的情况下，企业得到的税基优惠越多，投资成本越低。当企业同时可获得税率与税基两种优惠时：

$$C_{ABt}=C_t-\frac{(\alpha A+\beta B)t}{1-t}=\frac{I\cdot(a\,C_1+b\,C_2+c\,C_3+\varepsilon)}{1-t}-\frac{(\alpha A+\beta B)t}{1-t}$$

(3-58)

由式（3-58）可知，税基优惠越大，投资成本越低；企业所得税税率越低，C_{ABt} 中的第一部分 $\frac{I\cdot(a\,C_1+b\,C_2+c\,C_3+\varepsilon)}{1-t}$ 越大，但第二部分 $\frac{(\alpha A+\beta B)t}{1-t}$ 则随着 t 值的降低而减少。当投资金额较大且 A 和 B 有限时，税基优惠对投资成本降低的程度有限，投资成本对税率优惠的调整更为敏感，仅采用税基优惠所能达到的激励效果有限，但税率优惠与税基优惠并非越优惠越好，需要寻找合适的税收激励政策组合优惠。

根据数理推导可知，仅采用单一政策所能达到的激励效果有限，在特定的环境下，存在最优税收激励政策组合，且能提高单一税收激励政策实施效果。多项税收激励政策组合后，优惠力度大幅提高，企业技术创新成本进一步降低，使企业有更多资金投到创新活动中，对企业技术创新的激励作用更大，但并非越优惠越好，需要寻找合适的税收激励政策组合优惠。税收激励政策组合可能是单一激励政策累积作用的结果，加强单一政策对企业技术创新的影响，但也会改变单一激励政策的作用效果，对企业技术创新的影响产生变化。我国税收激励政策制定基本以单一政策为主，缺少复合模式的税收激励政策（叶金育，2016），很少为同一目标在同一文件中同时出台多种优惠政策。因此，税收激励政策组合带来更大税收激励力度的同时会产生一些新的问题：一是税收激励组合可能给企业带来寻租的空间，反而会导致研发操纵等问题；二是不同单一政策之间可能产生冲突，存在政策不一致性，娄贺统和徐恬静（2008）在研究中发现短期的税率优惠会抑制研发费用加计扣除、加速折旧等政策工具的激励效果；三是我国税收激励政策主要由财政部、国家税务总局、科技部等部门单独或联合发布的，可能存在政出多头的情况，不同部门职责定位不同，不同税收激励政策之间协调性较差、衔接不畅等问题难以避免。这些问题都会降低税收激励政策组合的实施效力，削弱税收激励政策组合对企业技术创新的影响。因此，税收激励政策组合可能会减弱单一税收激励政策的正向促进效应。

3.4.2 税收激励政策组合对企业技术创新的传导机制

有效畅通的传导渠道影响税收激励政策的实施效果，单一税收激励对企业技术创新的传导机制存在差异，不同单一税收激励政策组合后，其对企业技术创新的传导机制也会产生一些变化。由上一节的分析可知，合适的税收激励政策组合能够促进企业技术创新水平的提升，而且激励效果还会大于单一政策的效果，但低效的税收激励政策组合，会出现不一致性，或引发研发操纵等新问题，反而会降低单一激励政策的实施效果。合适的税收激励政策组合是两项或多项单一税收激励政策的叠加，税收激励政策之间为互补关系，政策组合不仅不会影响单一税收激励政策对企业技术创新的传导机制，还会使传导渠道变得更为多样，即政策组合可通过比单一政策传导渠道更多的渠道影响企业技术创新。例如，研发费用加计扣除主要通过融资约束、人力资源机制影响企业技术创新，固定资产加速折旧主要通过公司治理机制影响企业技术创新，两种政策的组合则会通过融资约束、人力资源和公司治理机制促进企业技术创新，传导渠道的增多增强了税收激励政策组合的实施效果。相反，低效政策组合的不同激励政策之间可能存在替代关系，相互抵消，传导渠道会产生一些变化，阻碍单一激励政策的传导机制，导致传导渠道变窄，传导渠道的变化使税收激励政策组合对企业技术创新的影响效应减弱。

通过以上对理论研究框架主要内容的分析，提出研究假设：

H1：综合来看，税收激励对企业技术创新具有正向促进作用，但对企业技术创新不同阶段影响效应存在差异。

H2：从单一政策来看，企业所得税优惠对企业技术创新的促进最大，且税基优惠大于税率优惠，个人所得税优惠次之，增值税和西部大开发税收优惠排最末。

H3：与单一政策相比，合适的税收激励政策组合会增强单一政策对企业技术创新的正向促进效应。

H4：综合来看，税收激励主要通过融资约束和人力资源机制影响企业技术创新，但单一政策的传导机制存在异质性。

H5：与单一政策相比，合适的税收激励政策组合的传导渠道会变得更为多样，反之则会使传导渠道变窄。

3.5 本章小结

本章主要构建促进企业技术创新的税收激励政策的理论研究框架，一个完善的理论研究框架不仅能够为后续实证研究提供统一的逻辑基础，而且能促进企业技术创新的税收激励政策研究更加完整和系统，因此，本章研究十分重要。首先，明确理论研究框架构建的思路，理论研究框架的构建要以已有文献和理论研究为基础，同时不能脱离我国国情，并基于我国现有税收激励体系对研究对象进行系统划分。其次，明确本书要解决的主要问题，构建促进企业技术创新的税收激励政策理论研究框架。再次，构建数理模型，运用数理推导和逻辑分析的方法，分别研究综合政策、单一政策和政策组合对企业技术创新的影响效应及传导机制。最后，提出研究假设。理论研究初步发现，税收激励对企业技术创新既有激励效应又有挤出效应，但整体表现为税收激励对企业技术创新的正向促进效应，而且随着税收激励的增加，这种促进效应会逐渐减弱；不同单一政策对企业技术创新的作用目的、作用机制不同，其对企业技术创新的影响也将呈现差异化；合适的税收激励政策组合会增强单一政策对企业技术创新的促进作用，但税收激励政策组合后又可能出现政策不一致性、寻租空间大等低效率情况。

4 税收激励对企业技术创新综合效应的实证研究

本书第4章到第6章为实证研究部分，按照先总后分、逐步细化深入的逻辑顺序，分别研究税收激励对企业技术创新的综合效应、特质效应和组合效应。与以往研究不同的是，对税收激励政策进行详细划分，不仅研究税收激励政策的综合效果，还能进一步探究税收激励政策的异质性，以及政策组合后产生的效果变化。本章从整体出发，研究综合税收激励政策对企业技术创新的影响效应及传导机制，并进一步研究税收激励促进企业技术创新同时可能带来的其他影响，如税收激励对创新资源扭曲性、技术创新外溢性、企业技术创新质量等的影响。另外，在企业技术创新方面，将其划分为“研发决策—研发投入—中间产出—最终产出”四个阶段进行研究，从而为税收激励政策深化改革提供更具有针对性的实证依据。方法上，主要采用双固定效应面板模型、Logit 模型、中介效应模型等，为确保研究结果的稳健性，对可能存在的内生性讨论，采用更换变量法、更换模型法等进行稳健性检验。

4.1 政策背景

税收激励政策是随着宏观经济发展而不断趋于完善的。改革开放初期，我国经济发展水平较低，企业缺乏自主创新，主要以技术引进和模仿为主，税收激励政策也是从沿海特区开始更多地在进口设备、技术等方面给予优惠。随着改革开放的推进，我国经济发展水平不断提升，企业自主创新水平呈现出质的飞跃，税收激励政策逐渐向推进企业自主创新方面改革，税收优惠力度更大、覆盖范围更广、激励形式多样。减税是积极财政的重要组成部分，我国减税早已在行动。2008 年，面对全球性金融危机，经济下行压力较大，当年中央经济工作会议提出保增长的主线。为防止经济过快下滑，2009 年，税收政策的主基调定为“结构性减税”，这种提法在当时还较为新颖（高培勇，2009）[288]。结构性减税与全面减税不同，它是一揽子税收政策的统称，是有针对性地对一些税种进行调整，而且是有增有减的结构性调整，通过对税制结构的调整来实现产业结构、消费结构、需求结构等的调整。我国税制结构与发达国家完全不同，间接税占比较大，税制结构问题较为突出，这一时期税制改革的主要目标之一就是对税制结构调整，如逐渐增加直接税占比，在调整结构的同时达到实质性减税的目的，但结构性减税属于小幅削减，税负降低有限。随着我国经济发展步入“新常态”，以及全面深化改革的开展，结构性减税进一步实施，并不断深化完善。我国在结构性减税方面做了大量工作，包括增值税转型、创新创业税收政策倾斜、所得税改革等，尤其是党的十八大以来，着眼于“放水养鱼”，结构性减税一直是改革的重头戏。

2016 年，特朗普宣布大规模税改计划，并于 2017 年 12 月获批，全球范围内掀起新一波减税高潮，法国、日本等竞相降低企业所得税，印度开启 70 年来最大的税改。自 2016 年开始，在全球减税的大浪潮下，我国税制改革也顺应趋势发生一些变化，由结构性减税向实质性减税转变，实质性减税被频繁提出，即结构性减税降费应该更加全面，应明显降低企业税收负担，使企业获得实质性好处。税制改革进入实质性减税阶段并不代表不进行税制结构的调整，两个阶段只是侧重点不同，结构性问题依然是中国非常重要和关注的问题之一。2018 年，政府工作报告中提出大力简政减税降费，进一步降低企业税负。2018 年 11 月，习近平总书记在民营企业座谈会上指出，要加大减税力度，实质性降低企业税费负担，中国进入实质性减税新时代。在高质量发展阶段，减税直接以降低成本为目标，通过减税降费降低企业经营成本，激励企业积极参与研发创新，改善供给质量。高质量发展更需要实质性减税，实质性减税采取的主要措施有减并增值税税率，实施个人所得税改革等。最重要的是我国减税与创新是紧密结合的，“大众创业、万众创新”是减税降费的重要着力点（杨灿明，2017）[289]，完善小微企业税收激励，加大研发费用加计扣除力度等，仅2019年1—4月支持“双创”税收优惠减税即超3900亿元①。2013—2017年，我国推出的一系列减税降费措施累计减税超过3万多亿元②。由宏观税负也可以看出减税的变化，如图4－1所示，2012年开始小口径宏观税负开始逐渐下降，但幅度很小；中口径宏观税负2016年起开始下降且幅度显著。实质性减税以来，减税力度空前，企业税收负担减轻，增强市场主体活力和信心，为我国企业技术创新水平的提升，以及促进经济高质量发展提供了良好的制度环境。

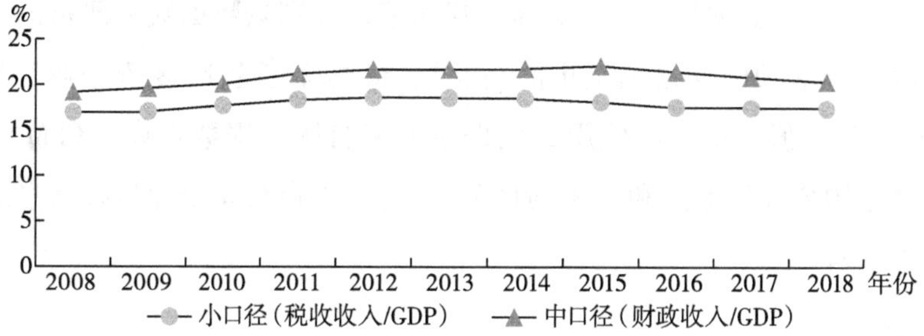

图4－1　我国2008—2018年中小口径下宏观税负情况

数据来源：历年《中国统计年鉴》。财政收入＝税收收入＋非税收收入。

4.2　研究设计

4.2.1　样本选择与数据来源

本书采用2010—2017年我国沪深两市A股上市公司面板数据。将研究区间定为2010—2017年主要基于以下考虑：一是2007年第十届全国人民代表大会第五次会议通过的《中华人民共和国企业所得税法》统一了内

---

①　数据来源：http://www.chinatax.gov.cn/chinatax/n810219/n810744/n4016641/n4016676/c4423538/content.html。

②　数据来源：2018年政府工作报告。

外资企业所得税，而且2008年国家税务总局专门下发《关于印发〈企业研究开发费用税前扣除管理办法（试行）〉的通知》（国税发〔2008〕116号），这是我国首次印发企业研发费用规范化管理的具体规定。二是2008年“四万亿投资”对企业未来几年投资效率影响显著（黄海杰等，2016）[290]，从而尽可能排除内外资企业所得税未统一、税基优惠不规范等因素影响。选择沪深两市A股上市公司数据，一方面，上市公司能及时提供较为完善和详细的研发、财务等数据；另一方面，与其他数据相比，上市公司数据样本期选择性较大，能够跨越税收激励政策调整期，便于开展实证研究。为保证数据质量，对数据做以下处理：①剔除金融行业；②剔除ST、*ST以及数据缺失严重的样本观测值；③剔除数据缺失严重的样本观测值，选择2010年之前上市的企业①。最终确定为1768家企业，共计14144个观测值。本书所使用的数据主要来自国泰安数据库（CSMAR）、历年《中国统计年鉴》和《中国税务年鉴》，上市公司企业年报信息来自巨潮资讯网。

4.2.2 变量的选取

1）被解释变量

关于企业技术创新的衡量，已有文献主要从研发投入（研发支出额度或研发投入强度）、研发产出（专利产出）两方面衡量，但存在以下问题：一是技术创新是个复杂的过程，已有研究未体现出其过程性；二是技术创新的最终目的还是将成果转化为生产力，更多的专利产出并不意味着更有价值的创新，有些专利可能永远不会投入市场产生价值。因此，按照企业技术创新的过程性，从以下四个阶段研究税收激励对企业技术创新的影响效应。

---

① 选择平衡面板数据，主要基于以下原因考虑：平衡面板与非平衡面板各有利弊。选择2010年之前上市的企业，企业持续经营期较长，自我国统一内外资企业所得税起就持续经营至今，经历了我国企业研发税制改革的过程，这些同期的企业所处的环境、背景更为相似，具有研究的代表性，而之后上市的企业与这些企业相比，持续经营期较短，同时新上市企业更易获得政府其他方面的政策性资助，也更易受到其他因素影响，两类企业可能存在一定差异。

（1）研发决策阶段。参考徐飞（2019）[291]的做法，构建研发决策指标（*decision*），在研发投入阶段企业可以选择高研发投入或低研发投入，当企业研发投入强度高于企业所在行业或城市年度平均研发投入强度则认为企业选择高研发投入，记 *decision* = 1；反之，则认为企业选择低研发投入，将 *decision* 记为 0。

（2）研发投入阶段。与大部分现有文献一致，采用研发创新投入与营业收入之比表示研发投入强度（*RDI*），为克服可能的样本选择及正态分布问题，对该变量取自然对数。

（3）中间产出阶段。本书将专利申请情况作为创新的中间产出阶段，采用专利申请情况（*patent*）作为中间产出阶段的代理变量，包括发明、实用新型和外观设计三类。考虑到专利申请数据的右偏问题，与已有文献相同对所有专利数值加 1 之后取自然对数。

（4）最终产出阶段。最终产出阶段采用"新产品投入市场情况"（*new*）来表示，与 Mukherjee（2017）等类似采用文本分析法取得，从企业公布的历年年度报告、公告中手工收集该企业当年是否有与企业技术创新相关的新产品投入市场，如果有赋值为 1，否则为 0。另外，对于缺失创新信息的企业，同 He 和 Tian（2013）[292]等遵循已有主流创新研究文献对研发和专利数据缺失的处理方法，对缺失数据补零而不是简单删除，以避免样本自选择问题。

2）解释变量

税收激励对企业技术创新综合效应的研究将采用宏观与微观数据相结合的方式，其中结构性减税指标采用企业所在地的省级数据进行研究，即从宏观角度切入，研究其对微观企业创新行为的影响；实质性减税则直接从企业入手，研究企业实际税负对微观企业创新行为的影响。

（1）结构性减税指标。结构性减税不同于全面减税，而是"有增有减，以减为主"的结构性调整（贾康、程瑜，2011）[293]。基于此，本书设计了税制结构（*TS*）和所得税税负（*IT*）两个变量，其中税制结构采用企业所在省份企业所得税和个人所得税之和占总税收的比来表示，所得税税负则采用企业所得税和个人所得税之和占地区生产总值的比来表示，在回归中同时加入两者的交叉项来研究结构性减税对企业技术创新的影响。

（2）实质性减税指标。高质量发展阶段，不仅需要结构性减税，还需要实质性减税降费。实质性减税是以企业为重点对象，以降低成本为主要目标，特别是降低间接性税费①。因此，选择一个较为综合的指标，即采用企业实际税负（*ATB*）来表示，该指标可能包含研发费用加计扣除、固定资产加速折旧等多个税收优惠，甚至还可能包含税收征管强度的影响，即所得税费用与利润总额之比。该指标数值越大表示企业实际税收负担越重，数值越小表示企业享受到的税收激励政策优惠力度越大。

3）中介变量

（1）融资约束（*FCS*）。融资约束目前并无统一的测度标准，主要有以下几种方法：一是单指标法，从企业规模、集团关系等维度来量化（Whited，1992；Degryse and Jong，2003）[294-295]。二是模型测算法，包括投资—现金流敏感度指标、现金—现金流敏感度指标等（Almeida et al.，2004）[296]。三是采用多个指标建立一个相对综合的融资约束指标（Kaplan and Zingales，1997；Whited and Wu，2006）[297-298]。本书借鉴 Howell（2016）等研究，建立基于欧拉方程的投资模型，对融资约束指数测算，该模型具有对资本市场约束条件少、有效降低企业投融资分析中出现的参数偏误等优势。第一步：采用系统 GMM 法对式（4-1）和式（4-2）进行估计，得到融资约束指数中的各系数；第二步：根据式（4-3）计算融资约束指数。

$$\frac{I_{i,t}}{K_{i,t-1}} = \alpha_0 + \alpha_1 \frac{I_{i,t-1}}{K_{i,t-2}} + \alpha_2 \frac{sales_{i,t}}{K_{i,t-1}} + \alpha_3 \frac{cash_{i,t}}{K_{i,t-1}} \times FCS + u_i + v_t + \varepsilon_{i,t} \tag{4-1}$$

$$FCS = \gamma_1\, size_{i,t} + \gamma_2\, age_{i,t} + \gamma_3\, levg_{i,t} + \gamma_4\, sub_{i,t} + \gamma_5 industry \tag{4-2}$$

① 高培勇·聚焦高质量发展需要实质性减税降费[EB/OL]. https://cj.sina.com.cn/articles/view/619293 7794/17120bb4202000ppa5.

$$\widehat{FCS} = \widehat{\gamma_1}\, size_{i,t} + \widehat{\gamma_2}\, age_{i,t} + \widehat{\gamma_3}\, levg_{i,t} + \widehat{\gamma_4}\, sub_{i,t} + \widehat{\gamma_5} industry \tag{4-3}$$

其中，K 为资本存量，I 为投资，*cash* 表示现金流，*FCS* 为企业个体特征组成的融资约束指数，主要包括企业规模（*size*）、企业年龄（*age*）、长期负债与总资产之比（*levg*）、政府补贴与总资产之比（*sub*）。其中，产品总销售额（*sales*）采用主营业务收入表示，现金流（*cash*）采用经营活动产生的现金流量净额来表示。

（2）研发人员数量占比（*RDP*）。关于人力资源，既有量的因素也有质的因素，由于质的方面较难指标化，将从量的维度展开研究，采用研发人员占企业总体员工人数之比作为代理变量。

（3）盈余管理（*EM*）。借鉴 Dechow 等（1995）[299]、Fang 等（2016）[300]、胡元木等（2016）[301]、李广众和贾凡胜（2019）[302]等的研究方法，采用经过修正的 Jones 模型来估计操纵性研发费用，并以该指标的绝对值作为盈余管理指标的代理变量，表示管理层对研发投入费用的操控，该指标值越大表示盈余管理程度越严格。具体计算模型如下：

$$\frac{RD_{i,t}}{asset_{i,t-1}} = \alpha + \beta_1 \frac{1}{asset_{i,t-1}} + \beta_2 \frac{(\Delta REV_{i,t} - \Delta REC_{i,t})}{asset_{i,t-1}} + \beta_3 \frac{PPE_{i,t}}{asset_{i,t-1}} + \beta_4 \frac{profit_{i,t}}{asset_{i,t-1}} + \varepsilon_{i,t} \tag{4-4}$$

$$EM_{i,t} = \left| \frac{R\&D_{i,t}}{asset_{i,t-1}} - \frac{\widehat{R\&D}_{i,t}}{asset_{i,t-1}} \right| \tag{4-5}$$

其中，$RD_{i,t}$ 为研发投入费用，$asset_{i,t-1}$ 为企业 i 在 $t-1$ 期的总资产，$\Delta REV_{i,t} - \Delta REC_{i,t}$ 为销售收入增长与应收账款增长的差值，$PPE_{i,t}$ 为企业 i 第 t 期固定资产，$profit_{i,t}$ 为企业 i 第 t 期的净利润。

（4）风险承担水平（*riskt*）。已有文献普遍采用企业盈利的波动性来衡量其风险承担水平（John et al.，2008；Boubakri et al.，2013；余明桂等，2013；何瑛等，2019）[303-306]。一般使用资产报酬率的标准差，其中资产报酬率（*roa*）为息税折旧摊销前利润（*EBIT*）与期末总资产（*Asset*）之比，为剔除行业因素影响，本书首先将企业资产报酬率减去其所在行业的平均值，然后再计算经过行业调整的资产报酬率的标准差，该指标越大企业盈利波动程度越大，企业风险承担水平越高。具体计算方法如下：

$$adj\_roa_{i,t} = \frac{EBIT_{i,t}}{Asset_{i,t}} - \frac{1}{N}\sum_{k=1}^{N}\frac{EBIT_{k,t}}{Asset_{k,t}} \tag{4-6}$$

$$riskt_{i,t} = \sqrt{\frac{1}{T-1}\sum_{t=1}^{T}\left(adj\_roa_{i,t} - \frac{1}{T}\sum_{t=1}^{T} adj\_roa_{i,t}\right)^2} \tag{4-7}$$

其中，行业分类以两位代码为准，N 为某行业的企业总数，$T=3$，即与上市公司高管任期一致，每三年作为一个观测时段（t，$t+1$，$t+2$）。

4）控制变量

为了使回归结果可比性更高，本书分别从企业层面和省级层面加入一系列控制变量。其中，企业层面控制变量有企业发展能力（*gro*）、董事会领导权结构（*LS*）、企业年龄（*age*）、企业性质（*nature*）、资产收益率（*ROA*）、有形资产比率（*TAR*）、第一大股东持股情况（*first*）、董事会规模（*board*）和政府补贴（ln*sub*）；省级层面控制变量有人均地区生产总值（ln*pgdp*）、产权制度（*PRI*）。具体定义见表 4－1。

表 4－1　变量界定表

类型	名称	符号	变量取值方法及说明
被解释变量	研发决策	*decision*	企业选择高研发投入时记为 1，反之记为 0
	研发投入强度	*RDI*	研发投入与营业收入之比
	专利申请情况	*patent*	专利申请数量
	新产品投入市场	*new*	当企业有新产品投入市场为其赋值为 1，否则为 0
解释变量	结构性减税指标	*TS*	税制结构 =（企业所得税 + 个人所得税）/总税收
		IT	所得税税负 =（企业所得税 + 个人所得税）/地区生产总值
	实质性减税指标	*ATB*	所得税费用/利润总额
中介变量	融资约束	*FCS*	根据欧拉方程测算得出
	研发人员数量占比	*RDP*	研发人员占企业总体员工人数之比
	盈余管理	*EM*	模型测算得出
	风险承担水平	*riskt*	采用企业盈利的波动性来衡量

续表

类型	名称	符号	变量取值方法及说明
控制变量	企业发展能力	*gro*	总资产的增长率
	董事会领导权结构	*LS*	“两职合一”时取值为1，否则为0
	企业年龄	*age*	公司成立时间到样本时间的年份的对数
	企业规模	*size*	营业收入的自然对数
	企业性质	*nature*	国有企业取值为1，非国有企业取值0
	资产收益率	*ROA*	（利润总额+利息收入）/总资产
	有形资产比率	*TAR*	固定资产/总资产
	第一大股东持股	*first*	第一大股东持股比例
	董事会规模	*board*	董事会人数的自然对数
	政府补贴	ln*sub*	政府补贴金额的自然对数
	人均地区生产总值	ln*pgdp*	企业所属省市的GDP环比增长速度
	产权制度	*PRI*	同余明桂等（2013）[307]，使用王小鲁等(2017)[308]、王小鲁等（2019）[309]提供的“政府与市场的关系”这一指标为替代变量
	行业	*ind*	根据证监会公布的行业代码（2012年版），为样本企业所在行业分到2位行业码
	年份	*year*	采用虚拟变量

4.2.3 模型的设定

首先，借鉴张杰等（2011）[310]、王小龙和余龙（2018）[311]等研究，构建一个基于企业层面的计量经济模型，研究税收激励对企业技术创新的影响效应：

$$\ln(RD_{i,j,t}+1)=\alpha_0+\alpha_1\ln tax_{i,j,t}+Z_{i,j,t}\beta+\theta_i+\gamma_j+\lambda_t+\varepsilon_{i,j,t} \tag{4-8}$$

模型（4-8）中i、j、t分别表示企业、省份和年份，$Z_{i,j,t}$为控制变量的集合，$RD_{i,j,t}$表示企业技术创新，根据企业技术创新所处阶段不同分别代表不同的指标，$tax_{i,j,t}$表示税收激励，根据研究对象的不同分别代表不同的税收激励政策。鉴于研发投入决策和新产品投入市场情况两个指标为二元选择因变量，选择建立Logit模型，研究税收激励对研发投入决策和最终产出的影响。事件发生的概率只能为0～1，故引进一个不可观察的参考变量 $Z_{i,j,t}$：当 $Z_{i,j,t}>0$ 时，RD 取值为1；当 $Z_{i,j,t}\leqslant 0$ 时，RD 取值为0。

$$p(RD_{i,j,t}=1\mid X_{i,j,t},\beta,u_i)=p(Z_{i,j,t}>0\mid X_{i,j,t},\beta,u_i)=$$
$$p(\beta_i X_{i,j,t}+u_i+\varepsilon_{i,j,t}>0\mid X_{i,j,t},\beta,u_i)=$$
$$p(\varepsilon_{i,j,t}>-u_i-\beta_i X_{i,j,t}\mid X_{i,j,t},\beta,u_i)=F(\beta_i X_{i,j,t}+u_i)$$
$$p(RD_{i,j,t}=1\mid X_{i,j,t},\beta,u_i)=F(\beta_i X_{i,j,t}+u_i)=\frac{1}{1+e^{-(\beta_i X_{i,j,t}+u_i)}} \tag{4-9}$$

其次，采用中介效应模型研究税收激励对企业技术创新的传导机制。参考 Baron 和 Kenny（1986）[312]、温忠麟等（2004）[313]、钱雪松等（2015）[314]、齐绍洲等（2017）[315]等的研究，建立中介效应模型，并按照以下程序检验。

步骤一，建立模型（4－10），对除中介变量以外的其他变量回归，考察无中介变量时税收激励对企业技术创新的影响：

$$RD_{i,j,t}=\alpha_0+\alpha_1\, tax_{i,j,t}+Z_{i,j,t}\beta+\theta_i+\gamma_j+\lambda_t+\varepsilon_{i,j,t} \tag{4-10}$$

步骤二，检验税收激励对中介变量的影响，建立模型（4－11），其中 $W_{i,j,t}$ 代表各个中介变量。

$$W_{i,j,t}=\beta_0+\beta_1\, tax_{i,j,t}+Z_{i,j,t}\varphi+\theta_i+\gamma_j+\lambda_t+\varepsilon_{i,j,t} \tag{4-11}$$

步骤三，将中介变量加入模型（4－10）中，对模型（4－11）和模型（4－12）回归，中介效应则由 $\beta_1\times\mu_2$ 来衡量。如果回归系数 α_1 不显著，则停止中介效应检验；如果回归系数 β_1、μ_2 均显著且 μ_1 显著，则存在部分中介效应；如果回归系数 β_1、μ_2 均显著且 μ_1 不显著，则存在完全中介效应；如果回归系数 β_1、μ_2 至少有一个不显著，则需要通过 Sobel 检验来判断是否存在中介效应，其中 Sobel 检验统计量为 $Z=\widehat{\beta_1}\widehat{\mu_2}/S_{\beta_1\mu_2}$，$S_{\beta_1\mu_2}=\sqrt{\widehat{\beta_1}^2 {S_{\mu_2}}^2+\widehat{\mu_2}^2 {S_{\beta_1}}^2}$，$\widehat{\beta_1}$、$\widehat{\mu_2}$ 分别为 β_1、μ_2 的估计量，S_{β_1}、S_{μ_2} 分别为 $\widehat{\beta_1}$、$\widehat{\mu_2}$ 的标准误。具体检验程序见图4－2。

$$RD_{i,j,t}=\mu_0+\mu_1\, tax_{i,j,t}+\mu_2\, W_{i,j,t}+Z_{i,j,t}\theta+\theta_i+\gamma_j+\lambda_t+\varepsilon_{i,j,t} \tag{4-12}$$

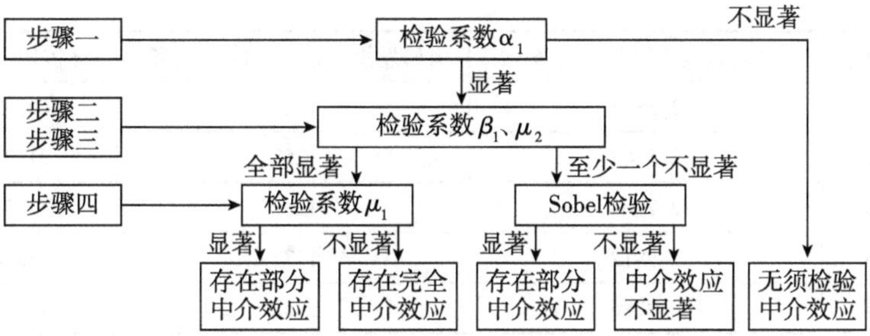

图 4－2　中介效应检验程序

最后，内生性讨论和稳健性检验，采用更换变量法、更换模型法等方法对研究结论的稳健性进行检验，并在研究税收激励对企业技术创新的影响效应和传导机制的基础上，进一步研究税收激励政策的长期性，以及税收激励对创新资源扭曲性、技术创新外溢性、绿色技术创新、技术创新质量等方面的影响。

4.2.4　描述性统计结果

主要变量的描述性统计结果见表 4－2 和表 4－3。由表 4－2 可以看出，我国企业平均研发投入强度逐年增加，但数值仍不高，大概接近 3%。有研发投入的企业数量基本逐年递增，2017 年，占样本总量的 76.47%。由表 4－3 可知，研发决策均值为 0.3332，表明我国参与研发投入的企业数量虽然有了大幅提升，但真正选择高研发投入决策的企业却较少，大部分企业选择的是低于行业平均研发投入的低研发投入决策。专利申请数量平均为 67.5，但中位数仅为 9，各企业之间差异较大。我国所得税占总税收的比约为 25.68%，与发达国家相比，占比较低，企业实际所得税税率平均为 20.92%，低于法定企业所得税税率 25%，说明税收激励给企业带来较大实惠。

表 4－2　我国企业 2010—2017 年研发投入情况

年份	平均研发投入强度（%）	有研发投入企业的数量（家）	占比（%）
2010	0.9256	428	24.2081
2011	1.0017	418	23.6425
2012	2.2439	1199	67.8167

续表

年份	平均研发投入强度（%）	有研发投入企业的数量（家）	占比（%）
2013	2.3315	1227	69.4005
2014	2.5482	1259	71.2104
2015	2.7064	1286	72.7376
2016	2.8812	1331	75.2828
2017	2.9786	1352	76.4706

表4-3 主要变量描述性统计结果

变量	样本	均值	中位数	标准差	最小值	最大值
decision	14144	0.3332	0.0000	0.4714	0.0000	1.0000
RDI	14144	2.2021	0.5100	4.3833	0.0000	151.6100
patent	14144	67.5047	9.0000	320.8370	0.0000	8039.0000
new	14144	0.4184	0.0000	0.4933	0.0000	1.0000
TS	14144	25.6843	23.7407	9.5298	12.7531	61.1421
IT	14144	6.5022	4.2463	6.8902	1.5368	33.0516
ATB	14144	0.2092	0.1680	0.5858	0.0000	37.2724
gro	14143	0.2026	0.0919	0.9489	-1.0000	47.9275
LS	14144	1.7977	2.0000	0.4018	1.0000	2.0000
age	14144	2.7208	2.8332	0.4221	0.0000	3.6109
size	14126	21.5488	21.4603	1.6125	9.0442	28.6889
nature	14144	0.5139	1.0000	0.4998	0.0000	1.0000
ROA	14143	0.0439	0.0311	0.9527	-8.4626	108.3657
TAR	14143	0.9323	0.9598	0.0926	0.1050	1.0000
first	14144	35.2643	33.1750	15.6011	0.2900	89.9900
board	14144	2.1652	2.1972	0.2002	1.0986	2.8904
ln*sub*	14144	15.0961	16.1648	4.4955	0.0000	23.1148
ln*pgdp*	14144	10.9033	10.9271	0.4441	9.4818	11.7675
PRI	14144	6.9766	7.1300	1.6137	-6.7500	9.5200

4.3 综合税收激励政策对企业技术创新的影响效应

4.3.1 结构性减税对企业技术创新的影响

表4-4报告了结构性减税对企业技术创新“研发决策—研发投入—中间产出—最终产出”四个阶段的影响结果。其中，研发投入和中间产出采用的是双固定效应面板模型；研发决策和最终产出采用的是Logit模型，该变量系数越大表示*RD*取值为1的概率越大，即选择高研发投入和新产品投入市场的概率越大。由回归结果可以看出，结构性减税对研发投入、中间产出和最终成果的影响均显著为正，即针对税负较高的地区，税制结构越合理越有利于企业技术创新，结构性减税能够促进企业技术创新。结构性减税对研发投入强度影响最为显著，对中间产出和最终产出影响显著程度减弱，但结构性减税对研发决策的影响并不显著。结构性减税可以引导企业增加研发投入，甚至促进研发成果转化，但并不会促使企业选择高研发投入。从控制变量来看，各指标也都较为显著，总资产增长率对研发决策和中间产出影响均显著，企业发展能力越强眼光越长远，越会选择高研发投入，积极参与研发活动；企业年龄和规模不利于企业选择高研发投入和增加研发投入，年轻企业在技术创新方面反而更有活力；“两职合一”虽然有利于企业研发投入但并不利于研发成果的转化，公司治理的研究者往往认为“两职分离”是更佳的领导权结构（Yu and Ashton，2015；朱滔、丁友刚，2016）[316-317]，是有利于企业技术创新的；第一大股东占比越大越不利于企业技术创新水平的提升，而政府补助显著有利于企业技术创新各个阶段。

表4-4 结构性减税对企业技术创新的影响结果

变量	*RD* = *decision*	*RD* = *RDI*	*RD* = *patent*	*RD* = *new*
	(1)	(2)	(3)	(4)
TS	0.0113	-0.00133	-0.00718	-0.0386
	(0.0357)	(0.00369)	(0.00707)	(0.0284)

续表

变量	RD = decision	RD = RDI	RD = patent	RD = new
	(1)	(2)	(3)	(4)
IT	-0.0528	-0.0353 **	-0.0439	-0.206
	(0.167)	(0.0166)	(0.0317)	(0.126)
TS × *IT*	0.000804	0.000565 ***	0.000827 **	0.00359 **
	(0.00216)	(0.000217)	(0.000416)	(0.00162)
gro	0.0523 *	0.00480	0.0267 ***	-0.0112
	(0.0293)	(0.00410)	(0.00785)	(0.0255)
LS	0.215 *	0.0330 **	-0.0622 **	0.0932
	(0.122)	(0.0143)	(0.0274)	(0.0976)
age	-2.510 ***	-0.325 ***	0.249 ***	-1.049 ***
	(0.360)	(0.0432)	(0.0826)	(0.294)
size	-0.505 ***	-0.0560 ***	0.226 ***	0.176 ***
	(0.0661)	(0.00676)	(0.0129)	(0.0573)
nature	0.0230	-0.0966 ***	0.0131	0.254
	(0.277)	(0.0320)	(0.0613)	(0.233)
ROA	-0.152	-0.00840 **	-0.0178 **	0.0759
	(0.239)	(0.00400)	(0.00765)	(0.285)
TAR	0.318	-0.529 ***	-0.155	-0.148
	(0.542)	(0.0686)	(0.131)	(0.463)
first	0.00273	-0.00123 *	-0.00395 ***	-0.00739 *
	(0.00538)	(0.000649)	(0.00124)	(0.00440)
board	0.0569	0.133 ***	0.0570	0.726 ***
	(0.323)	(0.0383)	(0.0732)	(0.270)
ln*sub*	0.0825 ***	0.00567 ***	0.0136 ***	0.0453 ***
	(0.0131)	(0.00127)	(0.00242)	(0.0108)
ln*pgdp*	0.193	0.221 ***	0.123	0.0879
	(0.655)	(0.0711)	(0.136)	(0.525)
PRl	0.0527	0.0138	-0.0237	0.0624
	(0.0947)	(0.00984)	(0.0188)	(0.0730)
ind	0.00906 *	0.000319	-0.00661 ***	-0.00845 **
	(0.00486)	(0.000543)	(0.00104)	(0.00410)

续表

变量	*RD* = *decision*	*RD* = *RDI*	*RD* = *patent*	*RD* = *new*
	(1)	(2)	(3)	(4)
_cons		0.155	−4.206***	
		(0.792)	(1.516)	
N	7334	14125	14125	7908
R − *sq*	—	0.296	0.175	—
时间	是	是	是	是
个体	是	是	是	是

注：*** 表示在 1% 水平上显著，** 表示在 5% 水平上显著，* 表示在 10% 水平上显著，括号内为标准差（下同）。

4.3.2 实质性减税对企业技术创新的影响

表 4－5 报告了实质性减税对企业技术创新的影响结果。可以看出，实质性减税对研发投入、中间产出和最终产出的影响均显著，且系数为负，即增加企业实际税负不利于企业技术创新水平的提升，其中对中间产出的影响最为显著，最终产出次之，研发投入强度显著性最低，但与结构性减税相同，实质性减税对研发决策的影响也不显著。结合结构性减税对企业技术创新的影响结果，综合来看，税收激励可以引导企业增加研发投入，甚至促进研发成果转化，但税收激励并不会促使企业选择高研发投入，在引导企业选择高研发投入方面还需继续深化改革。结构性减税对研发投入影响的显著性更高，实质性减税对中间产出和最终产出影响的显著性较高，结构性减税更有利于引导企业增加研发投入，实质性减税则更有利于企业技术创新向下一阶段推进。税收激励对企业技术创新具有正向促进作用，但企业技术创新所处阶段不同，税收激励效果呈现差异，这验证了假设 H1。

表 4－5 实质性减税对企业技术创新的影响结果

变量	*RD* = *decision*	*RD* = *RDI*	*RD* = *patent*	*RD* = *new*
	(1)	(2)	(3)	(4)
ATB	−0.267	−0.0515*	−0.133***	−0.503**
	(0.238)	(0.0269)	(0.0514)	(0.211)

续表

变量	RD = decision	RD = RDI	RD = patent	RD = new
	(1)	(2)	(3)	(4)
gro	0.0533 *	0.00490	0.0268 ***	-0.0109
	(0.0294)	(0.00410)	(0.00785)	(0.0254)
LS	0.211 *	0.0333 **	-0.0621 **	0.0961
	(0.122)	(0.0143)	(0.0273)	(0.0976)
age	-2.488 ***	-0.315 ***	0.263 ***	-0.982 ***
	(0.357)	(0.0430)	(0.0823)	(0.293)
size	-0.500 ***	-0.0552 ***	0.228 ***	0.177 ***
	(0.0659)	(0.00678)	(0.0130)	(0.0572)
nature	0.0166	-0.0993 ***	0.0103	0.245
	(0.277)	(0.0320)	(0.0612)	(0.234)
ROA	-0.141	-0.00830 **	-0.0177 **	0.110
	(0.231)	(0.00400)	(0.00765)	(0.287)
TAR	0.340	-0.519 ***	-0.133	-0.0592
	(0.541)	(0.0686)	(0.131)	(0.462)
first	0.00258	-0.00121 *	-0.00390 ***	-0.00687
	(0.00537)	(0.000648)	(0.00124)	(0.00440)
board	0.0573	0.133 ***	0.0580	0.753 ***
	(0.322)	(0.0383)	(0.0732)	(0.270)
lnsub	0.0824 ***	0.00567 ***	0.0136 ***	0.0448 ***
	(0.0131)	(0.00127)	(0.00242)	(0.0107)
lnpgdp	0.181	0.206 ***	0.0893	-0.0126
	(0.649)	(0.0701)	(0.134)	(0.516)
PRl	0.0439	0.00728	-0.0326 *	0.0231
	(0.0899)	(0.00947)	(0.0181)	(0.0694)
ind	0.00890 *	0.000279	-0.00670 ***	-0.00913 **
	(0.00486)	(0.000543)	(0.00104)	(0.00410)
_cons		0.185	-4.145 ***	
		(0.782)	(1.496)	
N	7334	14125	14125	7908
R - sq	—	0.296	0.175	—
时间	是	是	是	是

续表

变量	RD = decision	RD = RDI	RD = patent	RD = new
	(1)	(2)	(3)	(4)
个体	是	是	是	是

4.4　综合税收激励政策对企业技术创新的传导机制

我国现有税收激励政策主要集中于研发投入阶段。从理论来看，研发投入的增加能够促进创新中间产出和最终产出的增加，即研发投入是能够成功向产成品阶段转化的，这一点亦通过实证方法得到证实，故在传导机制实证研究部分，本章将重点针对实质性减税指标研究其对研发投入的传导机制。

4.4.1　融资约束机制

表4-6列（2）~列（3）为融资约束机制的回归结果，实质性减税能够促进企业研发投入的增加，在4.3节已得到验证，为方便对比将结果展示在列（1）。由列（2）可知实质性减税对融资约束指标影响不显著，列（3）可知融资约束是影响企业技术创新的重要因素，且融资约束与研发投入强度负相关，企业融资约束不利于研发投入的增加，与理论分析是一致的。这说明研发投资可能面临融资约束问题，且融资约束限制企业技术创新，存在融资约束企业的研发投入强度不足，金融发展有利于企业技术创新，缓解融资约束能提升企业技术创新水平。根据中介效应模型，进一步进行Sobel检验，得到Z统计量为-2.955，且在1%的显著水平下显著。综合来看，存在以融资约束为中介变量的中介效应。

4.4.2　人力资源机制

人力资源是企业技术创新最为重要的资源投入，直接决定着研发成败。表4-6列（4）和列（5）为人力资源机制的回归结果，研发人员数量占比作为人力资源的代理变量，研发人员数量的增加会显著促进企业研发投入的增加，但税收激励对研发人员数量占比的影响却不显著，通过Sobel检验得知，Z统计量为-6.183，且在1%的显著水平下显著。随着企业实际税负的增加，研发人员数量占比会显著下降，进而不利于研发投入的增加。因此，显著存在以研发人员数量占比为中介变量的中介效应。税收激励影响着企业对研发人员的投资，包括培训、工资、社保等，在税收激励的影响下，企业更有动力开展人员培训，引入更多更高技能人才，企业也有资本吸引更多高端的创新型人才加入，防止人才外流。

表4-6　融资约束机制与人力资源机制

变量	*RDI*	融资约束机制		人力资源机制	
		FCS	*RDI*	*RDP*	*RDI*
	(1)	(2)	(3)	(4)	(5)
ATB	-0.0515*	-0.0839	-0.0522*	-0.00776	-0.0500*
	(0.0269)	(0.0682)	(0.0269)	(0.0430)	(0.0256)
FCS			-0.00892**		
			(0.00354)		
RDP					0.190***
					(0.00535)
gro	0.00490	0.0227**	0.00510	-0.0115*	0.00708**
	(0.00410)	(0.0104)	(0.00410)	(0.00657)	(0.00391)
LS	0.0333**	0.0861**	0.0341**	0.0730***	0.0195
	(0.0143)	(0.0363)	(0.0143)	(0.0229)	(0.0136)
age	-0.315***	1.864***	-0.299***	0.976***	-0.501***
	(0.0430)	(0.109)	(0.0435)	(0.0689)	(0.0413)
size	-0.0552***	-0.268***	-0.0576***	0.000492	-0.0553***
	(0.00678)	(0.0172)	(0.00685)	(0.0109)	(0.00646)
nature	-0.0993***	0.612***	-0.0939***	0.0625	-0.111***
	(0.0320)	(0.0812)	(0.0321)	(0.0513)	(0.0305)
ROA	-0.00830**	-0.0414***	-0.00867**	0.00321	-0.00891**
	(0.00400)	(0.0101)	(0.00400)	(0.00640)	(0.00381)
TAR	-0.519***	-0.670***	-0.524***	-1.515***	-0.231***
	(0.0686)	(0.174)	(0.0686)	(0.110)	(0.0658)

续表

变量	*RDI*	融资约束机制		人力资源机制	
		FCS	*RDI*	*RDP*	*RDI*
	(1)	(2)	(3)	(4)	(5)
first	-0.00121 *	0.00633 ***	-0.00115 *	-0.00353 ***	-0.000539
	(0.000648)	(0.00165)	(0.000648)	(0.00104)	(0.000618)
board	0.133 ***	-0.00666	0.133 ***	0.116 *	0.111 ***
	(0.0383)	(0.0972)	(0.0383)	(0.0613)	(0.0365)
ln*sub*	0.00567 ***	0.00680 **	0.00573 ***	0.00289	0.00512 ***
	(0.00127)	(0.00322)	(0.00127)	(0.00203)	(0.00121)
ln*pgdp*	0.206 ***	-0.574 ***	0.201 ***	0.759 ***	0.0623
	(0.0701)	(0.178)	(0.0702)	(0.112)	(0.0669)
PRl	0.00728	-0.0150	0.00715	-0.0295 *	0.0129
	(0.00947)	(0.0240)	(0.00947)	(0.0152)	(0.00902)
ind	0.000279	-0.0194 ***	0.000106	0.000767	0.000133
	(0.000543)	(0.00138)	(0.000547)	(0.000870)	(0.000518)
_cons	0.185	7.654 ***	0.253	-9.024 ***	1.898 **
	(0.782)	(1.987)	(0.783)	(1.253)	(0.747)
N	14125	14125	14125	14125	14125
R-sq	0.296	0.101	0.296	0.620	0.361
时间	是	是	是	是	是
个体	是	是	是	是	是

4.4.3 公司治理机制

从理论来看，税收具有公司治理作用，针对企业内部，企业管理层会根据税收激励政策做出反应，进而影响其对公司的治理行为。在税收激励政策的引导下，企业管理层为提升企业长期竞争力，选择加强技术创新。直接度量管理层行为比较困难，借鉴郝项超等（2018）[318]的研究，通过考察税收激励对盈余管理的影响来研究税收激励的公司治理机制。表4-7列（2）~列（3）为公司治理机制的回归结果，可以看出，随着企业实际税负的增加，企业盈余管理程度逐渐下降，而盈余管理越严格越不利于研发投入的增加，不少文献将这种现象称为“遮掩效应”（suppressing effect）。

对遮掩变量进行控制，则会使自变量对因变量的作用力变大，税收激励会使企业盈余管理程度增强，说明我国税收激励政策还存在低效率的情况，在促进企业增加研发投入的同时，也有一些企业会利用税收激励政策，加大盈余管理，虽然企业研发投入增加，但可能对研发成果转化、创新质量提升并未起到有效促进作用。

4.4.4 风险共担机制

企业所承担的风险是影响企业技术创新的重要因素，表 4－7 列（4）～列（5）为风险共担机制的回归结果。列（5）显示企业承担的风险水平越高越不利于研发投入的增加，企业风险承担水平（*riskt*）的系数显著为负，说明企业承担风险水平与研发投入两者之间呈负相关，即随着企业承担风险水平的增加，研发投入下降。企业开展技术创新活动需要承担巨大的风险，研发初期更需要投入大量资本，但研发成果不确定，存在研发失败的可能，面临承担损失的风险。列（4）显示实质性减税对风险承担水平的影响不显著，再次对其进行 Sobel 检验得知，Z 统计量为 0.8771，并不显著，即风险共担机制不显著。整体来看，税收激励主要通过融资约束机制、人力资源机制影响企业技术创新，资金和人才是影响企业技术创新的两个最为重要的因素，而税收激励主要通过缓解以上两因素产生的问题促进企业技术创新，公司治理和风险共担机制不显著，说明税收激励政策和相关传导渠道还有待改进优化。

表 4－7 公司治理机制与风险共担机制

变量	*RDI*	公司治理机制			风险共担机制
		EM	*RDI*	*riskt*	*RDI*
	(1)	(2)	(3)	(4)	(5)
ATB	−0.0515 *	−0.162 ***	−0.0591 **	−0.0616	−0.0429
	(0.0269)	(0.0498)	(0.0266)	(0.0555)	(0.0311)
EM			−0.0326 ***		
			(0.00485)		
riskt					−0.0121 **
					(0.00598)

续表

变量	RDI	公司治理机制			风险共担机制
		EM	RDI	riskt	RDI
	(1)	(2)	(3)	(4)	(5)
gro	0.00490	0.0520***	0.00597	0.00183	0.00776
	(0.00410)	(0.00771)	(0.00412)	(0.0107)	(0.00601)
LS	0.0333**	-0.00135	0.0369***	-0.190***	0.0453**
	(0.0143)	(0.0267)	(0.0143)	(0.0334)	(0.0187)
age	-0.315***	0.0662	-0.418***	0.147	-0.257***
	(0.0430)	(0.0939)	(0.0501)	(0.100)	(0.0563)
size	-0.0552***	0.119***	-0.0486***	-0.110***	-0.0443***
	(0.00678)	(0.0127)	(0.00678)	(0.0163)	(0.00914)
nature	-0.0993***	-0.0355	-0.0814**	-0.0644	-0.0989**
	(0.0320)	(0.0597)	(0.0319)	(0.0745)	(0.0418)
ROA	-0.00830**	0.0123*	-0.00787**	0.312***	-0.00375
	(0.00400)	(0.00736)	(0.00393)	(0.00737)	(0.00453)
TAR	-0.519***	0.159	-0.536***	0.505***	-0.259***
	(0.0686)	(0.128)	(0.0685)	(0.174)	(0.0978)
first	-0.00121*	0.00243**	-0.00129**	0.00210	-0.00137
	(0.000648)	(0.00121)	(0.000643)	(0.00160)	(0.000895)
board	0.133***	-0.0230	0.116***	0.131	0.179***
	(0.0383)	(0.0712)	(0.0380)	(0.0896)	(0.0503)
lnsub	0.00567***	-0.00450*	0.00525***	-0.0116***	0.00206
	(0.00127)	(0.00236)	(0.00126)	(0.00312)	(0.00175)
lnpgdp	0.206***	0.0109	0.244***	0.0188	0.251**
	(0.0701)	(0.131)	(0.0700)	(0.211)	(0.118)
PRl	0.00728	0.00371	0.00821	-0.0164	0.0143
	(0.00947)	(0.0177)	(0.00945)	(0.0216)	(0.0121)
ind	0.000279	0.000541	0.000365	-0.00489***	0.000680
	(0.000543)	(0.00101)	(0.000540)	(0.00122)	(0.000684)
_cons	0.185	-7.251***	-0.190	1.839	-1.036
	(0.782)	(1.465)	(0.782)	(2.329)	(1.306)
N	14125	13885	13885	10589	10589
R-sq	0.296	0.034	0.299	0.187	0.304

续表

变量	RDI	公司治理机制			风险共担机制
		EM	RDI	riskt	RDI
	(1)	(2)	(3)	(4)	(5)
时间	是	是	是	是	是
个体	是	是	是	是	是

4.5 内生性讨论与稳健性检验

内生性讨论，模型遗漏变量和反向因果关系是可能存在的两种内生性问题。针对前者，在模型设定时已尽可能控制影响企业技术创新的主要因素，但仍可能存在遗漏变量的问题，导致模型估计结果有偏。针对后者，税收激励可改变企业的行为，但是企业针对税收激励政策的创新行为，无论是增加还是降低创新投资，都会反过来影响税收政策的制定，即政府制定税收激励政策时，也会根据企业技术创新情况有针对性地制定政策。因此，可能存在反向因果关系。为尽可能缓解模型内生性问题的影响，拟采用多种方法进行稳健性检验。

4.5.1 更换变量法

①更换企业技术创新研发投入决策阶段代理变量，即企业决策是否进行研发投入（*decision2*），同样采用哑变量方式，当研发投入金额大于0时，为其赋值为1，表示企业进行研发投入；反之，则赋值为0，表示企业不进行研发投入。检验结果如表4－8列（1）和列（2）所示，由回归结果可知，税收激励系数均不显著，对于已经开展研发创新的企业，税收激励能够促进企业提升技术创新水平，但税收激励并不能决定企业开展与不开展研发活动，进一步说明税收激励对企业研发决策的影响不显著。②采用收到的税费返还与营业收入之比（*return*）作为实质性减税指标的代理变量。回归结果见表4－8列（3）～列（6），实质性减税能够促进企业增加研发投入和中间产出，但最终产出不显著，再采用（支付的各项税费－

收到的税费返还）/营业收入（*TP*）检验，发现税收激励能够显著增加最终产出。研究结果具有一定稳健性，但研发成果转化方面的税收激励仍值得关注。

表 4-8 更换变量稳健性检验结果

变量	*decision* = *decision2*		*ATB* = *return*				*ATB* = *TP*
	RD = *decision*		*RD* = *decision*	*RD* = *RDI*	*RD* = *patent*	*RD* = *new*	*RD* = *new*
	(1)	(2)	(3)	(4)	(5)	(6)	(7)
TS	0.0569						
	(0.0438)						
IT	-0.124						
	(0.226)						
TS × *IT*	0.000667						
	(0.00289)						
ATB		-0.296	5.617**	1.547***	2.317***	2.183	-1.786***
		(0.284)	(2.854)	(0.388)	(0.742)	(2.765)	(0.690)
控制变量	是	是	是	是	是	是	是
N	8834	8834	7334	14125	14125	7908	7908
R-*sq*				0.296	0.176		
时间	是	是	是	是	是	是	是
个体	是	是	是	是	是	是	是

4.5.2 更换模型法

①被解释变量研发投入强度和专利申请量指标存在较多零值，所以建立 Tobit 模型进行稳健性检验。②修正 Logit 模型。Logit 模型在回归过程中存在样本损失，这可能与被解释变量等于 1 的数量较少有关，考虑再使用非对称的“极值分布”，得到“补对数—对数模型”，对研发决策和最终产出进行稳健性检验。表 4-9 为稳健性检验的结果，更换为 Tobit 模型后，税收激励对企业研发投入强度和专利申请量的影响均显著，综合税收激励政策有利于企业技术创新水平的提升。修正后的 Logit 模型则表示综合税收激励政策能够促进最终产出的转化，进一步验证研究结论的稳健性。

表 4-9 更换模型法稳健性检验

变量	Tobit 模型				修正 Logit	
	RD = RDI	*RD = patent*	*RD = RDI*	*RD = patent*	*RD = new*	*RD = new*
	(1)	(2)	(3)	(4)	(5)	(6)
ATB	-0.149***	-0.256***			-0.501***	
	(0.0416)	(0.0709)			(0.142)	
TS			-0.00122	-0.00659		-0.00568
			(0.00463)	(0.00821)		(0.0128)
IT			-0.0373***	-0.0695***		-0.131***
			(0.0140)	(0.0256)		(0.0323)
TS × IT			0.000624***	0.00125***		0.00224***
			(0.000210)	(0.000379)		(0.000523)
控制变量	是	是	是	是	是	是
sigma_u	0.977***	1.882***	0.980***	1.886***		
	(0.0210)	(0.0374)	(0.0211)	(0.0374)		
sigma_e	0.514***	0.994***	0.514***	0.993***		
	(0.00437)	(0.00778)	(0.00437)	(0.00778)		
ln*sig2u*					1.119***	1.124***
					(0.0615)	(0.0615)
N	14125	14125	14125	14125	14125	14125
R - sq						
时间	是	是	是	是	是	是
个体	是	是	是	是	是	是

4.6 进一步研究

4.6.1 综合税收激励政策对企业技术创新的长期影响

从理论来看，税收激励对企业技术创新的长期正向促进作用可能大于短期（Bloom et al.，2002；Guellec and Bruno，2003）[319]，政策的制定、宣传、实施等需要一定时间；企业对政策的反应也需要时间，而且企业技术创新具有长期性，从研发投入到成果转化，再到真正为企业带来收益，需要较长的时间，即税收激励对企业技术创新的长期正向促进作用可能大于短期。但从另一角度来看，税收激励对企业技术创新的长期正向促进作用可能不足，我国企业研发相关税收激励主要在研发投入阶段，虽然创新有利于提升企业的价格驱动和质量驱动竞争力（Klette and Griliches，2010）[320]，但因为管理层短视、委托—代理等问题的存在，长时间以后企业研发积极性可能不高。与短期相比，企业在长期更易受融资约束、宏观经济、税收政策不确定等因素的影响，也易面临资金链断裂、研发失败等风险。因此，需进一步研究税收激励对企业技术创新的长期影响，建立模型（4-13），其中 $m=0$、1、2，分别表示第 t 期、第 $t+1$ 期、第 $t+2$ 期。

$$\ln(RD_{i,j,t+m}+1)=\alpha_0+\alpha_1\ln tax_{i,j,t}+Z_{i,j,t}\beta+\theta_i+\gamma_j+\lambda_{t+m}+\varepsilon_{i,j,t+m} \tag{4-13}$$

根据表4-10的回归结果，结构性减税和实质性减税在第三期对企业技术创新的影响均变得不显著，两者相比，结构性减税对企业技术创新的激励效应反而比实质性减税更持久一些，可能是因为结构性减税从根本上改变了税制结构，对税收制度的调整触及其根本。由此可以看出，我国税制结构存在问题，只有对其改革才有利于企业技术创新，乃至经济的长期高质量发展。税收激励对企业技术创新的长期正向促进效应可能不足，究其原因，可能是受到以下因素的影响：一是企业在长期更易受融资限制，长期借款面临的风险大、不确定性高，一般金融机构不愿放长期借款，但企业技术创新需要长期稳定的现金流，企业在长期面临的不确定性更大，税收激励效果也将大打折扣。二是管理层短视行为普遍存在（Stein，1988）[321]，管理者短视导致企业对长期研究项目投资不足（Budish et al.，2015）[322]，企业管理者可能更多地注重短期效益而忽视创新（Caggese，2012）[323]，而且在股东与管理层的代理冲突和信息不对称的影响下，管理层为追求短期利益可能更倾向于投资房地产、金融领域等，企业技术创新投资则被挤出（Orhangazi，2008）[324]或推迟（Demir，2009）[325]。企业技术创新周期长，与之相比管理者任期较短，任期内很难带来即期收入，管理者创新积极性不足（吴延兵，2012）[326]，而且管理者受自身条件限制，其自主创新意识也可能不足，这使其将利益重心集中于短期，易导致企业将有限的资金投资于回报率更高的项目，反而对需要持续投入、回报率低的技术创新投入较少，从而影响税收激励对企业技术创新的长期正向促进效应。

表 4-10　综合税收激励政策对企业技术创新长期影响的回归结果

变量	研发投入（*RD*=*RDI*）					
	当年（*t*）	第二年（*t*+1）	第三年（*t*+2）	当年（*t*）	第二年（*t*+1）	第三年（*t*+2）
	(1)	(2)	(3)	(4)	(5)	(6)
TS	-0.00133	-0.00280	-0.0000184			
	(0.00369)	(0.00384)	(0.00362)			
IT	-0.0353**	-0.0215	-0.00281			
	(0.0166)	(0.0173)	(0.0165)			
TS×*IT*	0.000565***	0.000480**	0.000192			
	(0.000217)	(0.000218)	(0.000208)			
ATB				-0.0515*	-0.0373	-0.0151
				(0.0269)	(0.0265)	(0.0229)
控制变量	是	是	是	是	是	是
N	14125	12357	10589	14125	12357	10589
R-*sq*	0.296	0.249	0.049	0.296	0.248	0.048
时间	是	是	是	是	是	是
个体	是	是	是	是	是	是

4.6.2　综合税收激励政策对企业技术创新要素资源扭曲性的影响

从理论来看，有效的税收激励能够缓解征税给资源带来的扭曲，进而带动整个行业技术创新水平的提升；但也有学者指出税收激励可能会改变要素的相对价格，使创新相关要素价格下降，其他要素价格则相对上涨，对要素市场造成更大程度的扭曲，而要素市场扭曲会对企业研发投入产生抑制效应（张杰等，2011）。税收激励是否会导致资源错配，对创新资源造成扭曲，需要进一步深入研究。为研究税收激励对要素市场扭曲程度的影响，借鉴林伯强和杜克锐（2013）[327]等的研究，引入要素市场扭曲程度指标（*FD*）。该指标等于（要素市场进化程度最大值-要素市场市场化进程程度指数）/要素市场进化程度最大值，指标数值越大表示要素市场扭曲程度越高，其中要素市场进化程度指标同产权制度指标均来自王小鲁等所编制的《中国分省份市场化指数报告》。表4-11列(1)和列(2)为税收激励对企业技术创新资源扭曲性影响的回归结果，结构性减税指标系数为负，说明针对所得税税负越高的区域，税制结构越趋于合理，要素市场扭曲程度越低，结构性减税可以缓解税收给资源要素市场带来的扭曲，结构性问题依然是我国税制改革需要注意的问题。实质性减税对创新资源扭曲性的影响不显著，没有证据表明实质性减税会带来资源扭曲。

4.6.3 综合税收激励政策对企业技术创新外溢性的影响

根据内生增长理论，创新外溢性对企业生产具有显著的正向影响（Aiello and Cardamone，2008）[328]，对经济增长起着尤为重要的作用。为研究税收激励对企业技术创新外溢性的影响，借鉴陆国庆（2014）的研究引入外溢效应指标（*spill*），企业技术创新外溢效应不仅与企业本身的研发投入有关，还与其所在区域的创新环境密切相关，因此，该指标用企业当年研发费用与上年研发费用的85%之和，再乘以当年区域创新综合系数来表示，其中区域创新综合指数来自中国科技发展战略研究小组发布的《中国区域创新能力评价报告》（2019）[329]，采用Tobit模型估计。表4-11列(3)和列(4)汇报了税收激励对企业技术创新外溢性影响的回归结果，结构性减税和实质性减税对企业技术创新的外溢性影响均显著，即税收激励在促进企业增加研发投入，开展创新活动的同时，也会产生外溢效应，对其所在行业甚至区域创新产生正向促进作用。一方面，同行业企业具有竞争关系，在其他企业开展技术创新，推出创新产品的情况下，企业为了存活以及获得更多利益，不得不通过创新提升企业竞争力；另一方面，企业技术创新具有知识外溢性，当某企业开展创新活动并推出产品后，其他企业会在此基础上模仿、改进、继续创新，可替代性新技术将不断涌现，进而推出更多创新产品，企业技术创新水平在此过程中将得到提升。

4.6.4 综合税收激励政策对企业技术创新绿化性的影响

在高质量发展阶段下，促进企业技术创新的税收激励政策不能忽视绿化性，技术创新水平的提升不能以伤害环境为代价，而是要通过绿色技术创新，不断改变传统的以环境为代价的生产方式，税收激励政策也应从鼓励绿色技术创新着手。为研究企业技术创新的绿化性，引入企业技术创新绿化性指标（*greenRD*），同齐绍洲等（2018）[330]采用企业绿色专利授权数据为代理变量，该数据根据 WIPO 推出的国际专利分类绿色清单比对而来，通过负二项分布模型得到回归结果，具体见表 4 - 11 列（5）和列（6）。整体来看，结构性减税对企业技术创新绿化性具有正向促进作用，虽然绿色技术创新在短期内增加了企业投资成本，但税收激励在一定程度上进行弥补。企业为了获得税额减免，在采购设备时可能会更愿意选择具有环保功能的设备，而且为了履行企业社会责任，愿意通过绿色技术创新提高生产率，减少污染排放。这说明结构性调整对企业技术创新绿化发展是有效的。随着我国经济增长由高速增长向高质量发展转变，人们对环境保护的重视程度越来越高，我国在“营改增”的同时，开征环境保护税，对资源税改革，特别是环保税的引入，进一步完善了我国的税制结构，弥补了我国现有税制中与环境保护相关税种的不足。但也应该看到，税收激励政策组合对企业技术创新绿化性的影响有限，深化税制结构改革仍是下一步改革的重点。除了与环境直接相关的环保税、资源税等，我国在其他税种中有一些与环境相关的税收激励政策，主要与购置或采用环境保护设备、从事环境保护相关项目所得等相关。

表 4 - 11　综合税收激励政策对企业技术创新扭曲性、外溢性、绿化性的影响结果

变量	扭曲性 *RD* = *FD*		外溢性 *RD* = *spill*		绿化性 *RD* = *greenRD*	
	(1)	(2)	(3)	(4)	(5)	(6)
TS	-0.0112***		-0.0364		-0.00601	
	(0.000534)		(0.0611)		(0.0153)	
IT	0.0272***		-0.310*		-0.0593	
	(0.00240)		(0.182)		(0.0377)	
TS × *IT*	-0.000294***		0.00452*		0.00130**	
	(0.0000303)		(0.00273)		(0.000561)	
ATB		0.000385		-1.157**		0.203
		(0.00378)		(0.546)		(0.134)
控制变量	是	是	是	是	是	是

续表

变量	扭曲性 $RD=FD$		外溢性 $RD=spill$		绿化性 $RD=greenRD$	
	(1)	(2)	(3)	(4)	(5)	(6)
sigma_u			12.53***	12.50***		
			(0.284)	(0.284)		
sigma_e			7.190***	7.192***		
			(0.0620)	(0.0621)		
N	12357	12357	14125	14125	4639	4639
$R-sq$	0.701	0.684				
时间	是	是	是	是	是	是
个体	是	是	是	是	是	是

4.6.5 综合税收激励政策对企业技术创新质量的影响

整体来看，税收激励能够促进企业技术创新，而且税收激励对企业技术创新各阶段影响呈现差异化，但企业是否会为了避税而进行低水平创新，即税收激励是否会降低企业技术创新质量，需要深入研究。鉴于发明专利是对产品和方法的创新，在三类专利申请中含金量较高，且普遍被认可，基于此引入两个创新质量指标：一是把发明专利占专利申请总数量的比（*RDQ*）作为代理变量；二是把发明专利申请数量（*patentfm*）作为代理变量，并采用负二项分布模型回归，即从占比和数量两方面研究企业技术创新质量。表4-12列（1）和列（2）为税收激励对发明专利占比影响的回归结果，列（3）和列（4）为税收激励对发明专利申请数量影响的回归结果。整体来看，税收激励对企业技术创新质量的影响不理想，税收激励对企业技术创新质量的促进效应微弱且不具备稳健性。对企业来说，开展技术创新活动最终目的是能让企业长久发展，提升企业经营绩效，但税收激励对企业技术创新质量的激励效应不足，可能受到以下因素影响：一是企业资金有限，为了短期利益或者受管理层短视等因素影响，企业将资金投向回报率更高回收期更短的项目；二是可能存在较高的调整成本，企业开展高质量创新需要较高投入，导致企业的惰性；三是在税收激励政策的影响下，企业为了“更快更便捷”地获得更多税收优惠，将更多的资金留在公司可能产生研发操纵行为，或者开展低质量创新即可满足政策需求，并未真正提升企业技术创新水平。企业为了获得减税资格，可能会将非研发费用重新标记为研发费用（Chen et al.，2021）[331]，虽然企业研发投入水平提升，但对实质性创新产生的正向促进作用可能较小或不显著，进而导致税收激励政策实际效果被高估。

4.6.6 综合税收激励政策对企业研发操纵的影响

有的研究指出企业为了避税、获得高新技术企业认定等更多优惠，可能会在税收激励的影响下，利用优惠政策、会计处理方法等对研发创新进行操纵（吴祖光等，2013）。为检验税收激励是否会导致企业研发操纵，同杨国超等（2017）构建研发操纵指标（*RDM*），依据《高新技术企业认定管理办法》，当企业研发支出占企业销售收入之比介于量化标准①（0～1%）时，将其定义为1，即存在研发操纵行为，否则为0。因为*RDM*为二值选择变量，故采用Logit模型回归，具体结果见表4－12列（5）和列（6）。整体来看，无论是结构性减税还是实质性减税并不会导致企业研发操纵行为，并无显著证据显示税收激励会导致企业研发操纵行为，但不排除单一税收激励政策可能导致的研发操纵问题，在下一章将对具体税收激励政策进行深入研究。

表4－12　综合税收激励政策对企业技术创新质量和研发操纵的影响结果

变量	创新质量 *RD*＝*RDQ*		创新质量 *RD*＝*patentfm*		研发操纵 *RD*＝*RDM*	
	(1)	(2)	(3)	(4)	(5)	(6)
TS	−0.00327**		0.00225		0.0294	
	(0.00139)		(0.00570)		(0.0374)	
IT	0.00727		−0.0247*		0.0460	
	(0.00625)		(0.0133)		(0.171)	

① 2008年印发的《高新技术企业认定管理办法》（国科发火〔2008〕172号）规定，最近一年销售收入小于5000万元的，研发投入占销售收入之比不低于6%；在5000万元至2亿元的，比例不低于4%；在2亿元及以上的，不低于3%。2016年1月29日，科技部、财政部、国家税务总局印发修订后的《高新技术企业认定管理办法》（国科发火〔2016〕32号）规定，最近一年销售收入小于5000万元的，研发投入占销售收入之比不低于5%；在5000万元至2亿元的，比例不低于4%；在2亿元及以上的，不低于3%。

续表

变量	创新质量 $RD=RDQ$		创新质量 $RD=patentfm$		研发操纵 $RD=RDM$	
	(1)	(2)	(3)	(4)	(5)	(6)
$TS\times IT$	-0.0000302		0.000410*		-0.00132	
	(0.0000818)		(0.000216)		(0.00235)	
ATB		0.00804		-0.115*		-0.182
		(0.0101)		(0.0595)		(0.278)
控制变量	是	是	是	是	是	是
N	14125	14125	11833	11833	4943	4943
$R-sq$	0.031	0.030				
时间	是	是	是	是	是	是
个体	是	是	是	是	是	是

4.7 本章小结

本章从整体角度出发，以实质性减税和结构性减税为例研究税收激励对企业技术创新的综合效应。首先，分析税收激励政策的相关背景；其次，构建计量经济模型，研究税收激励对企业技术创新各个阶段“研发决策—研发投入—中间产出—最终产出”的影响；再次，研究税收激励对企业技术创新的传导机制；最后，进行内生性讨论和稳健性检验，并从资源扭曲性、外溢性、绿化性等维度研究税收激励对企业技术创新的影响效率。主要研究结果如下：①综合来看，税收激励对企业技术创新具有正向促进作用，但对企业技术创新不同阶段影响效应呈现差异化。结构性减税和实质性减税是我国在不同阶段所采取的不同策略，结构性问题是我国税制一直存在的问题，需要较长时间逐渐调整，而实质性减税是我国现阶段所必需的，两者都可以引导企业增加研发投入，甚至促进研发成果转化。其中结构性减税更有利于引导企业增加研发投入，实质性减税则更有利于企业技术创新向下一阶段推进，但两者都不会促使企业选择高研发投入。②税收激励主要通过融资约束机制和人力资源机制影响企业技术创新，资金和人才是影响企业技术创新的两个最为重要的因素，而税收激励也主要通过缓解这两个因素产生的问题来促进企业技术创新，这验证了假设 H4。整体来看，风险共担机制并不显著，公司治理机制则会产生“遮掩效应”，说明我国税收激励政策在促进企业增加研发投入的同时，有一些企业会利用税收激励政策，加大盈余管理，虽然企业研发投入增加，但可能对研发成果转化、创新质量提升并未起到有效促进作用。③税收激励在促进企业技术创新的同时，存在低效率情况，这可能会削弱税收激励的正向促进效应。税收激励对企业技术创新的长期正向促进效应不足，可能是受到企业长期融资限制和管理层短视等因素的影响，而且税收激励在缓解企业技术创新要素资源扭曲性、引导企业技术创新绿色化，以及提升企业技术创新质量方面还存在不足。以上研究结果在经过稳健性检验后仍成立，具有稳健性。

5 税收激励对企业技术创新特质效应的实证研究

本书第4章研究了税收激励对企业技术创新的综合效应，本章将进一步对税收激励政策细分，从综合政策到单一政策，研究税收激励对企业技术创新的特质效应。本章选取普惠性税收激励中的企业所得税税率优惠、研发费用加计扣除、固定资产加速折旧、个人所得税优惠、增值税优惠，以及区域性税收激励中的西部大开发税收优惠，分别研究以上单一税收激励政策对企业技术创新的影响效应差异，以及不同单一税收激励政策对企业技术创新的传导机制差异。通过对单一税收激励政策的研究，剖析不同税收激励政策的特性，有利于提升税收激励政策有效性。本章还从企业规模异质性、行业异质性等维度探讨税收激励对企业技术创新的特质效应，从而为税收激励政策优化提供实证依据。

5.1 政策背景

5.1.1 关于普惠性税收激励政策

我国普惠性税收激励政策有企业所得税税率优惠（如高新技术企业15%低税率）、税基优惠（如研发费用加计扣除、固定资产加速折旧）、增值税优惠、个人所得税优惠等，其中企业所得税优惠是促进企业技术创新的税收激励政策的核心部分，我国相关税收激励政策也主要集中于企业所得税中。因此，本书对企业所得税优惠细分，分别研究不同政策产生的影响差异。2007年，我国统一内外资企业所得税，出台《中华人民共和国企业所得税法》，其中规定国家重点扶持的高新技术企业减按15%征税，研究开发费用允许加计扣除，由于技术进步等原因确实需要加速折旧的固定资产，可以缩短折旧年限或采取加速折旧的方法。2007 年至今，为进一步推动企业技术创新和产业升级，我国不断对税收激励政策改革，关于税收激励政策的使用更加规范化、法治化。税率优惠方面，国家重点扶持的高新技术企业减按 15% 征税是我国最大的税率优惠，优惠力度大，覆盖范围广，企业争先申请获得高新技术企业资质以获得更多利益。但高新技术企业的认定存在人为因素，企业在资格认定过程中甚至存在费用操控行为（张子余等，2019）[332]。2012 年财税〔2012〕27 号还针对符合要求的集成电路、软件企业给予优惠，包括免征企业所得税和减半征收等。

研发费用加计扣除政策是促进企业技术创新的重头戏，该政策始于 1996 年，最初仅限于国有、集体工业企业。2003 年，财政部、国家税务总局联合发文《关于扩大企业技术开发费加计扣除政策适用范围的通知》（财税〔2003〕244 号），扩大享受研发费用加计扣除的主体。2008 年，国家税务总局下发的《企业研究开发费用税前扣除管理办法（试行）》是我国首次印发企业研发费用规范化管理的具体规定。财政部和国家税务总局分别于 2013 年财税〔2013〕70 号、2015 年财税〔2015〕119 号、2017 年财税〔2017〕34 号、2018 年财税〔2018〕99 号对研发费用加计扣除政策修订与完善。其中，2013 年调整幅度较大，扩大研发加计扣除的范围，企业从事研发活动所发生的专门用于研发活动的仪器、设备的运行维护、调整、检验、维修等费用，以及研发成果的鉴定费用、研发人员五险一金等均纳入税前加计扣除的研发费用范围。2015 年，则进一步明确研究开发人员的范围以及相应费用的扣除。2017 年提高科技型中小企业研发费用税前加计扣除比例，2018 年又将此优惠扩大至所有企业，研发费用加计扣除比例由 50% 提升至 75%，同时委托境外研发所产生的费用也可按此要求加计扣除。根据 2019 年 5 月企业所得税汇算清缴数据，研发费用加计扣除政策共减税 2794 亿元，其中因为扣除比例提升新增减税达 878 亿元①。为更好地贯彻落实研发费用加计扣除优惠政策，我国还强化研发费用口径管理，

① 数据来源：http://www.chinairn.com/hyzx/20190723/155248156.shtml。

国家税务总局于2017年下发40号公告，聚焦于研发费用的归集范围，进一步明确和完善研发费用口径。固定资产加速折旧政策调整频率相对较低，2012年财税〔2012〕27号规定允许集成电路生产企业的生产设备，适当缩短折旧或摊销年限，最短可为3年。但该政策适用范围较窄，集成电路生产企业仅指以单片集成电路、多芯片集成电路等为主营业务的企业，而且限制研发人员占比不能低于20%、集成电路制造销售收入不得低于60%等多个条件。在国发〔2015〕11号和国发〔2015〕27号文下发之后，关于集成电路生产企业、软件企业等税收优惠资格认定等非行政许可审批被取消，关于集成电路企业的认定要求更加详细，也更为规范。自2014年起，固定资产加速折旧政策调整加速，2014年财政部、国家税务总局联合下文，规定生物药品制造业，专用设备制造业，铁路、船舶、航空航天和其他运输设备制造业，计算机、通信和其他电子设备制造业，仪器仪表制造业，信息传输、软件和信息技术服务业等六个行业的企业自2014年1月1日后新购的固定资产，可缩短折旧年限或采取加速折旧的方法。2015年，国家税务总局下发财税〔2015〕106号文件进一步规定轻工、纺织、机械、汽车等四个领域重点行业自2015年1月1日后新购的固定资产可实施加速折旧。2019年，则继续扩大固定资产加速折旧优惠政策使用范围，将优惠的行业范围扩大至全部制造业。固定资产加速折旧政策对企业固定资产投资，特别是亟待更新和偏长期固定资产的投资具有显著的促进作用。

增值税方面，“营改增”是近年来较大的税制调整。“营改增”旨在消除制度性重复征税的弊端，打通增值税抵扣链条，通过减税促进产业升级（倪婷婷、王跃堂，2018）[333]，因此，“营改增”也是我国减税降负中的重要一环。“营改增”是由试点开始，并逐渐分批推广开的。2011年11月，财政部和国家税务总局发布《关于印发〈营业税改征增值税试点方案〉的通知》（财税〔2011〕110号），自2012年1月1日起在上海市“1+6”行业率先试点，主要包括交通运输业和部分现代服务业。同年，“营改增”试点由上海分批扩大至北京、江苏、安徽等八个省（直辖市）。2013年8月1日起，交通运输业（不含铁路运输）和部分现代服务业的“营改增”

试点范围扩充至全国，同时广播影视作品的制作、播映等也开始纳入试点。2014 年 1 月 1 日起，则将铁路运输和邮政业纳入“营改增”试点范围，同年 6 月正式将电信业纳入其中。2016 年 3 月 23 日，财政部和国家税务总局下发财税〔2016〕36 号文件，规定自 2016 年 5 月 1 日起，“营改增”范围扩大至建筑业、房地产业、金融业和生活性服务业，自此“营改增”在全国范围内全面推开。表 5－1 展示了“营改增”从试点到全面推广的发展历程，以及增值税率的改革调整进程。在试点推广的过程中，增值税不断优化。2019 年 4 月 1 日起，营改增进入深化改革阶段，连续降低税率，扩大进项抵扣范围，实施进项税额加计抵减。自 2012 年试点以来，累计减税规模近 2 万亿元①，2019 年预计减税降负规模超 1 万亿元②。

表 5－1　“营改增”及税率调整进程

时间	文件名称	文号	主要内容	税率
“营改增”试点之前	《中华人民共和国增值税暂行条例》			17%、13%
2011 年 11 月 16 日	《关于印发〈营业税改征增值税试点方案〉的通知》	财税〔2011〕110 号	下发营业税改征增值税试点方案	17%、13%、11%、6%
2011 年 11 月 16 日	《关于在上海市开展交通运输业和部分现代服务业营业税改征增值税试点的通知》	财税〔2011〕111 号	2012 年 1 月 1 日起，在上海市开展交通运输业和部分现代服务业营业税改征增值税试点	
2012 年 7 月 31 日	《关于在北京等 8 省市开展交通运输业和部分现代服务业营业税改征增值税试点的通知》	财税〔2012〕71 号	交通运输业和部分现代服务业营业税改征增值税试点范围，由上海市分批扩大至北京等 8 个省（直辖市）	

① 人民网，http://finance.people.com.cn/n1/2018/0118/c1004－29772937.html。

② 国家税务总局，http://www.chinatax.gov.cn/n810219/n810744/n4016641/n4016676/c4199945/content.html。

续表

时间	文件名称	文号	主要内容	税率
2013 年 5 月 24 日	《关于在全国开展交通运输业和部分现代服务业营业税改征增值税试点税收政策的通知》	财税〔2013〕37 号	自 2013 年 8 月 1 日起，在全国范围内开展交通运输业和部分现代服务业营业税改征增值税试点的相关税收政策，同时，广播影视作品的制作、播映、发行等，也开始纳入试点	
2013 年 12 月 9 日	《关于将铁路运输和邮政业纳入营业税改征增值税试点的通知》	财税〔2013〕106 号	自 2014 年 1 月 1 日起，在全国范围内开展铁路运输和邮政业“营改增”试点	
2014 年 4 月 30 日	《关于将电信业纳入营业税改征增值税试点的通知》	财税〔2014〕43 号	自 2014 年 6 月 1 日起，电信业正式纳入“营改增”范围	
2016 年 3 月 23 日	《关于全面推开营业税改征增值税试点的通知》	财税〔2016〕36 号	全面推开营改增试点改革	
2017 年 4 月 28 日	《关于简并增值税税率有关政策的通知》	财税〔2017〕37 号	2017 年 7 月 1 日起，简并增值税税率结构，取消 13% 的增值税税率	17%、11%、6%
2018 年 5 月 1 日	《关于调整增值税税率的通知》	财税〔2018〕32 号	税率下调	16%、10%、6%
2019 年 1 月 1 日	《关于实施小微企业普惠性税收减免政策的通知》	财税〔2019〕13 号	2019 年 1 月 1 日至 2021 年 12 月 31 日，月销售额 10 万元以下增值税小规模纳税人免税	
2019 年 3 月 20 日	《关于深化增值税改革有关政策的公告》	财政部 税务总局 海关总署公告 2019 年第 39 号	2019 年 4 月 1 日至 2021 年 12 月 31 日，允许生产、生活性服务业纳税人按照当期可抵扣进项税额加计 10%，增值税率进一步下降	13%、9%、6%

个人所得税方面，我国对创新型人才十分重视，提出“人才强国”发展战略，自改革开放起就开始探索促进创新的个人所得税优惠，相关政策最早集中于研发成果转化方面，主要是免征一定级别以上科学奖金的个人所得税，虽然政策优惠力度有限，但展现出我国对创新型人才的鼓励与导向。现有税收激励主要体现在以下几个方面：一是鼓励企业自主培养人才，员工教育经费支出不超过工资薪金总额 8% 的部分允许税前扣除。二是科技成果转化给予个人一定优惠，2015 年财政部、国家税务总局下发通知，将国家自主创新示范区试点的四项所得税政策推广至全国，其中为鼓励高新技术企业科技成果转化，允许本企业相关技术人员的股权奖励，可在不超过 5 个公历年度内（含）分期缴纳；2018 年，又提出职务科技成果转化获得的现金奖励收入 3 年内减半征收个人所得税等。三是个人所得税税率不断降低，自 2011 年 9 月 1 日起，本国公民工资薪金所得费用标准由 2000 元调至 3500 元，取消 15% 和 40% 两档税率，工资薪金所得 9 级超额累进税率缩减至 7 级，第一级税率由 5% 修改为 3%。2018 年，我国对个人所得税改革，提高费用扣除额，将税制模式由分类税制改为综合与分类相结合的税制。2019 年，为了打造国际科技创新中心，引进高端人才，在粤港澳大湾区实施个人所得税优惠。人力资本是企业技术创新的核心，随着多项税收激励政策的出台，我国对创新主体的激励更加全面。个人所得税优惠对我国创新人才的培养和吸引意义重大，但当前税收激励政策无论是优惠力度，还是覆盖范围均略显薄弱。

5.1.2　关于区域性税收激励政策

在区域性税收激励政策方面，我国主要针对科技园区、高新技术开发区、科技孵化器等出台相关税收激励政策，旨在鼓励其科技创新，促进科技成果转化，培养高新技术企业等。西部大开发政策具有明显的区域性，根据《关于深入实施西部大开发战略有关税收政策问题的通知》（财税〔2011〕58 号），西部大开发税收优惠政策第二个十年（2011—2020 年）于 2020 年 12 月 31 日到期，到期后将会开启第三个十年优惠期。西部大开发税收优惠即将实施满两个完整的十年，目前来看该政策会在较长时期内保留，应如何优化提升税收激励政策效率，对该政策进行具体分析具有较强的现实意义。

为加快中西部地区发展，改善投资环境，国家对西部地区给予重点支持，国务院发布《关于实施西部大开发若干政策措施的通知》（国发〔2000〕33号），提出对西部地区国家鼓励类产业实行税收优惠政策，主要包括减按15%税率征收企业所得税，新办交通、电力等企业可实行两年免征、三年减半征收，鼓励类产业及优势产业项目进口自用先进技术设备免征关税和进口环节增值税等。随后，财政部、国家税务总局、海关总署下发财税〔2001〕202号文件，进一步明确西部大开发税收优惠政策内容，其中规定西部地区包括重庆、四川、贵州、云南、西藏等地；另外，湖南省湘西土家族苗族自治州、吉林省延边朝鲜族自治州等可比照西部地区执行税收优惠政策，同时对国家鼓励类产业也做出说明，要求鼓励类产业的内资企业的主营业务必须在《当期国家重点鼓励发展的产业、产品和技术目录（2000年修订）》的范围内，而且主营业务收入不得低于总收入的70%。税收优惠政策第一个十年结束后，为深入实施西部大开发战略，财政部、国家税务总局、海关总署下文启动第二个十年税收优惠政策，但政策内容稍有调整，主要保留两个核心税收激励政策，分别为西部地区鼓励类产业减按15%征收企业所得税和进口自用设备在政策范围内免征关税。

西部大开发税收激励政策为企业带来实惠，尤其是2008年以前，我国内资企业的名义企业所得税税率一般为33%，该政策降低企业税负，切实为企业带来了实惠，使其有更多资本用于提升自身竞争力，也为西部地区引进资本、吸引人才等做出较大贡献。该税收激励主要用于国家鼓励类产业和领域，有利于西部地区产业结构优化调整。2013—2017年，西部地区生产总值从12.7万亿元提升至17.1万亿元，年均增长率8.8%，占比达全国的1/5，但西部地区经济仍相对落后，创新水平较东部地区存在较大差距。由表5-2和图5-1可以看出，2016—2017年规模以上工业企业创新费用支出66%以上都在东部地区，西部地区2017年仅占11.47%；西部地区R&D经费内部支出占比，2000年之前较低，2000年之后经历一波增长，随后趋于稳定；2009年R&D经费占比又上升一个新的台阶，尤其是

2011年之后上升趋势明显，这或许与2011年西部大开发税收优惠政策出台有关，但该指标占比不足1.50%，远低于东部地区的2.61%。

表5-2 我国各地区规模以上工业企业创新费用支出及占比

地区	创新费用支出（亿元）		地区占比（%）	
	2016年	2017年	2016年	2017年
东部地区	11596	12679	66.34	66.22
中部地区	3051	3507	17.45	18.32
西部地区	2089	2196	11.95	11.47
东北地区	744	764	4.25	3.99
合计	17480	19146	99.99	100.00

资料来源：2017年、2018年《中国科技统计年鉴》。

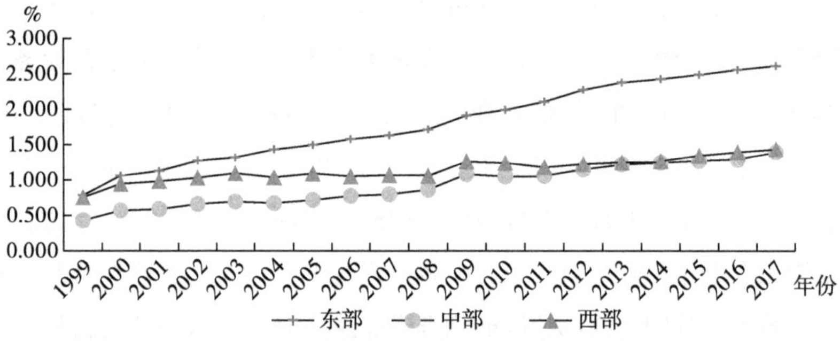

图5-1 各地区R&D经费内部支出占GDP的比重

资料来源：历年《中国科技统计年鉴》和《中国统计年鉴》。

5.2 研究设计

5.2.1 样本选择及数据来源

本章所采用数据样本与第4章相同，均为2010—2017年我国沪深两市A股上市公司面板数据。所使用数据主要来自国泰安数据库（CSMAR）、历年《中国统计年鉴》和《中国税务年鉴》，上市公司企业年报信息来自巨潮资讯网。

5.2.2 变量的选取

1）被解释变量

同第4章，不再累述。

2）解释变量

不同企业使用的税收优惠额度存在差异，为了研究税收激励政策的强度，便于不同政策的对比分析以及政策组合的研究，尽可能采用数量指标对其衡量，但由于企业层面个人所得税税负、增值税税负等数据获得存在困难，本书将根据税制改革情况采用虚拟变量方式来表示，具体指标设定如下：

（1）普惠性税收激励指标。企业所得税优惠，包括三个变量：①税率优惠（*TR*）。同宋凌云和王贤彬（2013）采用税率优惠额表示，其中税率优惠额采用国家法定企业所得税税率与企业实际执行名义企业所得税税率差额乘以企业税前利润表示，为使指标的可比性更强，将税率优惠额除以营业收入再取自然对数。②研发费用加计扣除（*AD*）。已有文献关于研发费用加计扣除和固定资产加速折旧多采用二元变量，本书选择构建连续变量进行研究。根据我国研发费用加计扣除政策①，手工收集企业年报“会计利润与所得税费用调整过程”中披露的研发费用加计扣除数据，采用该数据与营业收入之比来表示研发费用加计扣除。③固定资产加速折旧（*dep*）。由于固定资产折旧额在一定程度上体现了固定资产使用寿命内计提的折旧额，采用当期计提固定资产折旧额与营业收入之比表示固定资产加速折旧带来的影响。个人所得税优惠（*pit*）和增值税优惠（*vat*）则采用虚拟变量的方式，其中个人所得税以2015年科技创新成果转化税制改革为界，改革之后（即2015年及以后）将*pit*定义为1，改革之前定义为0；增值税优惠以“营改增”税制改革为界，当年开始“营改增”试点地区或行业所覆盖的企业将*vat*定义为1，反之，将其定义为0。

① 根据《公开发行证券的公司信息披露编报规则第15号——财务报告的一般规定》第二十二条第八项，披露所得税费用的相关信息，包括按税法及相关规定计算的当期企业所得税费用，递延所得税费用本期发生额、上期发生额，以及本期会计利润与所得税费用的调整过程。

（2）区域性税收激励指标。本书选择西部大开发税收优惠政策（*west*）为区域性税收激励政策的研究重点，该政策并非所有西部企业都可享受，满足西部地区鼓励类产业企业，且其主营业务收入占比达70%以上的企业才可享受，位于中东部的企业，若其在西部的子公司满足条件亦可享受该政策。因此，根据企业年报附注中备注的优惠政策进行识别，母公司或子公司中任意一家在当年享受西部大开发税收优惠政策的，即将 *west* 指标记为1，否则记为0。

3）中介变量

同第4章，不再累述。

4）控制变量

同第4章，不再累述。

详见表5-3。

表5-3 变量界定表

类型	名称	符号	变量取值方法及说明
被解释变量	研发决策	*decision*	当企业选择高研发投入时，记 *decision* = 1；反之，记 *decision* = 0
	研发投入强度	*RDI*	研发投入与营业收入之比
	专利申请情况	*patent*	专利申请数量
	新产品投入市场	*new*	当企业有新产品投入市场为其赋值为1，否则为0
解释变量	企业所得税税率优惠	*TR*	ln［（法定企业所得税税率－企业实际名义企业所得税税率）×企业税前利润/营业收入］
	研发费用加计扣除	*AD*	ln（研发加计扣除金额/营业收入）
	固定资产加速折旧	*dep*	ln（当期计提固定资产折旧额/营业收入）
	个人所得税优惠	*pit*	2015年以后令 *pit* = 1，2015年及之前 *pit* = 0
	增值税优惠	*vat*	企业开始“营改增”之前将 *vat* 定义为0，反之，将 *vat* 赋值为1
	西部大开发税收优惠	*west*	当年享受该优惠的企业赋值为1，否则为0
中介变量			同第4章
控制变量			同第4章

5.2.3　研究方法及模型设定

本章采用的研究方法及模型与第 4 章相同，研究单一税收激励政策对企业技术创新的影响效应，主要依托模型（4－8）和模型（4－9），其中采用模型（4－8）研究单一税收激励政策对研发投入和中间产出的影响，采用模型（4－9）研究单一税收激励政策对研发决策和最终产出的影响。研究不同单一税收激励政策对企业技术创新的传导机制差异则采用中介效应模型。为确保研究结果的稳健性，本章采用双重差分模型、更换变量法、多重中介效应模型等方法对研究结果进行稳健性检验。

5.2.4　描述性统计结果

表 5－4 为本章解释变量描述性统计结果，与企业所得税税率优惠相比，研发费用加计扣除优惠所占的比例是相当小的。涉及西部大开发税收优惠的企业大约占 21.71%，这些企业的注册地不仅位于西部，还有大量中东部企业选择在西部建厂或分支机构。

表 5－4　解释变量描述性统计结果

变量	样本	均值	中位数	标准差	最小值	最大值
TR	14144	2.5960	3.4896	2.3659	－4.5941	14.1049
AD	14126	0.0351	0.0000	0.1607	0.0000	8.6452
dep	14122	5.6863	3.2188	56.4421	－0.1174	5753.6850
pit	14144	0.2500	0.0000	0.4330	0.0000	1.0000
vat	14144	0.2833	0.0000	0.4506	0.0000	1.0000
west	14144	0.2171	0.0000	0.4123	0.0000	1.0000

5.3　单一税收激励政策对企业技术创新的影响差异

5.3.1　企业所得税优惠对企业技术创新的影响

表 5－5 为企业所得税优惠对企业技术创新的影响结果，分别研究企业所得税税率优惠、研发费用加计扣除、固定资产加速折旧三项政策对企业

技术创新各个阶段的影响。可以看出，除企业所得税税率优惠和研发费用加计扣除在最终产出阶段显著性较低外，三项税收激励政策对企业技术创新各阶段影响均显著，且显著性水平均在1%以内。企业所得税作为促进企业技术创新的主要税收激励政策，发挥着举足轻重的作用，但三项政策相比，税基优惠的系数无论在显著性还是在数值上都具有较大优势，尤其是研发费用加计扣除对促进企业技术创新的影响效应显著。由描述性统计结果可知，目前研发费用加计扣除占比非常小，继续加强税基优惠深化改革仍是主要方向之一。从企业技术创新的不同阶段来看，企业所得税税率优惠、研发费用加计扣除虽然对企业技术创新影响显著，但对最终产出的促进作用较弱，研发成果转化方面的税收激励政策还需继续加强。

表 5－5　企业所得税优惠对企业技术创新的影响结果

变量	*RD = decision*	*RD = RDI*	*RD = patent*	*RD = new*
	(1)	(2)	(3)	(4)
TR	0.132 ***	0.0145 ***	0.0240 ***	0.0287 *
	(0.0203)	(0.00226)	(0.00438)	(0.0162)
AD	2.003 ***	0.913 ***	0.471 ***	0.795 **
	(0.481)	(0.0487)	(0.0944)	(0.328)
dep	0.501 ***	0.0719 ***	0.181 ***	0.324 ***
	(0.110)	(0.0119)	(0.0231)	(0.0970)
gro	0.0650 **	0.00703 *	0.0316 ***	−0.00518
	(0.0302)	(0.00406)	(0.00786)	(0.0247)
LS	0.212 *	0.0309 **	−0.0626 **	0.0974
	(0.124)	(0.0141)	(0.0272)	(0.0981)
age	−2.574 ***	−0.386 ***	0.185 **	−1.085 ***
	(0.359)	(0.0427)	(0.0827)	(0.297)
size	−0.372 ***	−0.0372 ***	0.277 ***	0.261 ***
	(0.0762)	(0.00770)	(0.0149)	(0.0654)
nature	0.0327	−0.108 ***	−0.0102	0.207
	(0.280)	(0.0315)	(0.0610)	(0.234)
ROA	−0.355	−0.00677 *	−0.0128 *	0.134
	(0.277)	(0.00395)	(0.00765)	(0.299)

续表

变量	RD = decision	RD = RDI	RD = patent	RD = new
	(1)	(2)	(3)	(4)
TAR	0. 598	-0. 410***	-0. 0591	-0. 0314
	(0. 553)	(0. 0677)	(0. 131)	(0. 466)
first	0. 00238	-0. 00115*	-0. 00411***	-0. 00706
	(0. 00545)	(0. 000638)	(0. 00124)	(0. 00442)
board	0. 0553	0. 118***	0. 0341	0. 748***
	(0. 325)	(0. 0377)	(0. 0730)	(0. 271)
ln*sub*	0. 0718***	0. 00456***	0. 0112***	0. 0399***
	(0. 0133)	(0. 00125)	(0. 00243)	(0. 0108)
ln*pgdp*	0. 209	0. 163**	0. 0297	-0. 215
	(0. 650)	(0. 0691)	(0. 134)	(0. 520)
PRl	0. 0482	0. 00904	-0. 0319*	0. 0122
	(0. 0904)	(0. 00931)	(0. 0180)	(0. 0695)
ind	0. 0127**	0. 000609	-0. 00588***	-0. 00806*
	(0. 00500)	(0. 000537)	(0. 00104)	(0. 00412)
_cons		0. 204	-4. 726***	
		(0. 771)	(1. 494)	
N	7330	14121	14121	7898
R-sq		0. 318	0. 182	
时间	是	是	是	是
个体	是	是	是	是

5. 3. 2 个人所得税优惠对企业技术创新的影响

由表5-6的回归结果可知，个人所得税优惠在促进企业技术创新方面作用效果显著，个人所得税优惠有利于企业技术创新各个阶段，且显著性水平均在1%以内，个人所得税优惠对企业技术创新的激励效果仅次于企业所得税优惠，甚至在最终成果转化方面激励效果更强，这值得人们重视。个人所得税优惠在优惠力度和项目数量上都不及企业所得税，但激励效果却几近相当，进一步说明在促进企业技术创新方面，个人所得税优惠是改革的要点，由粤港澳大湾区个人所得税优惠政策的出台也可看出，我国在个人所得税方面的重视程度不断加强，应进一步挖掘个人所得税的激励效应。

表 5－6　个人所得税优惠对企业技术创新的影响结果

变量	*RD* = *decision*	*RD* = *RDI*	*RD* = *patent*	*RD* = *new*
	(1)	(2)	(3)	(4)
pit	5.409***	0.710***	0.572***	1.598***
	(0.486)	(0.0503)	(0.0963)	(0.373)
gro	0.0524*	0.00479	0.0266***	-0.0117
	(0.0293)	(0.00410)	(0.00785)	(0.0254)
LS	0.213*	0.0333**	-0.0622**	0.0972
	(0.122)	(0.0143)	(0.0274)	(0.0975)
age	-2.490***	-0.315***	0.264***	-0.984***
	(0.357)	(0.0430)	(0.0823)	(0.293)
size	-0.506***	-0.0564***	0.225***	0.168***
	(0.0657)	(0.00676)	(0.0129)	(0.0571)
nature	0.0199	-0.100***	0.00774	0.232
	(0.277)	(0.0320)	(0.0612)	(0.233)
ROA	-0.150	-0.00830**	-0.0177**	0.0718
	(0.238)	(0.00400)	(0.00765)	(0.285)
TAR	0.325	-0.523***	-0.144	-0.0704
	(0.541)	(0.0685)	(0.131)	(0.462)
first	0.00262	-0.00119*	-0.00386***	-0.00686
	(0.00537)	(0.000648)	(0.00124)	(0.00439)
board	0.0542	0.133***	0.0574	0.742***
	(0.322)	(0.0383)	(0.0732)	(0.270)
ln*sub*	0.0827***	0.00568***	0.0136***	0.0451***
	(0.0131)	(0.00127)	(0.00242)	(0.0107)
ln*pgdp*	0.176	0.206***	0.0879	-0.000396
	(0.649)	(0.0702)	(0.134)	(0.515)
PRI	0.0411	0.00679	-0.0339*	0.0207
	(0.0899)	(0.00947)	(0.0181)	(0.0693)
ind	0.00899*	0.000302	-0.00665***	-0.00894**
	(0.00486)	(0.000543)	(0.00104)	(0.00410)

续表

变量	RD = decision	RD = RDI	RD = patent	RD = new
	(1)	(2)	(3)	(4)
_cons		0.214	-4.070 ***	
		(0.782)	(1.496)	
N	7334	14125	14125	7908
R-sq		0.296	0.175	
时间	是	是	是	是
个体	是	是	是	是

5.3.3 增值税优惠对企业技术创新的影响

表5-7汇报了增值税优惠对企业技术创新各阶段的影响。增值税作为我国占比最大的税种，在促进企业技术创新方面的作用并不显著，可能因为增值税优惠对企业技术创新的影响存在滞后性，也可能因为增值税优惠在促进企业技术创新方面的针对性相对较弱，优惠力度不足，抑或是增值税优惠作为间接税激励，贯穿原材料采购、产品销售等诸多流转环节，存在税负转嫁不确定等问题，需继续加强研究和深化改革。

表5-7 增值税优惠对企业技术创新的影响结果

变量	RD = decision	RD = RDI	RD = patent	RD = new
	(1)	(2)	(3)	(4)
vat	-0.711 ***	0.0226	0.0279	0.0419
	(0.231)	(0.0264)	(0.0505)	(0.210)
gro	0.0533 *	0.00472	0.0265 ***	-0.0118
	(0.0294)	(0.00410)	(0.00785)	(0.0254)
LS	0.215 *	0.0333 **	-0.0622 **	0.0973
	(0.122)	(0.0143)	(0.0274)	(0.0975)
age	-2.510 ***	-0.315 ***	0.264 ***	-0.984 ***
	(0.357)	(0.0430)	(0.0823)	(0.293)
size	-0.506 ***	-0.0564 ***	0.225 ***	0.168 ***
	(0.0657)	(0.00676)	(0.0129)	(0.0571)

续表

变量	*RD* = *decision*	*RD* = *RDI*	*RD* = *patent*	*RD* = *new*
	(1)	(2)	(3)	(4)
nature	0. 0473	-0. 101 ***	0. 00708	0. 231
	(0. 277)	(0. 0320)	(0. 0612)	(0. 233)
ROA	-0. 146	-0. 00831 **	-0. 0177 **	0. 0713
	(0. 239)	(0. 00400)	(0. 00765)	(0. 285)
TAR	0. 325	-0. 523 ***	-0. 144	-0. 0687
	(0. 540)	(0. 0685)	(0. 131)	(0. 462)
first	0. 00258	-0. 00120 *	-0. 00387 ***	-0. 00687
	(0. 00537)	(0. 000648)	(0. 00124)	(0. 00439)
board	0. 0668	0. 133 ***	0. 0571	0. 742 ***
	(0. 322)	(0. 0383)	(0. 0732)	(0. 270)
ln*sub*	0. 0842 ***	0. 00566 ***	0. 0136 ***	0. 0451 ***
	(0. 0131)	(0. 00127)	(0. 00242)	(0. 0107)
ln*pgdp*	0. 133	0. 207 ***	0. 0897	0. 00181
	(0. 649)	(0. 0702)	(0. 134)	(0. 516)
PRl	0. 0313	0. 00680	-0. 0339 *	0. 0208
	(0. 0900)	(0. 00947)	(0. 0181)	(0. 0693)
ind	0. 00960 **	0. 000291	-0. 00666 ***	-0. 00897 **
	(0. 00485)	(0. 000543)	(0. 00104)	(0. 00410)
_cons		0. 200	-4. 087 ***	
		(0. 782)	(1. 497)	
N	7334	14125	14125	7908
R - *sq*		0. 296	0. 175	
时间	是	是	是	是
个体	是	是	是	是

5. 3. 4　西部大开发税收优惠对企业技术创新的影响

在区域性税收激励方面，选择比较有代表性的西部大开发税收优惠研究其对企业技术创新的影响，回归结果见表 5 - 8。西部大开发税收优惠对企业技术创新中间产出阶段和最终产出阶段影响显著，但对研发决策和研发投入的影响却不显著。西部大开发税收优惠不利于企业增加研发投入，可能因为西部大开发税收优惠政策存在“政策陷阱”，易造成人力资本挤出、产业结构调整滞后等问题，并未有效推动西部地区经济增长。也可能因为西部大开发税收优惠与高新技术企业税收优惠享有同样的企业所得税优惠税率，均为15%，当企业不够资格申请高新技术企业反而能够享受西部大开发税收优惠政策时，可能会放弃再增加研发投入。

表5-8　西部大开发税收优惠对企业技术创新的影响结果

变量	*RD = decision*	*RD = RDI*	*RD = patent*	*RD = new*
	(1)	(2)	(3)	(4)
west	0.0875	-0.0272	0.0931***	0.217*
	(0.152)	(0.0173)	(0.0331)	(0.113)
gro	0.0525*	0.00475	0.0267***	-0.0112
	(0.0293)	(0.00410)	(0.00785)	(0.0254)
LS	0.213*	0.0334**	-0.0625**	0.0964
	(0.122)	(0.0143)	(0.0273)	(0.0976)
age	-2.494***	-0.314***	0.260***	-1.000***
	(0.357)	(0.0430)	(0.0823)	(0.293)
size	-0.510***	-0.0553***	0.221***	0.156***
	(0.0661)	(0.00679)	(0.0130)	(0.0574)
nature	0.0148	-0.101***	0.00879	0.230
	(0.277)	(0.0320)	(0.0612)	(0.233)
ROA	-0.152	-0.00825**	-0.0178**	0.0773
	(0.236)	(0.00400)	(0.00764)	(0.285)
TAR	0.335	-0.527***	-0.130	-0.0410
	(0.541)	(0.0686)	(0.131)	(0.462)
first	0.00256	-0.00118*	-0.00393***	-0.00709
	(0.00537)	(0.000648)	(0.00124)	(0.00440)
board	0.0554	0.133***	0.0562	0.755***
	(0.323)	(0.0383)	(0.0732)	(0.270)
ln*sub*	0.0827***	0.00571***	0.0135***	0.0452***
	(0.0131)	(0.00127)	(0.00242)	(0.0107)

续表

变量	*RD* = *decision*	*RD* = *RDI*	*RD* = *patent*	*RD* = *new*
	(1)	(2)	(3)	(4)
ln*pgdp*	0. 182	0. 205 ***	0. 0891	0. 0150
	(0. 649)	(0. 0701)	(0. 134)	(0. 515)
PRl	0. 0429	0. 00665	-0. 0334 *	0. 0214
	(0. 0899)	(0. 00947)	(0. 0181)	(0. 0694)
ind	0. 00907 *	0. 000294	-0. 00662 ***	-0. 00876 **
	(0. 00486)	(0. 000543)	(0. 00104)	(0. 00409)
_cons		0. 200	-4. 022 ***	
		(0. 782)	(1. 496)	
N	7334	14125	14125	7908
R - *sq*		0. 296	0. 175	
时间	是	是	是	是
个体	是	是	是	是

5. 4　单一税收激励政策对企业技术创新的传导机制

根据以上研究结果可知，不同税收激励政策在促进企业技术创新方面存在较大差异，其中企业所得税优惠、个人所得税优惠在促进企业技术创新方面效果显著，而增值税优惠和西部大开发税收优惠却不显著。因此，本章将继续构建中介效应模型重点检验企业所得税三项优惠政策和个人所得税优惠的传导机制。

5. 4. 1　融资约束机制

表 5 -9 列（1）～列（3）为企业所得税优惠融资约束机制的检验结果，列（4）～列（6）为个人所得税优惠融资约束机制的检验结果。列（2）和列（5）中企业所得税税率优惠、研发费用加计扣除、个人所得税系数均不显著，但列（3）和列（6）中均显著，故对其进行 Sobel 检验，得到 Z 统计量分别为 3. 526、4. 818 和 2. 748，且显著水平均在 1% 以内。因此，企业所得税税率优惠、研发费用加计扣除和个人所得税优惠都能够

缓解融资约束，进而影响企业研发投入。列（2）和列（3）中固定资产加速折旧系数均显著，但固定资产加速折旧列（2）中的系数为正，即该税收激励政策会加速融资约束，存在"遮掩效应"，对遮掩变量进行控制，则会使自变量对因变量的作用力变大，这种税收激励会使融资约束加强，可能因为企业增加固定资产采购反而使融资约束加强。

表 5-9 单一税收激励政策融资约束机制的检验结果

变量	企业所得税优惠			个人所得税优惠		
	RDI	*FCS*	*RDI*	*RDI*	*FCS*	*RDI*
	(1)	(2)	(3)	(4)	(5)	(6)
FCS			-0.0101***			-0.00885**
			(0.00349)			(0.00354)
TR	0.0145***	-0.00710	0.0145***			
	(0.00226)	(0.00583)	(0.00226)			
AD	0.913***	0.0586	0.914***			
	(0.0487)	(0.126)	(0.0487)			
dep	0.0719***	0.203***	0.0739***			
	(0.0119)	(0.0308)	(0.0120)			
pit				0.710***	0.204	0.712***
				(0.0503)	(0.128)	(0.0503)
gro	0.00703*	0.0299***	0.00733*	0.00479	0.0225**	0.00499
	(0.00406)	(0.0105)	(0.00406)	(0.00410)	(0.0104)	(0.00410)
LS	0.0309**	0.0905**	0.0318**	0.0333**	0.0860**	0.0341**
	(0.0141)	(0.0362)	(0.0141)	(0.0143)	(0.0363)	(0.0143)
age	-0.386***	1.776***	-0.368***	-0.315***	1.864***	-0.298***
	(0.0427)	(0.110)	(0.0431)	(0.0430)	(0.109)	(0.0435)
size	-0.0372***	-0.202***	-0.0393***	-0.0564***	-0.270***	-0.0588***
	(0.00770)	(0.0198)	(0.00773)	(0.00676)	(0.0172)	(0.00682)
nature	-0.108***	0.580***	-0.103***	-0.100***	0.610***	-0.0949***
	(0.0315)	(0.0812)	(0.0316)	(0.0320)	(0.0812)	(0.0321)
ROA	-0.00677*	-0.0348***	-0.00712*	-0.00830**	-0.0414***	-0.00867**
	(0.00395)	(0.0102)	(0.00395)	(0.00400)	(0.0101)	(0.00400)
TAR	-0.410***	-0.674***	-0.417***	-0.523***	-0.676***	-0.529***
	(0.0677)	(0.174)	(0.0677)	(0.0685)	(0.174)	(0.0686)

续表

变量	企业所得税优惠			个人所得税优惠		
	RDI	*FCS*	*RDI*	*RDI*	*FCS*	*RDI*
	(1)	(2)	(3)	(4)	(5)	(6)
first	-0.00115*	0.00607***	-0.00109*	-0.00119*	0.00635***	-0.00114*
	(0.000638)	(0.00164)	(0.000638)	(0.000648)	(0.00165)	(0.000648)
board	0.118***	-0.0248	0.118***	0.133***	-0.00704	0.133***
	(0.0377)	(0.0970)	(0.0376)	(0.0383)	(0.0972)	(0.0383)
ln*sub*	0.00456***	0.00465	0.00461***	0.00568***	0.00681**	0.00574***
	(0.00125)	(0.00323)	(0.00125)	(0.00127)	(0.00322)	(0.00127)
ln*pgdp*	0.163**	-0.618***	0.157**	0.206***	-0.575***	0.201***
	(0.0691)	(0.178)	(0.0691)	(0.0702)	(0.178)	(0.0702)
PRl	0.00904	-0.0167	0.00887	0.00679	-0.0158	0.00665
	(0.00931)	(0.0240)	(0.00931)	(0.00947)	(0.0240)	(0.00947)
ind	0.000609	-0.0185***	0.000422	0.000302	-0.0194***	0.000131
	(0.000537)	(0.00138)	(0.000540)	(0.000543)	(0.00138)	(0.000547)
_cons	0.204	6.717***	0.272	0.214	7.702***	0.282
	(0.771)	(1.988)	(0.772)	(0.782)	(1.986)	(0.783)
N	14121	14121	14121	14125	14125	14125
R-sq	0.318	0.105	0.319	0.296	0.101	0.296
时间	是	是	是	是	是	是
个体	是	是	是	是	是	是

企业的融资渠道多样，税收激励可缓解企业内部融资约束，也会因为公司获得国家政策支持向外部投资者释放利好消息，从而降低企业外部融资成本。故本书进一步选择三种融资方式进行研究。①内部融资方式（*IC*）：同孙早和肖利平（2016）[334]采用（盈余公积+未分配利润+折旧）/企业总资产来表示。②银行信贷融资（*shortLB*）：短期借款是企业更常用的方式（刘晴等，2017）[335]，用（当期短期借款-上期短期借款）/企业总资产来表示，该值越小银行融资约束越强。③外部股权融资（*ef*）：当期通过发行股票所筹集的现金/年初总资产，其中当期通过发行股票所筹集的现金，来自现金流量表中“吸收投资收到的现金”项目的“吸收权益性投资收到的现金”。表5-10为税收激励通过三种融资方式对企业技术创新的影响，由列（2）、列

(4)、列(6)可知，三种融资方式都是有利于企业技术创新的，无论是内部融资方式，还是外部融资方式，企业能够融到的资金越多、难度越低越有利于企业技术创新水平的提升；反之，融资约束将会限制企业技术创新水平的提升。不同单一税收激励政策在一定程度上都可以缓解企业融资约束，其中企业所得税税率优惠、研发费用加计扣除、固定资产加速折旧等都可以缓解企业内部融资约束，进而增加企业研发投入，企业所得税税率优惠还能够缓解银行信贷融资、外部股权融资等外部融资约束。列(3)中研发费用加计扣除和个人所得税优惠的系数不显著，列(5)中研发费用加计扣除的系数不显著，Sobel 检验得出 Z 统计量均不显著，即不存在中介效应。综上，税基优惠对缓解外部融资约束不显著，税基优惠更有利于缓解内部融资约束，税率优惠更有助于缓解外部融资约束。

表 5-10 不同融资方式下税收激励对企业技术创新传导机制的结果

变量	内部融资		银行信贷融资		外部股权融资	
	IC	*RDI*	*shortLB*	*RDI*	*ef*	*RDI*
	(1)	(2)	(3)	(4)	(5)	(6)
IC		0.377***				
		(0.045)				
shortLB				0.0501*		
				(0.0293)		
ef						0.173***
						(0.0574)
TR	0.00310***	0.0352***	0.00562***	0.0379***	0.000897*	0.0372***
	(0.000731)	(0.00343)	(0.00106)	(0.00333)	(0.000516)	(0.00349)
AD	0.0373**	0.548***	0.0259	0.602***	0.0151	0.608***
	(0.0152)	(0.0613)	(0.0229)	(0.0620)	(0.0115)	(0.0670)
dep	0.0270***	0.00239	-0.0534***	0.0267	-0.0157***	0.0236
	(0.00419)	(0.0185)	(0.00561)	(0.0175)	(0.00273)	(0.0181)
pit	0.0832***	1.735***	0.0129	1.762***	0.0264**	1.782***
	(0.0155)	(0.0521)	(0.0233)	(0.0524)	(0.0114)	(0.0536)
控制变量	是	是	是	是	是	是
N	13849	13849	14121	14121	13413	13413

续表

变量	内部融资		银行信贷融资		外部股权融资	
	IC	*RDI*	*shortLB*	*RDI*	*ef*	*RDI*
	(1)	(2)	(3)	(4)	(5)	(6)
R-sq	0.126		0.804		0.186	
时间	是	是	是	是	是	是
个体	是	是	是	是	是	是

5.4.2 人力资源机制

由表5-11人力资源机制回归结果可知，研发费用加计扣除、个人所得税优惠两种税收激励政策对人力资源的影响均显著为正，即这两种税收激励都可通过人力资源机制促进企业技术创新，存在部分中介效应。结合我国税收激励政策可知，个人所得税优惠在研发成果转化方面对个人有税收优惠，而且不断增加对高水平人才的税收激励，吸引大量人才回国；研发费用加计扣除方面，针对研发人员人工费用允许加计扣除，包括从事研发活动人员的工资、相关保险等，甚至还包括外聘研发人员的劳务费用，这对企业引入技术创新型人才起到积极作用。列（2）中固定资产加速折旧系数不显著，通过Sobel检验得知，Z统计量等于-9.059，统计量显著，但固定资产加速折旧与税率优惠对中介变量的影响均为负，具有"遮掩效应"。可能因为固定资产加速折旧在促进企业增加固定资产投入的同时会造成人力资源的挤出。

表5-11 单一税收激励政策人力资源机制的检验结果

变量	企业所得税优惠			个人所得税优惠		
	RDI	*RDP*	*RDI*	*RDI*	*RDP*	*RDI*
	(1)	(2)	(3)	(4)	(5)	(6)
RDP			0.176***			0.190***
			(0.00552)			(0.00535)
TR	0.0145***	-0.0132***	0.0169***			
	(0.00226)	(0.00355)	(0.00218)			
AD	0.913***	2.372***	0.496***			
	(0.0487)	(0.0764)	(0.0486)			

续表

变量	企业所得税优惠			个人所得税优惠		
	RDI	*RDP*	*RDI*	*RDI*	*RDP*	*RDI*
	(1)	(2)	(3)	(4)	(5)	(6)
dep	0.0719***	0.0156	0.0691***			
	(0.0119)	(0.0187)	(0.0115)			
pit				0.710***	0.599***	0.596***
				(0.0503)	(0.0806)	(0.0481)
gro	0.00703*	-0.00824	0.00848**	0.00479	-0.0115*	0.00698*
	(0.00406)	(0.00636)	(0.00390)	(0.00410)	(0.00657)	(0.00391)
LS	0.0309**	0.0682***	0.0189	0.0333**	0.0730***	0.0194
	(0.0141)	(0.0220)	(0.0135)	(0.0143)	(0.0229)	(0.0136)
age	-0.386***	0.814***	-0.529***	-0.315***	0.976***	-0.500***
	(0.0427)	(0.0669)	(0.0413)	(0.0430)	(0.0689)	(0.0413)
size	-0.0372***	0.00802	-0.0386***	-0.0564***	0.000311	-0.0565***
	(0.00770)	(0.0121)	(0.00740)	(0.00676)	(0.0108)	(0.00644)
nature	-0.108***	0.0472	-0.117***	-0.100***	0.0623	-0.112***
	(0.0315)	(0.0494)	(0.0303)	(0.0320)	(0.0512)	(0.0305)
ROA	-0.00677*	0.00317	-0.00733*	-0.00830**	0.00321	-0.00891**
	(0.00395)	(0.00619)	(0.00380)	(0.00400)	(0.00640)	(0.00381)
TAR	-0.410***	-1.299***	-0.181***	-0.523***	-1.516***	-0.235***
	(0.0677)	(0.106)	(0.0654)	(0.0685)	(0.110)	(0.0658)
first	-0.00115*	-0.00300***	-0.000619	-0.00119*	-0.00353***	-0.000524
	(0.000638)	(0.001000)	(0.000613)	(0.000648)	(0.00104)	(0.000618)
board	0.118***	0.101*	0.100***	0.133***	0.116*	0.111***
	(0.0377)	(0.0590)	(0.0362)	(0.0383)	(0.0613)	(0.0365)
ln*sub*	0.00456***	0.00265	0.00410***	0.00568***	0.00289	0.00513***
	(0.00125)	(0.00196)	(0.00120)	(0.00127)	(0.00203)	(0.00121)
ln*pgdp*	0.163**	0.680***	0.0436	0.206***	0.759***	0.0617
	(0.0691)	(0.108)	(0.0666)	(0.0702)	(0.112)	(0.0670)
PRl	0.00904	-0.0266*	0.0137	0.00679	-0.0295*	0.0124
	(0.00931)	(0.0146)	(0.00895)	(0.00947)	(0.0152)	(0.00902)
ind	0.000609	0.000900	0.000451	0.000302	0.000770	0.000156
	(0.000537)	(0.000841)	(0.000516)	(0.000543)	(0.000870)	(0.000517)

续表

变量	企业所得税优惠			个人所得税优惠		
	RDI	*RDP*	*RDI*	*RDI*	*RDP*	*RDI*
	(1)	(2)	(3)	(4)	(5)	(6)
_cons	0.204	-8.130***	1.634**	0.214	-9.019***	1.926***
	(0.771)	(1.209)	(0.743)	(0.782)	(1.253)	(0.747)
N	14121	14121	14121	14125	14125	14125
R-sq	0.318	0.648	0.370	0.296	0.620	0.361
时间	是	是	是	是	是	是
个体	是	是	是	是	是	是

5.4.3 公司治理机制

表5-12列（2）和列（5）中企业所得税税率优惠、研发费用加计扣除、固定资产加速折旧和个人所得税优惠对盈余管理的影响均显著，且除研发费用加计扣除外均会使盈余管理下降；列（3）和列（6）中盈余管理与企业研发投入强度负相关，盈余管理程度越强，企业实际研发投入越低，且各个税收激励政策系数均显著，说明企业所得税税率优惠、固定资产加速折旧和个人所得税优惠均可通过降低盈余管理促进企业研发投入。但研发费用加计扣除却使盈余管理程度加强，说明该政策会使企业通过盈余管理来操控研发投入，虽然研发投入增加，但可能并未产生实质性创新。根据我国企业会计准则要求，研究阶段支出全部费用化，开发阶段可按要求资本化，但会计准则对于资本化并没有确定性的规定，企业自行判断的空间较大，为企业避税提供了条件。

表5-12 单一税收激励政策公司治理机制的检验结果

变量	企业所得税优惠			个人所得税优惠		
	RDI	*EM*	*RDI*	*RDI*	*EM*	*RDI*
	(1)	(2)	(3)	(4)	(5)	(6)
EM			-0.0318***			-0.0323***
			(0.00477)			(0.00485)
TR	0.0145***	-0.0104**	0.0139***			
	(0.00226)	(0.00427)	(0.00224)			

续表

变量	企业所得税优惠			个人所得税优惠		
	RDI	EM	RDI	RDI	EM	RDI
	(1)	(2)	(3)	(4)	(5)	(6)
AD	0.913***	0.172*	0.925***			
	(0.0487)	(0.0920)	(0.0483)			
dep	0.0719***	-0.110***	0.0711***			
	(0.0119)	(0.0227)	(0.0119)			
pit				0.710***	-0.393***	0.711***
				(0.0503)	(0.0957)	(0.0511)
gro	0.00703*	0.0492***	0.00771*	0.00479	0.0517***	0.00584
	(0.00406)	(0.00774)	(0.00407)	(0.00410)	(0.00771)	(0.00412)
LS	0.0309**	-0.00163	0.0343**	0.0333**	-0.00154	0.0368***
	(0.0141)	(0.0267)	(0.0140)	(0.0143)	(0.0267)	(0.0143)
age	-0.386***	0.0851	-0.510***	-0.315***	0.0680	-0.417***
	(0.0427)	(0.0946)	(0.0496)	(0.0430)	(0.0939)	(0.0501)
size	-0.0372***	0.0825***	-0.0302***	-0.0564***	0.116***	-0.0500***
	(0.00770)	(0.0146)	(0.00770)	(0.00676)	(0.0126)	(0.00675)
nature	-0.108***	-0.0286	-0.0892***	-0.100***	-0.0386	-0.0825***
	(0.0315)	(0.0597)	(0.0313)	(0.0320)	(0.0597)	(0.0319)
ROA	-0.00677*	0.00904	-0.00631	-0.00830**	0.0123*	-0.00788**
	(0.00395)	(0.00739)	(0.00388)	(0.00400)	(0.00736)	(0.00393)
TAR	-0.410***	0.151	-0.429***	-0.523***	0.147	-0.541***
	(0.0677)	(0.129)	(0.0675)	(0.0685)	(0.128)	(0.0685)
first	-0.00115*	0.00275**	-0.00126**	-0.00119*	0.00247**	-0.00127**
	(0.000638)	(0.00121)	(0.000632)	(0.000648)	(0.00121)	(0.000643)
board	0.118***	-0.0125	0.101***	0.133***	-0.0233	0.115***
	(0.0377)	(0.0712)	(0.0374)	(0.0383)	(0.0713)	(0.0380)
ln*sub*	0.00456***	-0.00314	0.00418***	0.00568***	-0.00448*	0.00526***
	(0.00125)	(0.00237)	(0.00124)	(0.00127)	(0.00236)	(0.00126)
ln*pgdp*	0.163**	0.0351	0.196***	0.206***	0.00881	0.243***
	(0.0691)	(0.131)	(0.0689)	(0.0702)	(0.131)	(0.0700)
PRI	0.00904	0.00208	0.00954	0.00679	0.00213	0.00763
	(0.00931)	(0.0177)	(0.00929)	(0.00947)	(0.0177)	(0.00945)

续表

变量	企业所得税优惠			个人所得税优惠		
	RDI	*EM*	*RDI*	*RDI*	*EM*	*RDI*
	(1)	(2)	(3)	(4)	(5)	(6)
ind	0.000609	0.000142	0.000716	0.000302	0.000614	0.000391
	(0.000537)	(0.00102)	(0.000533)	(0.000543)	(0.00101)	(0.000540)
_cons	0.204	-6.624***	-0.0754	0.214	-7.158***	-0.154
	(0.771)	(1.468)	(0.771)	(0.782)	(1.465)	(0.782)
N	14121	13881	13881	14125	13885	13885
R-sq	0.318	0.035	0.323	0.296	0.033	0.299
时间	是	是	是	是	是	是
个体	是	是	是	是	是	是

5.4.4 风险共担机制

表5-13为单一税收激励政策风险共担机制的检验结果，因为企业风险承担水平代理变量计算涉及 t、$t+1$、$t+2$ 三期，故风险共担机制的研究采用2010—2015年数据，本书仅对企业所得税进行检验。由列（2）可知，企业所得税税率优惠能够显著降低企业风险承担水平，但研发费用加计扣除和固定资产加速折旧对企业风险承担水平的影响均不显著，通过Sobel检验得知结果并不显著，不存在风险共担为中介变量的中介效应。列（3）中税率优惠和风险承担水平系数均显著，税率优惠可通过风险共担机制影响企业技术创新，可能因为税率优惠给企业带来的利益更大，尤其是在损失可以冲减的情况下，降低税率可以降低企业风险承受水平，而亏损企业一般会降低研发投入，由此而享受到的税基优惠则越来越少，风险共担机制难以发挥。

表5-13 单一税收激励政策风险共担机制的检验结果

变量	企业所得税优惠		
	RDI	*riskt*	*RDI*
	(1)	(2)	(3)
riskt			-0.0119**
			(0.00591)

续表

变量	企业所得税优惠		
	RDI	*riskt*	*RDI*
	(1)	(2)	(3)
TR	0.0145***	-0.00988*	0.0109***
	(0.00226)	(0.00506)	(0.00281)
AD	0.913***	0.0634	0.913***
	(0.0487)	(0.136)	(0.0755)
dep	0.0719***	-0.00270	0.0992***
	(0.0119)	(0.0291)	(0.0161)
gro	0.00703*	0.00212	0.0103*
	(0.00406)	(0.0108)	(0.00599)
LS	0.0309**	-0.190***	0.0398**
	(0.0141)	(0.0334)	(0.0185)
age	-0.386***	0.144	-0.345***
	(0.0427)	(0.101)	(0.0562)
size	-0.0372***	-0.110***	-0.0144
	(0.00770)	(0.0192)	(0.0107)
ROA	-0.00677*	0.312***	-0.00122
	(0.00395)	(0.00743)	(0.00451)
TAR	-0.410***	0.492***	-0.163*
	(0.0677)	(0.175)	(0.0970)
first	-0.00115*	0.00219	-0.00144
	(0.000638)	(0.00160)	(0.000887)
board	0.118***	0.136	0.155***
	(0.0377)	(0.0897)	(0.0497)
ln*sub*	0.00456***	-0.0116***	0.00134
	(0.00125)	(0.00313)	(0.00174)
ln*pgdp*	0.163**	0.0280	0.229*
	(0.0691)	(0.211)	(0.117)
nature	-0.108***	-0.0690	-0.113***
	(0.0315)	(0.0746)	(0.0414)
PRl	0.00904	-0.0183	0.0142
	(0.00931)	(0.0216)	(0.0120)

续表

变量	企业所得税优惠		
	RDI	*riskt*	*RDI*
	(1)	(2)	(3)
ind	0.000609	-0.00494***	0.000972
	(0.000537)	(0.00122)	(0.000678)
_cons	0.204	1.799	-1.430
	(0.771)	(2.337)	(1.295)
N	14121	10585	10585
R-sq	0.318	0.187	0.319
时间	是	是	是
个体	是	是	是

5.5 稳健性检验

5.5.1 自然实验法稳健性检验

针对研发费用加计扣除、固定资产加速折旧、增值税优惠，本书以税制改革为自然实验，采用双重差分模型实证研究，具体设计如下：①针对研发费用加计扣除采用 PSM-DID 法，该政策自 2013 年起开始较大变动，其中 2013 年将研发成果鉴定费用、研发人员“五险一金”等均纳入税前加计扣除的范围，2015 年又进一步扩大扣除范围，2017 年提高科技型中小企业研发费用税前加计扣除比例，2018 年又将此优惠扩大至所有企业。引入两个虚拟变量 *treat* 和 *year*，从样本中选取两类企业作为分析对象：名义税率低于 25% 的为处理组，名义税率等于 25% 的为控制组。对经过 PSM 处理后获得的处理组企业，令虚拟变量 $treat=1$；对于获得的对照组企业，令 $treat=0$。设置时间虚拟变量 *year*，令政策调整年份（即 2013 年）（含）之后的 $year=1$，改革前的 $year=0$。将基于 PSM-DID 的回归模型设定为模型（5-1）。②固定资产加速折旧，以 2014 年、2015 年两次政策调整为自然实验，研究固定资产加速折旧政策效果，即 2014 年政策调整涉及六个行业，2015 年涉及四个领域重点行业。③增值税优惠，以“营改增”为自然实验[①]。鉴于固定资产加速折旧和各地“营改增”试点开始时间不同，与以往文献不同，采用多期双重差分方法，把还没有试点固定资产加速折旧或还没开始“营改增”地区的企业作为控制组，把已经开始固定资产加速折旧或“营改增”地区的企业作为处理组，即使有些企业最终都进行了政策调整，也可以把还未进行政策试点的企业作为控制组。因此，在多期双重差分中，没有统一的政策实施年份，模型中仅剩交互项 $treat_i \times year_t$，具体见模型（5 -2）。

$$\ln(RD_{i,t}+1) = \alpha_0 + \alpha_1 treat_i + \alpha_2 year_t + \alpha_3 treat_i \times year_t + \beta X + \delta_i + \theta_t + \varepsilon_{i,t} \tag{5-1}$$

$$\ln(RD_{i,t}+1) = \alpha_0 + \alpha_1 treat_i \times year_t + \beta X + \delta_i + \theta_t + \varepsilon_{i,t} \tag{5-2}$$

表 5 -14 为自然实验法稳健性检验的结果，其中关于研发费用加计扣除的检验，本书通过 Probit 模型采用核匹配确定权重，并施加“共同支持”（common support）的条件。未匹配前企业发展能力、董事会领导权结构、企业年龄、企业性质等变量指标存在显著差异，但经过匹配处理，这些变量标准偏差的绝对值均显著小于 10%，而且这些偏差在统计上变得不显著。由回归结果可以看出，交叉项 *treat* × *year* 系数显著为正，与前文研究结果一致，即研发费用加计扣除税收激励对企业研发投入强度和中间产出都具有显著的促进效应。关于固定资产加速折旧和“营改增”，采用多期双重差分方法回归，研究结果也与前文一致，固定资产加速折旧税收激励对企业研发投入强度和中间产出的正向促进作用显著，但增值税改革对企业技术创新的影响目前还不显著，间接说明我国企业增值税税负较重，税制改革未能对企业创新活力起到促进作用。

① 固定资产加速折旧和“营改增”的具体政策改革内容见前文政策背景，此不再赘述。

表 5 - 14 自然实验法稳健性检验结果

变量	研发费用加计扣除		固定资产加速折旧		"营改增"	
	RD = *RDI*	*RD* = *patent*	*RD* = *RDI*	*RD* = *patent*	*RD* = *RDI*	*RD* = *patent*
	(1)	(2)	(3)	(4)	(5)	(6)
year	0.614***	0.530***				
	(0.0499)	(0.0969)				
treat	-0.0417***	0.0566*				
	(0.0149)	(0.0289)				
treat × *year*	0.280***	0.133***	0.270***	0.0862**	0.0226	0.0279
	(0.0161)	(0.0313)	(0.0192)	(0.0380)	(0.0393)	(0.0623)
gro	0.00548	0.0267***	0.00415	0.0264	0.00472	0.0265
	(0.00404)	(0.00784)	(0.00497)	(0.0168)	(0.00507)	(0.0169)
LS	0.0252*	-0.0669**	0.0285	-0.0637	0.0333	-0.0622
	(0.0141)	(0.0273)	(0.0237)	(0.0411)	(0.0245)	(0.0412)
age	-0.386***	0.234***	-0.407***	0.235*	-0.315***	0.264*
	(0.0428)	(0.0831)	(0.0826)	(0.135)	(0.0820)	(0.136)
size	-0.0663***	0.217***	-0.0582***	0.224***	-0.0564***	0.225***
	(0.00667)	(0.0129)	(0.0131)	(0.0272)	(0.0133)	(0.0273)
nature	-0.103***	0.00832	-0.0805	0.0141	-0.101	0.00708
	(0.0315)	(0.0611)	(0.0600)	(0.109)	(0.0632)	(0.110)
ROA	-0.00699*	-0.0167**	-0.00872***	-0.0178***	-0.00831***	-0.0177***
	(0.00393)	(0.00763)	(0.00184)	(0.00490)	(0.00206)	(0.00483)
TAR	-0.449***	-0.0947	-0.421***	-0.111	-0.523***	-0.144
	(0.0675)	(0.131)	(0.158)	(0.254)	(0.160)	(0.254)
first	-0.000592	-0.00346***	-0.000916	-0.00378	-0.00120	-0.00387
	(0.000638)	(0.00124)	(0.00119)	(0.00259)	(0.00124)	(0.00259)
board	0.139***	0.0596	0.120**	0.0532	0.133**	0.0571
	(0.0377)	(0.0731)	(0.0580)	(0.107)	(0.0595)	(0.107)
ln*sub*	0.00577***	0.0135***	0.00660***	0.0139***	0.00566***	0.0136***
	(0.00125)	(0.00242)	(0.00204)	(0.00334)	(0.00212)	(0.00334)
ln*pgdp*	0.135*	0.0563	0.135	0.0651	0.207*	0.0897
	(0.0691)	(0.134)	(0.115)	(0.242)	(0.119)	(0.242)

续表

变量	研发费用加计扣除		固定资产加速折旧		“营改增”	
	RD = RDI	*RD = patent*	*RD = RDI*	*RD = patent*	*RD = RDI*	*RD = patent*
	(1)	(2)	(3)	(4)	(5)	(6)
PRl	0.00532	-0.0328*	0.00569	-0.0342	0.00680	-0.0339
	(0.00932)	(0.0181)	(0.0128)	(0.0276)	(0.0134)	(0.0276)
ind	0.000244	-0.00671***	0.00116	-0.00637***	0.000291	-0.00666***
	(0.000534)	(0.00104)	(0.000898)	(0.00183)	(0.000967)	(0.00184)
_cons	1.299*	-3.597**	1.109	-3.784	0.200	-4.087
	(0.773)	(1.499)	(1.297)	(2.634)	(1.330)	(2.627)
N	14123	14123	14125	14125	14125	14125
R - sq	0.318	0.178	0.781	0.842	0.774	0.842
时间	是	是	是	是	是	是
个体	是	是	是	是	是	是

5.5.2　更换变量法

更换以下变量指标：①之前企业所得税税率优惠采用测算指标，现将其更换为名义企业所得税税率（*NCIT*）研究税率变化对企业技术创新的影响，检验结果见表5-15。当税率优惠更换为名义企业所得税税率时，税率越高越不利于企业技术创新水平的提升。②更换个人所得税优惠代理变量，本书中个人所得税优惠受数据所限采用二元变量，但该指标的选择易受其他因素影响。因此，将借鉴江轩宇等（2019）[336]的方法，用人均工薪所得税的自然对数（ln*PITp*）作为代理变量，其中人均工薪所得税为年报附注中的“应交所得税——应交个人所得税”的期末余额与员工人数之比，该数据来自Wind数据库。检验结果见表5-16，当个人所得税优惠更换为人均工薪所得税后，人均工薪所得税对企业技术创新各阶段的影响显著为负，即随着税负的增加，企业技术创新水平下降，虽然个人所得税优惠对研发投入强度的显著性水平有所下降，但其在最终成果转化方面显著性水平仍较高，进一步说明个人所得税优惠激励效果仅次于企业所得税优惠，甚至在成果转化方面激励效果更强，研究结果具有一定稳健性。

表 5－15　更换企业所得税税率优惠稳健性检验结果

变量	TR = NCIT			
	RD = decision	RD = RDI	RD = patent	RD = new
	(1)	(2)	(3)	(4)
TR	−0.0489***	−0.00620***	−0.00958***	−0.0189***
	(0.00814)	(0.000893)	(0.00173)	(0.00622)
AD	2.026***	0.912***	0.468***	0.805**
	(0.482)	(0.0487)	(0.0944)	(0.328)
dep	0.450***	0.0676***	0.175***	0.314***
	(0.109)	(0.0119)	(0.0231)	(0.0970)
控制变量	是	是	是	是
N	7330	14121	14121	7898
R − sq		0.319	0.182	
时间	是	是	是	是
个体	是	是	是	是

表 5－16　更换个人所得税优惠稳健性检验结果

变量	pit = lnPITp			
	RD = decision	RD = RDI	RD = patent	RD = new
	(1)	(2)	(3)	(4)
lnPITp	−0.0800***	−0.00879*	−0.0172**	−0.1000***
	(0.0277)	(0.00449)	(0.00795)	(0.0220)
控制变量	是	是	是	是
sigma_u		0.981***	1.886***	
		(0.0211)	(0.0375)	
sigma_e		0.509***	0.992***	
		(0.00436)	(0.00782)	
sargan				
AR (1)				
AR (2)				
N	7183	13931	13931	7798
时间	是	是	是	是
个体	是	是	是	是

5.5.3 其他稳健性检验

本书还通过以下方法对研究结果进行稳健性检验：①构建动态计量经济模型。研发投资具有较高的调整成本，随着时间的推移，企业往往倾向于平滑其研发投入（Lach and Schankerman，1989；Brown and Petersen，2011）[337-338]。因此，为体现研发创新的动态性，拟建立动态框架进行分析，故将式（4-8）的静态模型调整为动态模型（5-3）。②负二项分布模型。企业技术创新中间产出采用专利申请数量来表示，因为被解释变量为正整数，采用计数模型拟合效果可能更好，参考温军和冯根福（2012）[339]等的做法，采用负二项分布模型进行稳健性检验。③根据张倩倩等（2017）[340]的研究，研发支出资本化在一定程度上向外传递企业研发"成功"的信号，故采用研发支出资本化占营业收入的比重作为企业技术创新最终产出的代理变量（*new*2），并采用 Tobit 模型进行稳健性检验。具体检验结果见表 5-17，表明研究结果具有稳健性。

$$\ln(RD_{i,t}+1)=\alpha_0+\alpha_1\ln(RD_{i,t-1}+1)+\alpha_2\ln tax_{i,t}+Z_{i,t}\beta+\theta_i+\lambda_t+\varepsilon_{i,t} \tag{5-3}$$

表 5-17 其他稳健性检验结果

变量	动态模型	负二项分布模型	*new* = *new*2
	RD = *RDI*	*RD* = *patent*	*RD* = *new*
	(1)	(2)	(3)
L. RDI	0.125***		
	(0.0421)		
TR	0.0877***	0.0665***	0.00923
	(0.0277)	(0.00439)	(0.00768)
AD	0.391***	0.463***	0.643***
	(0.107)	(0.0741)	(0.125)
dep	0.117***	0.0194	0.0974***
	(0.0433)	(0.0207)	(0.0378)
pit	-0.187	1.022***	1.520***
	(0.115)	(0.0773)	(0.142)

续表

变量	动态模型	负二项分布模型	new = new2
	RD = RDI	RD = patent	RD = new
	(1)	(2)	(3)
vat	-0.0302	-0.0526	-0.0836
	(0.0358)	(0.0541)	(0.0758)
west	-0.0198	-0.00209	0.195***
	(0.0338)	(0.0281)	(0.0512)
控制变量	是	是	是
sigma_u			1.139***
			(0.0408)
sigma_e			0.676***
			(0.0124)
sargan	0.1846		
AR（1）	0.0000		
AR（2）	0.2409		
N	8836	12531	14121
时间	是	是	是
个体	是	是	是

5.5.4 并行多变量中介效应模型稳健性检验

根据上文的研究结果可知，企业所得税税率优惠可通过融资约束、信号传递、公司治理、风险共担影响企业技术创新，因此，可以将多个中介变量放入一个中介模型中进行稳健性检验。采用并行多变量中介效应模型能够对总中介效应进行检验，还可以检验在其他中介变量影响下，特定中介变量的中介作用，以及降低遗漏变量导致的参数估计偏差。建立如下并行多变量中介效应模型：

$$RDI_{i,t} = \beta_0 + \beta_1 TR_{i,t} + Z_{i,t}\varphi + \gamma_i + \lambda_t + \varepsilon_{i,t} \tag{5-4}$$

$$FCS_{i,t} = \beta_0 + \beta_1 TR_{i,t} + Z_{i,t}\varphi + \gamma_i + \lambda_t + \varepsilon_{i,t} \tag{5-5}$$

$$VC_{i,t} = \beta_0 + \beta_1 TR_{i,t} + Z_{i,t}\varphi + \gamma_i + \lambda_t + \varepsilon_{i,t} \tag{5-6}$$

$$EM_{i,t} = \beta_0 + \beta_1 TR_{i,t} + Z_{i,t}\varphi + \gamma_i + \lambda_t + \varepsilon_{i,t} \tag{5-7}$$

$$riskt_{i,t} = \beta_0 + \beta_1 TR_{i,t} + Z_{i,t}\varphi + \gamma_i + \lambda_t + \varepsilon_{i,t} \qquad (5-8)$$

$$RDI_{i,t} = \mu_0 + \mu_1 TR_{i,t} + \mu_2 FCS_{i,t} + \mu_3 VC_{i,t} + \mu_4 EM_{i,t} + \mu_5 riskt_{i,t} + Z_{i,t}\theta + \gamma_i + \lambda_t + \varepsilon_{i,t} \qquad (5-9)$$

表5-18为多变量中介效应模型稳健性检验结果，结果表明企业所得税税率优惠对研发投入的总体效应和直接效应分别为0.0126和0.00937，中介效应为0.0126-0.00937=0.00323，其中融资约束变量的中介效应为-0.00877×(-0.00553)=0.000048，公司治理的中介效应为-0.0106×(-0.0286)=0.000303，风险共担变量的为-0.00995×(-0.0116)=0.000115，分别占总体效应的0.38%、2.4%和0.91%，虽然融资约束变量不显著，但通过了Sobel检验。因此，企业所得税税率优惠可通过融资约束、公司治理、风险共担三种机制影响企业技术创新，研究结论与前文一致，研究结果具有稳健性。

表5-18 多变量中介效应模型稳健性检验结果

变量	*RDI*	*FCS*	*EM*	*riskt*	*RDI*
	(1)	(2)	(3)	(4)	(5)
TR	0.0126***	-0.00877	-0.0106**	-0.00995**	0.00937***
	(0.00229)	(0.00583)	(0.00427)	(0.00505)	(0.00283)
FCS					-0.00553
					(0.0044)
EM					-0.0286***
					(0.00599)
riskt					-0.0116**
					(0.0059)
控制变量	是	是	是	是	是
N	14125	14125	13885	10589	10400
R-sq	0.297	0.101	0.033	0.187	0.308
时间	是	是	是	是	是
个体	是	是	是	是	是

5.6 进一步研究

5.6.1 单一税收激励政策对企业技术创新的分组回归

宏观政策、微观企业特征是影响企业技术创新的两个主要方面（朱星文，2018）[341]。为进一步探讨税收激励对企业技术创新的特质效应，将根据微观企业特征分组，从企业性质、归属行业、财务状况等维度进行异质性分析，研究不同微观企业特征下税收激励对企业技术创新的影响，具体分类标准如下：①根据企业性质将样本数据分为国有企业和非国有企业；②根据企业所在行业将其分为制造业企业和非制造业企业，制造业作为科技创新的主战场，是打造“中国制造2025”的主力军，有必要对其单独研究；③根据企业净利润将其分为营利企业和非营利企业；④根据企业获得补助情况按中位数将其分为高补贴企业和低补贴企业两个子样本；⑤根据企业所在地将其分为西部企业和中东部企业。

表5－19为税收激励政策对企业技术创新分组回归的结果。从企业性质来看，企业所得税税率优惠、研发费用加计扣除、固定资产加速折旧等政策对国有企业和非国有企业技术创新影响都是显著的，而且增值税优惠对非国有企业研发投入强度和最终产出的影响是显著的，说明非国有企业对增值税优惠更为敏感。虽然整体来看，增值税优惠对企业技术创新的影响不显著，但该政策在非国有企业中已开始起作用，对于非国有企业来说，增值税税负较重，降低税负能够降低其成本，促使其增加研发投入和成果转化。从企业归属行业来看，税收激励对制造业企业技术创新的正向促进作用较为明显，所得税方面的激励政策有利于制造业企业技术创新水平的提升，但研发成果转化方面的激励明显不足，西部大开发税收优惠政策在非制造业企业中能够发挥一定作用，但对制造业企业技术创新的影响却不显著。从企业财务状况来看，当企业出现亏损时，采用税收激励来刺激企业开展创新活动的动力明显不足，有学者认为企业处于业绩困境时，会显著增加研发创新投入的概率（李溪等，2018），但也有人指出在财务

危机状况下，企业将不再研发创新（Kerr and Nanda，2009）[342]。本书的研究结果显示，当企业亏损时，税收激励效应会减弱甚至失效。从企业获得的补贴情况来看，与取得高补贴的企业相比，低补贴企业对税收激励的反应更为显著，低补贴企业获得的补贴较少，通过税收等途径来降低成本的需求更加强烈，但是固定资产加速折旧对高补贴企业的激励作用明显较强，可能因为这些企业获得高额补贴，可投入更多资本采购所需要的固定资产。从企业所在区域来看，西部大开发税收优惠对西部企业技术创新水平的提升作用并不显著，西部企业技术创新对税基优惠和个人所得税优惠更为敏感，目前西部大开发税收优惠较为单一，属于税率优惠，并无税基优惠，建议增加税基方面的优惠政策，而人才是西部企业较为缺乏的，人才东流现象较为普遍，个人所得税优惠对西部企业技术创新促进作用显著。

表 5-19　单一税收激励政策对企业技术创新分组回归的结果

	RD = *decision*	*RD* = *RDI*	*RD* = *patent*	*RD* = *new*	*RD* = *decision*	*RD* = *RDI*	*RD* = *patent*	*RD* = *new*
	(1)	(2)	(3)	(4)	(5)	(6)	(7)	(8)
变量	国有企业				非国有企业			
TR	0.124***	0.0133***	0.0227***	0.00197	0.127***	0.0137***	0.0205***	0.0394*
	(0.0334)	(0.00291)	(0.00592)	(0.0236)	(0.0273)	(0.00351)	(0.00658)	(0.0233)
AD	3.162***	1.421***	0.303*	1.806**	1.652***	0.741***	0.572***	0.635*
	(1.021)	(0.0901)	(0.183)	(0.716)	(0.523)	(0.0612)	(0.115)	(0.371)
dep	0.663***	0.0803***	0.218***	0.384**	0.400***	0.0595***	0.196***	0.243*
	(0.210)	(0.0178)	(0.0361)	(0.161)	(0.143)	(0.0173)	(0.0324)	(0.130)
pit	5.900***	0.723***	0.581***	1.451**	5.115***	0.506***	0.360**	1.290*
	(0.856)	(0.0692)	(0.141)	(0.588)	(0.825)	(0.0958)	(0.179)	(0.710)
vat	-1.111***	-0.0611**	0.00346	-0.396	-0.431	0.173***	0.0828	0.698*
	(0.334)	(0.0287)	(0.0584)	(0.273)	(0.358)	(0.0495)	(0.0926)	(0.363)
west	-0.259	-0.0554**	0.0697	0.332*	0.0697	-0.0318	0.0405	0.0339
	(0.266)	(0.0230)	(0.0467)	(0.175)	(0.201)	(0.0256)	(0.0479)	(0.156)
变量	制造业企业				非制造业企业			
TR	0.101***	0.00881***	0.0264***	-0.00110	0.201***	0.0136***	0.0108	0.0802**
	(0.0255)	(0.00307)	(0.00574)	(0.0190)	(0.0412)	(0.00292)	(0.00679)	(0.0350)

续表

变量	RD = decision (1)	RD = RDI (2)	RD = patent (3)	RD = new (4)	RD = decision (5)	RD = RDI (6)	RD = patent (7)	RD = new (8)
变量	制造业企业				非制造业企业			
AD	2.201***	0.450***	0.303***	0.301	1.703*	1.503***	0.562***	2.381***
	(0.615)	(0.0599)	(0.112)	(0.377)	(0.966)	(0.0774)	(0.180)	(0.905)
dep	0.623***	0.0967***	0.165***	0.208*	0.488**	0.0308*	0.213***	1.011***
	(0.159)	(0.0172)	(0.0321)	(0.117)	(0.215)	(0.0158)	(0.0368)	(0.245)
pit	4.433***	0.933***	0.302	1.478**	6.202***	0.331***	0.439***	0.954
	(0.788)	(0.0991)	(0.185)	(0.618)	(1.034)	(0.0649)	(0.151)	(0.841)
vat	0.197	0.0880	0.388***	0.332	-0.945***	0.136***	0.00728	-0.0417
	(0.487)	(0.0688)	(0.129)	(0.418)	(0.327)	(0.0236)	(0.0549)	(0.285)
west	-0.0604	-0.0140	0.0666	0.207	0.0798	-0.0478**	0.100*	0.299
	(0.191)	(0.0223)	(0.0418)	(0.134)	(0.320)	(0.0235)	(0.0547)	(0.249)
变量	营利企业				非营利企业			
TR	0.172***	0.0213***	0.0242***	0.0478***	0.140	0.00660	0.0157	-0.0192
	(0.0234)	(0.00251)	(0.00489)	(0.0184)	(0.180)	(0.0177)	(0.0318)	(0.121)
AD	2.407***	0.941***	0.497***	0.881**	1.446	0.795***	-0.573	0.957
	(0.550)	(0.0520)	(0.101)	(0.353)	(1.535)	(0.252)	(0.451)	(1.932)
dep	0.542***	0.0554***	0.175***	0.153	-0.0999	0.108***	0.170**	0.779*
	(0.130)	(0.0137)	(0.0267)	(0.110)	(0.505)	(0.0385)	(0.0690)	(0.435)
pit	6.023***	0.697***	0.570***	1.438***	12.92***	0.861**	0.295	4.802
	(0.588)	(0.0582)	(0.114)	(0.455)	(4.264)	(0.359)	(0.644)	(3.367)
vat	-0.754***	0.0234	0.0432	0.0799	-0.418	-0.0995	0.184	1.292
	(0.256)	(0.0266)	(0.0519)	(0.222)	(1.154)	(0.155)	(0.278)	(1.319)
west	-0.0344	-0.0478***	0.0597*	0.127	-0.247	-0.0752	0.125	0.284
	(0.162)	(0.0177)	(0.0345)	(0.119)	(1.415)	(0.103)	(0.185)	(0.741)
变量	高补贴企业				低补贴企业			
TR	0.0869***	0.00455	0.0109*	-0.00427	0.142***	0.0216***	0.0192***	0.0310
	(0.0327)	(0.00317)	(0.00625)	(0.0241)	(0.0321)	(0.00340)	(0.00648)	(0.0265)
AD	1.381*	0.637***	0.0711	1.001**	2.504***	1.285***	0.548***	0.723
	(0.706)	(0.0615)	(0.121)	(0.495)	(0.796)	(0.0855)	(0.163)	(0.584)

续表

	RD = decision	RD = RDI	RD = patent	RD = new	RD = decision	RD = RDI	RD = patent	RD = new
	(1)	(2)	(3)	(4)	(5)	(6)	(7)	(8)
变量	高补贴企业				低补贴企业			
dep	0.662 ***	0.0910 ***	0.174 ***	0.266	0.258	0.0224	0.0753 **	0.319 **
	(0.235)	(0.0222)	(0.0437)	(0.177)	(0.160)	(0.0157)	(0.0300)	(0.150)
pit	5.942 ***	0.856 ***	0.835 ***	1.520 **	5.526 ***	0.533 ***	0.496 ***	1.485 *
	(0.874)	(0.0785)	(0.155)	(0.615)	(0.891)	(0.0860)	(0.164)	(0.761)
vat	-0.826 **	0.0155	-0.00402	-0.0574	-0.166	0.0734 *	0.0731	0.514
	(0.339)	(0.0335)	(0.0660)	(0.282)	(0.433)	(0.0416)	(0.0795)	(0.393)
west	0.0917	-0.0321	0.0583	0.341 **	0.0608	-0.0500 *	0.0938 *	0.323
	(0.242)	(0.0226)	(0.0446)	(0.164)	(0.258)	(0.0281)	(0.0536)	(0.200)
变量	中东部企业				西部企业			
TR	0.133 ***	0.0180 ***	0.0271 ***	0.0241	0.185 ***	-0.000115	0.00423	0.0708
	(0.0217)	(0.00246)	(0.00477)	(0.0176)	(0.0694)	(0.00595)	(0.0117)	(0.0444)
AD	3.068 ***	0.946 ***	0.430 ***	0.800 **	-1.295	0.656 ***	0.659 ***	2.185 *
	(0.566)	(0.0528)	(0.102)	(0.344)	(1.030)	(0.129)	(0.252)	(1.299)
dep	0.560 ***	0.0675 ***	0.179 ***	0.434 ***	0.425	0.0770 ***	0.150 ***	-0.221
	(0.122)	(0.0136)	(0.0264)	(0.112)	(0.328)	(0.0254)	(0.0498)	(0.208)
pit	5.810 ***	0.663 ***	0.401 ***	2.065 ***	8.139 ***	0.581 ***	1.476 ***	0.262
	(0.582)	(0.0608)	(0.118)	(0.488)	(2.142)	(0.184)	(0.362)	(1.321)
vat	-0.719 ***	0.0103	0.0199	0.0296	-0.724	0.0798	0.0846	-0.143
	(0.250)	(0.0275)	(0.0533)	(0.228)	(0.748)	(0.0778)	(0.153)	(0.581)
west	0.0293	-0.0310	0.101 ***	0.105	-0.0600	-0.0514	-0.0177	0.364
	(0.172)	(0.0197)	(0.0381)	(0.130)	(0.404)	(0.0343)	(0.0673)	(0.247)

5.6.2 单一税收激励政策对企业技术创新的长期影响

依托模型（4-13），进一步研究单一政策对企业技术创新的长期影响。从表5-20的研究结果发现，企业所得税税率优惠对企业技术创新的影响在第三期仍在1%显著水平下显著。其他单一税收激励政策与综合税收激励政策的分析一致，虽然第二期显著，但在第三期对企业技术创新的影响就变得不显著，即对企业技术创新的长期正向促进效应不足。增值税优惠在当期对企业技术创新的影响不显著，但在第二期变得显著，第三期又变得不显著，说明增值税优惠对企业技术创新的影响存在一定滞后性。

表 5 - 20　单一税收激励政策对企业技术创新长期影响的回归结果

变量	研发投入（*RD* = *RDI*）		
	当年（*t*）	第二年（*t* + 1）	第三年（*t* + 2）
	(1)	(2)	(3)
TR	0.0150 ***	0.0175 ***	0.00734 ***
	(0.00227)	(0.00230)	(0.00210)
AD	0.911 ***	0.368 ***	-0.0764
	(0.0487)	(0.0541)	(0.0562)
dep	0.0734 ***	0.0371 ***	0.0170
	(0.0120)	(0.0127)	(0.0120)
pit	0.678 ***	0.645 ***	0
	(0.0564)	(0.0557)	(.)
vat	0.0203	0.0461 *	0.0349
	(0.0260)	(0.0256)	(0.0224)
west	-0.0384 **	-0.0595 ***	-0.0133
	(0.0171)	(0.0177)	(0.0163)
控制变量	是	是	是
N	14121	12353	10585
R - *sq*	0.319	0.256	0.050
时间	是	是	是
个体	是	是	是

5.6.3　单一税收激励政策对企业技术创新要素资源扭曲性的影响

表 5 - 21 列（1）为单一税收激励政策对企业技术创新要素资源扭曲性的影响。可以看出，企业所得税税率优惠系数不显著，研发费用加计扣除和个人所得税优惠系数显著为负，即这两种税收激励政策在一定程度上可以起到缓解创新资源扭曲性的作用。增值税优惠的系数为正，增值税优惠会加剧要素市场资源的扭曲性，可能因为间接税具有转嫁给第三者的特征，其税收优惠在转嫁过程中具有更多不确定性。

表 5-21 单一税收激励政策对企业技术创新扭曲性、外溢性等回归结果

变量	扭曲性	外溢性	绿化性	创新质量		研发操纵
	RD = *FD*	*RD* = *spill*	*RD* = *greenRD*	*RD* = *patentfm*		*RD* = *RDM*
	(1)	(2)	(3)	(4)	(5)	(6)
TR	-0.000181	0.417***	0.0252**	0.00298***	0.0527***	0.0798***
	(0.000330)	(0.0450)	(0.0125)	(0.000870)	(0.00479)	(0.0232)
AD	-0.0554***	-1.508*	0.452**	0.0182	0.429***	-0.892*
	(0.00774)	(0.862)	(0.205)	(0.0186)	(0.0796)	(0.495)
dep	0.00279	-0.364	-0.106*	0.0110**	-0.00417	-0.191
	(0.00181)	(0.237)	(0.0641)	(0.00458)	(0.0238)	(0.147)
pit	-0.119***	25.28***	1.026***	0.0111	1.034***	2.904***
	(0.00797)	(0.871)	(0.245)	(0.0216)	(0.0843)	(0.644)
vat	0.00918**	-0.758	-0.416**	0.00438	-0.0998*	0.376
	(0.00366)	(0.530)	(0.183)	(0.00993)	(0.0591)	(0.298)
west	-0.00111	-0.199	-0.0755	0.00327	0.0155	-0.190
	(0.00254)	(0.317)	(0.0752)	(0.00655)	(0.0305)	(0.166)
控制变量	是	是	是	是	是	是
N	12353	14121	4638	14121	11829	4939
R-sq	0.685			0.032		
时间	是	是	是	是	是	是
个体	是	是	是	是	是	是

5.6.4 单一税收激励政策对企业技术创新外溢性的影响

表 5-21 列（2）为单一税收激励政策对企业技术创新外溢性的影响，企业所得税税率优惠和个人所得税对企业技术创新的外溢性影响显著为正，研发费用加计扣除对企业技术创新的外溢性影响为负。根据内生增长理论，知识创新与溢出对经济增长具有重要影响，个别企业的创新行为可通过产业内扩散效应，增加社会知识储备，对经济长期增长产生显著正影响。企业技术创新正外溢性有利于整个社会或行业企业技术创新水平的提升，但需要指出的是，这种外溢效应对于某一企业来说可能是不利的，一项技术一旦被开发出来，就会被认定为该企业的私人物品，当其孵化的创

新产品迅速地被其他企业模仿后，会加速该技术的贬值，该技术为企业带来的收益也就会下降，技术创新带来的好处不能由企业所独享，甚至成为阻碍研发投入的来源（陆国庆，2011）[343]。

5.6.5 单一税收激励政策对企业技术创新绿化性的影响

由表5－21列（3）可知，企业所得税税率优惠、研发费用加计扣除、个人所得税优惠等均有利于企业技术创新绿化性。除了与环境直接相关的环保税、资源税等，我国在其他税种中也有与环境相关的税收激励，这些政策在某种程度上发挥了正向激励作用，如企业所得税中规定，企业购置用于环境保护专用设备的投资，可按一定比例实行税额抵免。但固定资产加速折旧和增值税优惠对企业技术创新绿化性会产生不利影响，在固定资产加速折旧政策中我国并未强制要求购置环保设备，可考虑对购置环保设备费用采用一次性扣除方法，而且增值税中与绿色技术创新相关的激励也不足。

5.6.6 单一税收激励政策对企业技术创新质量的影响

表5－21列（4）和列（5）均为单一税收激励政策对企业技术创新质量的影响，同第4章，依然采用发明专利占比和数量两个指标作为创新质量的代理变量。企业所得税税率优惠对创新质量的影响显著为正，且具有稳健性。除此之外，研发费用加计扣除、固定资产加速折旧、个人所得税优惠等对企业技术创新质量的促进效应均不具有稳健性，进一步说明我国税收激励政策在促进企业技术创新数量方面发挥的作用显著，但提升创新质量方面的效果却不尽如人意，这为税收激励政策改革指明了方向。

5.6.7 单一税收激励政策对企业研发操纵的影响

表5－21列（6）为单一税收激励政策对企业研发操纵的影响。企业所得税税率优惠、个人所得税优惠会导致企业研发操纵，研发费用加计扣除反而会降低企业研发操纵的概率。我国主要的税率优惠即高新技术企业所得税优惠，属于资格认定型税收优惠。另外，集成电路、软件等企业资

格也需人为审核认定，存在较大的政策空间，获得资格认定的企业不仅可享受较低的企业所得税税率，还会享受其他优惠政策，使企业更易实施研发操纵。政府干预为其自由裁量权留下充足的余地，政府可以决定把哪些企业定为高新技术企业，这与政治关系密切相关（Bai et al.，2016）[344]。由此可知，采用整体性指标研究会忽视单一税收激励政策对企业技术创新的影响差异，虽然综合效应分析显示税收激励不会导致研发操纵，但企业所得税税率优惠却会导致研发操纵。

5.7　本章小结

第4章研究税收激励对企业技术创新的综合效应，为进一步探讨单一税收激励政策对企业技术创新的影响差异，本章研究了税收激励对企业技术创新的特质效应。选取常用的企业所得税税率优惠、研发费用加计扣除、固定资产加速折旧、增值税优惠、个人所得税优惠和西部大开发税收优惠为主要研究对象，分别研究以上税收激励政策对企业技术创新的影响效应及传导机制等。研究发现单一税收激励政策对企业技术创新的影响呈现出不同的特点：①企业所得税优惠是激励企业技术创新的主要税种，发挥着举足轻重的作用，企业所得税税率优惠、研发费用加计扣除、固定资产加速折旧对企业技术创新各阶段的影响均显著为正，而且与税率优惠相比，两种税基优惠发挥的激励作用更大，尤其是研发费用加计扣除激励效果尤为显著。税率优惠可通过融资约束机制、公司治理机制、风险共担机制影响企业技术创新，但最易导致企业研发操纵；研发费用加计扣除可通过融资约束、人力资源机制影响企业技术创新，但对企业技术创新具有负外溢性；固定资产加速折旧主要通过公司治理机制影响企业技术创新，但不利于企业绿色技术创新水平的提升。②个人所得税优惠对企业技术创新的促进作用仅次于企业所得税优惠，可通过融资约束、公司治理、人力资源等多种机制影响企业技术创新，但目前个人所得税优惠的激励程度还不够。③增值税优惠和西部大开发税收优惠在促进企业技术创新方面的作用却不尽如人意。增值税优惠对企业技术创新各阶段的影响均不显著，而且增值税优惠还会加速要素市场资源的扭曲性，也不利于绿色技术创新水平的提升；西部大开发税收优惠对企业选择高研发投入和增加研发投入作用均不显著。而且除税率优惠外其他税收激励政策对企业技术创新质量影响均不具有稳健性，进一步说明税收激励政策在促进企业技术创新质量方面的不足。以上结论证实了假设 H2。

6 税收激励对企业技术创新组合效应的实证研究

第4章和第5章分别研究了税收激励对企业技术创新的综合效应和特质效应，本章将进一步研究税收激励对企业技术创新的组合效应，主要探讨与综合税收激励政策和单一税收激励政策相比，税收激励政策组合对企业技术创新的影响效应和传导机制会有何变化。综合效应研究有利于分析税收激励政策的整体效果，特质效应研究能剖析单一税收激励政策的实施效果差异，组合效应研究则有利于深入分析政策组合后所发生的变化。本章在第5章的基础上，选取比较有代表性的税收激励政策分别研究不同税基优惠、税率优惠与税基优惠、不同普惠性税收激励、普惠性税收激励与区域性税收激励等政策组合对企业技术创新的影响和传导机制。

6.1 研究设计

为激励企业技术创新，各国一般采取“一揽子”税收激励政策，几乎没有国家只采用一种税收激励政策。中国企业也不例外，在现实中，企业往往可以同时采用几种税收激励政策，税收激励对企业技术创新的影响，并非单一政策影响的结果，也并非税收激励政策综合效应的结果，而是几种单一政策组合后的结果。税收激励政策组合既可以是几种税基优惠的组合，也可以是税率优惠和税基优惠的组合，甚至是更多种税收激励政策的组合。我国促进企业技术创新的税收激励政策并没有明确的政策组合，政策制定时也没有充分考虑其组合特征，几种单一税收激励政策组合效果可能是合适的，但也可能是低效的，本章将从实证角度对税收激励政策组合进行研究。为研究税收激励政策组合对企业技术创新的影响，借鉴 Dumont（2017）的做法，考虑到大多数假设中误差是正态分布的，选择构建对数—对数规范计量经济模型（6－1），该模型中不仅包含不同的单一税收激励政策，还包括它们的政策组合，其中 α_3 为政策组合的系数，表示相对于单一税收激励政策组合的附加效果，统计上显著的正系数意味着两种或多种方案的结合产生了互补影响，而负系数则表明这种组合会导致企业技术创新的挤出。样本选择、数据来源和主要变量等同第 4 章和第 5 章，在此不再赘述。

$$\ln(RD_{i,j,t}+1) = \alpha_0 + \alpha_1 \ln tax1_{i,j,t} + \alpha_2 \ln tax2_{i,j,t} + \alpha_3 \ln(tax1_{i,j,t} + tax2_{i,j,t}) + Z_{i,j,t}\beta + \theta_i + \gamma_j + \lambda_t + \varepsilon_{i,j,t} \quad (6-1)$$

6.2 税收激励政策组合对企业技术创新的影响变化

6.2.1 不同税基优惠政策组合

本书中的两种税基优惠分别为企业所得税中的研发费用加计扣除和固定资产加速折旧，两种优惠政策可叠加使用，如企业专门用于研发活动的仪器、设备已享受固定资产加速折旧的，还可享受研发费用加计扣除优惠。表 6－1 为两种税基优惠政策组合（*AD & dep*）对企业技术创新影响的回归结果，发现两种税基优惠政策组合对企业技术创新各个阶段的影响均显著为正，两种税基优惠政策组合产生互补影响，并未改变单一税收激励政策对企业技术创新的影响，且这种影响效应甚至高于单一税收激励政策的实施效果，即合理的税收激励政策组合能够增强单一税收激励政策对企业技术创新的正向促进效应，这验证了假设 H3。这说明在税基优惠方面持续开展税制改革是有效和必要的，一方面，应继续加大税基优惠力度，扩大税基优惠适用范围；另一方面，应积极丰富税基优惠手段和其他税种的税基优惠，充分发挥政策组合的积极作用。

表 6-1 不同税基优惠政策组合对企业技术创新影响的回归结果

变量	RD = decision	RD = RDI	RD = patent	RD = new
	(1)	(2)	(3)	(4)
AD	1.432***	0.832***	0.283***	0.561
	(0.497)	(0.0499)	(0.0965)	(0.346)
dep	-1.041***	-0.113***	-0.253***	-0.230
	(0.381)	(0.0320)	(0.0619)	(0.301)
AD & dep	1.131***	0.133***	0.318***	0.407*
	(0.277)	(0.0214)	(0.0413)	(0.214)
gro	0.0788**	0.00823**	0.0334***	0.000161
	(0.0330)	(0.00407)	(0.00788)	(0.0247)
LS	0.255**	0.0328**	-0.0592**	0.107
	(0.124)	(0.0141)	(0.0272)	(0.0983)
age	-2.675***	-0.401***	0.149*	-1.129***
	(0.360)	(0.0427)	(0.0825)	(0.297)
size	-0.346***	-0.0337***	0.291***	0.255***
	(0.0767)	(0.00778)	(0.0150)	(0.0661)
nature	-0.0552	-0.112***	-0.0173	0.199
	(0.280)	(0.0315)	(0.0609)	(0.235)
ROA	-0.0989	-0.00132	0.000605	0.266
	(0.231)	(0.00403)	(0.00780)	(0.297)
TAR	0.589	-0.400***	-0.0106	-0.0654
	(0.557)	(0.0678)	(0.131)	(0.466)
first	0.00364	-0.00115*	-0.00431***	-0.00676
	(0.00548)	(0.000638)	(0.00123)	(0.00442)
board	0.0865	0.113***	0.0166	0.748***
	(0.326)	(0.0377)	(0.0729)	(0.271)
ln*sub*	0.0745***	0.00430***	0.0104***	0.0398***
	(0.0135)	(0.00126)	(0.00243)	(0.0109)
ln*pgdp*	0.105	0.158**	0.0297	-0.243
	(0.650)	(0.0692)	(0.134)	(0.521)
PRl	0.0620	0.00866	-0.0308*	0.0119
	(0.0906)	(0.00932)	(0.0180)	(0.0696)

续表

变量	RD = decision	RD = RDI	RD = patent	RD = new
	(1)	(2)	(3)	(4)
ind	0.0151 ***	0.000759	-0.00551 ***	-0.00763 *
	(0.00499)	(0.000537)	(0.00104)	(0.00411)
_cons		0.400	-4.569 ***	
		(0.774)	(1.496)	
N	7330	14111	14111	7891
R-sq		0.318	0.186	
时间	是	是	是	是
个体	是	是	是	是

6.2.2 税率优惠与税基优惠政策组合

表6-2为企业所得税中税率优惠与税基优惠政策组合对企业技术创新的影响结果，发现税率优惠与税基优惠政策组合效果弱于不同税基优惠政策组合，税率优惠、研发费用加计扣除、固定资产加速折旧三种激励政策组合仅对研发投入阶段具有正向促进作用，对其他阶段的影响并不显著，且显著水平为5%。根据理论分析可知，合适的税收激励政策组合能够促进企业技术创新水平的提升，由实证结果看到的却是税率优惠与税基优惠政策组合仅对企业研发投入影响显著，虽然税率优惠与税基优惠政策组合增大了税收优惠力度，但税率优惠与税基优惠政策组合却存在不一致，反而降低了单一税收激励政策的实施效果。这可能是因为我国税收激励政策在研发投入阶段的优惠政策较多，力度较大，而且对于一些资格认定型税收激励政策，企业研发投入须达到一定比例才能获得相应优惠，企业自然会增加研发投入。在资金有限的情况下，随着研发投入的增加，企业势必要减少其他投资，即便政府出台多项税收激励政策，企业选择高研发投入的决策也较为困难，而且在多种税收激励政策组合的影响下，企业获得优惠的空间较大，可能将多余的资本投入回报率更高、回收期更短的项目，导致企业技术创新的挤出，税收激励政策组合在不一致的情况下甚至还会产生寻租等问题。

表 6 – 2 税率优惠与税基优惠政策组合对企业技术创新影响的回归结果

变量	*RD = decision*	*RD = RDI*	*RD = patent*	*RD = new*
	(1)	(2)	(3)	(4)
TR	0. 114	0. 166	0. 0414	-0. 132
	(1. 529)	(0. 176)	(0. 340)	(1. 169)
AD	1. 497 **	0. 770 ***	0. 227 **	0. 350
	(0. 583)	(0. 0589)	(0. 114)	(0. 408)
dep	-1. 028 **	-0. 0989 ***	-0. 251 ***	-0. 250
	(0. 403)	(0. 0336)	(0. 0650)	(0. 315)
TR & AD	-0. 0409	-0. 147	-0. 0241	0. 123
	(1. 544)	(0. 177)	(0. 343)	(1. 181)
TR & dep	0. 228	-1. 332 **	-0. 917	-1. 735
	(5. 002)	(0. 567)	(1. 098)	(3. 627)
AD & dep	1. 114 ***	0. 127 ***	0. 314 ***	0. 403 *
	(0. 283)	(0. 0215)	(0. 0415)	(0. 218)
TR & AD & dep	-0. 147	1. 327 **	0. 927	1. 794
	(5. 025)	(0. 569)	(1. 102)	(3. 644)
gro	0. 0762 **	0. 00721 *	0. 0318 ***	-0. 00178
	(0. 0319)	(0. 00407)	(0. 00788)	(0. 0246)
LS	0. 239 *	0. 0323 **	-0. 0594 **	0. 108
	(0. 124)	(0. 0141)	(0. 0272)	(0. 0984)
age	-2. 595 ***	-0. 395 ***	0. 166 **	-1. 097 ***
	(0. 360)	(0. 0427)	(0. 0827)	(0. 298)
size	-0. 373 ***	-0. 0368 ***	0. 286 ***	0. 257 ***
	(0. 0774)	(0. 00779)	(0. 0151)	(0. 0665)
nature	0. 00625	-0. 107 ***	-0. 00856	0. 212
	(0. 282)	(0. 0315)	(0. 0609)	(0. 236)
ROA	-0. 354	-0. 00182	-0. 0000630	0. 171
	(0. 291)	(0. 00403)	(0. 00779)	(0. 296)
TAR	0. 739	-0. 386 ***	0. 0208	-0. 0204
	(0. 560)	(0. 0679)	(0. 131)	(0. 468)
first	0. 00313	-0. 00124 *	-0. 00142 ***	-0. 00713
	(0. 00552)	(0. 000638)	(0. 00123)	(0. 00444)

续表

变量	RD = decision	RD = RDI	RD = patent	RD = new
	(1)	(2)	(3)	(4)
board	0.0581	0.111***	0.0123	0.731***
	(0.327)	(0.0376)	(0.0728)	(0.271)
lnsub	0.0688***	0.00398***	0.00995***	0.0381***
	(0.0135)	(0.00125)	(0.00243)	(0.0109)
lnpgdp	0.310	0.163**	0.0372	-0.213
	(0.650)	(0.0691)	(0.134)	(0.521)
PRl	0.0649	0.0106	-0.0282	0.0175
	(0.0909)	(0.00931)	(0.0180)	(0.0697)
ind	0.0149***	0.000738	-0.00556***	-0.00784*
	(0.00505)	(0.000536)	(0.00104)	(0.00412)
_cons		0.319	-4.706***	
		(0.772)	(1.495)	
N	7330	14111	14111	7891
R - sq		0.321	0.188	
时间	是	是	是	是
个体	是	是	是	是

6.2.3 不同普惠性税收激励政策组合

关于不同普惠性税收激励政策组合，本书研究企业所得税优惠与增值税优惠的组合效应，因为增值税优惠的代理变量为二元变量，不适合直接采用模型（6-1），故此，引入两个新的变量（*TR & vat*、*AD & dep & vat*）。当企业同时采用企业所得税税率优惠和增值税优惠时，*TR & vat* =1，否则 *TR & vat* =0；当企业同时采用企业所得税的两种税基优惠和增值税优惠时，*AD & dep & vat* =1，否则 *AD & dep & vat* =0。表6-3为不同普惠性税收激励政策组合对企业技术创新的影响结果，企业所得税税率优惠与增值税优惠政策组合、两种税基优惠与增值税优惠政策组合均能够促进企业研发投入和中间产出的增加，但对企业选择高研发投入决策和最终产出增加却无显著的正影响。两种政策组合都会增强增值税优惠的激励效果，再次验证了假设 H3，但同时改变了企业所得税优惠对企业技术创新各阶段的正向影响，说明我国税收激励组合政策仍存在不足，尤其应加强研发成果转化方面的激励，税率优惠、研发费用加计扣除等单一税收激励政策对最终产出的正向促进作用可能会受到政策组合的不利影响。我国制定税收激励政策时往往采用单一模式，而实际实施中又是组合模式，两者难免产生矛盾，设计“一揽子”高效的税收激励政策是必要的。

表 6－3　不同普惠性税收激励政策组合对企业技术创新影响的回归结果

变量	*RD = decision*	*RD = RDI*	*RD = patent*	*RD = new*
	(1)	(2)	(3)	(4)
TR	0.129***	0.00973***	0.0203***	0.0226
	(0.0225)	(0.00248)	(0.00481)	(0.0176)
AD	2.361***	0.811***	0.359***	0.688*
	(0.555)	(0.0544)	(0.106)	(0.357)
dep	0.512***	0.0696***	0.179***	0.319***
	(0.110)	(0.0119)	(0.0231)	(0.0969)
vat	-0.704***	-0.0346	-0.0181	-0.0594
	(0.255)	(0.0274)	(0.0532)	(0.228)
TR & vat	0.0301	0.0869***	0.0664*	0.116
	(0.161)	(0.0179)	(0.0346)	(0.135)
AD & dep & vat	-0.219	0.0594***	0.0709*	0.0797
	(0.154)	(0.0186)	(0.0362)	(0.125)
gro	0.0639**	0.00740*	0.0319***	-0.00418
	(0.0302)	(0.00405)	(0.00786)	(0.0247)
LS	0.218*	0.0283**	-0.0649**	0.0936
	(0.124)	(0.0140)	(0.0272)	(0.0981)
age	-2.587***	-0.404***	0.168**	-1.088***
	(0.360)	(0.0427)	(0.0828)	(0.297)
size	-0.363***	-0.0408***	0.274***	0.253***
	(0.0765)	(0.00771)	(0.0149)	(0.0657)
nature	0.0502	-0.111***	-0.0128	0.205
	(0.281)	(0.0315)	(0.0610)	(0.234)

续表

变量	RD = decision	RD = RDI	RD = patent	RD = new
	(1)	(2)	(3)	(4)
ROA	-0.352	-0.00691 *	-0.0129 *	0.144
	(0.279)	(0.00394)	(0.00765)	(0.299)
TAR	0.578	-0.398 ***	-0.0473	-0.0275
	(0.553)	(0.0676)	(0.131)	(0.466)
first	0.00222	-0.000962	-0.00395 ***	-0.00677
	(0.00546)	(0.000637)	(0.00124)	(0.00443)
board	0.0639	0.119 ***	0.0346	0.753 ***
	(0.325)	(0.0376)	(0.0729)	(0.271)
lnsub	0.0729 ***	0.00460 ***	0.0112 ***	0.0399 ***
	(0.0133)	(0.00125)	(0.00243)	(0.0108)
lnpgdp	0.157	0.129 *	0.000697	-0.254
	(0.651)	(0.0693)	(0.134)	(0.521)
PRl	0.0380	0.00817	-0.0324 *	0.00988
	(0.0905)	(0.00930)	(0.0180)	(0.0696)
ind	0.0133 ***	0.000582	-0.00591 ***	-0.00802 *
	(0.00500)	(0.000536)	(0.00104)	(0.00412)
_cons		0.694	-4.306 ***	
		(0.774)	(1.502)	
N	7330	14121	14121	7898
R-sq		0.321	0.183	
时间	是	是	是	是
个体	是	是	是	是

6.2.4 普惠性税收激励与区域性税收激励政策组合

关于区域性税收激励政策，选择比较有代表性的西部大开发税收优惠展开研究，该指标的代理变量为二元变量，同6.2.3引入一个新的变量（*AD & dep & west*），当企业同时采用两种税基优惠和西部大开发税收优惠时该变量赋值为1，否则赋值为0。因为西部大开发税收优惠政策为税率型税收激励，与企业所得税税率优惠不可同享，故不再对税率优惠与西部大开发税收优惠政策组合进行分析。表6－4为普惠性税收激励与区域性税收激励政策组合对企业技术创新的影响结果，三种税收激励政策组合能够促进企业增加研发投入和中间产出，增强西部大开发税收优惠对研发投入强度的促进效应。这说明西部企业需要税收激励的刺激，在优惠政策的引导下，一些大型企业到西部投资建厂，引入先进的管理理念和技术，企业研发投入逐渐增加。但是研究中发现一些问题，比如，税收激励对高研发投入决策和研发成果最终转化的影响不显著，而且同时享有多种税收激励政策的企业占比并不大，仅为享有西部大开发税收优惠政策企业的18.44%，尤其是高新技术企业税收优惠和西部大开发税收优惠，两项政策同时将企业所得税税率降至15%，当企业有能力和资格申请高新技术企业时，可能并不会去申请西部大开发税收优惠政策，因为高新技术企业的资格认定3年一审，获得该资格认定不仅可以获得优惠的税率，还有可能获得税收以外的其他好处，而西部大开发税收优惠政策竞争力不强。对于西部高新技术企业来说，其与东、中部高新技术企业享有的优惠税率相同，西部企业并没有享受特殊政策。

表6－4 普惠性税收激励与区域性税收激励政策组合对企业技术创新影响的回归结果

变量	*RD = decision*	*RD = RDI*	*RD = patent*	*RD = new*
	(1)	(2)	(3)	(4)
AD	2.183***	0.858***	0.390***	0.749**
	(0.505)	(0.0500)	(0.0968)	(0.334)
dep	0.474***	0.0707***	0.175***	0.311***
	(0.110)	(0.0120)	(0.0232)	(0.0970)
west	0.142	−0.0475***	0.0513	0.178
	(0.162)	(0.0179)	(0.0346)	(0.120)
AD & dep & west	−0.318	0.0912***	0.147***	0.0695
	(0.196)	(0.0251)	(0.0487)	(0.152)
gro	0.0667**	0.00785*	0.0329***	−0.00318
	(0.0302)	(0.00406)	(0.00786)	(0.0247)
LS	0.230*	0.0318**	−0.0615**	0.0989
	(0.123)	(0.0141)	(0.0273)	(0.0982)

续表

变量	*RD* = *decision*	*RD* = *RDI*	*RD* = *patent*	*RD* = *new*
	(1)	(2)	(3)	(4)
age	-2.654***	-0.397***	0.162*	-1.127***
	(0.359)	(0.0427)	(0.0827)	(0.296)
size	-0.348***	-0.0326***	0.278***	0.248***
	(0.0766)	(0.00774)	(0.0150)	(0.0657)
nature	-0.0261	-0.116***	-0.0199	0.195
	(0.279)	(0.0315)	(0.0611)	(0.234)
ROA	-0.107	-0.00639	-0.0125	0.228
	(0.226)	(0.00395)	(0.00765)	(0.301)
TAR	0.461	-0.439***	-0.0859	-0.0532
	(0.551)	(0.0677)	(0.131)	(0.465)
first	0.00269	-0.00111*	-0.00412***	-0.00716
	(0.00543)	(0.000638)	(0.00124)	(0.00442)
board	0.0866	0.120***	0.0369	0.776***
	(0.325)	(0.0377)	(0.0730)	(0.271)
ln*sub*	0.0767***	0.00492***	0.0117***	0.0411***
	(0.0134)	(0.00125)	(0.00243)	(0.0108)
ln*pgdp*	0.0560	0.147**	0.00743	-0.239
	(0.650)	(0.0693)	(0.134)	(0.521)
PRI	0.0502	0.00760	-0.0336*	0.0107
	(0.0903)	(0.00932)	(0.0181)	(0.0696)
ind	0.0126**	0.000646	-0.00581***	-0.00777*
	(0.00497)	(0.000537)	(0.00104)	(0.00410)
_cons		0.381	-4.353***	
		(0.773)	(1.497)	
N	7330	14121	14121	7898
R-*sq*		0.317	0.181	
时间	是	是	是	是
个体	是	是	是	是

6.3 税收激励政策组合对企业技术创新的传导机制

由以上研究结果可知，两种税基优惠政策组合有利于企业各个阶段的技术创新，税率优惠与税基优惠、不同普惠性税收激励、普惠性税收激励与区域性税收激励等政策组合虽然能够促进企业研发投入的增加，但在中间产出或最终产出等方面的影响却不显著。第5章研究了企业所得税优惠的传导机制，为方便对比，本章将采用并行多变量中介效应模型对两种税基优惠政策组合、税率优惠与税基优惠政策组合的传导机制进行检验。

6.3.1 两种税基优惠政策组合的传导机制检验

由表6-5列（2）~（5）可知，两种税基优惠政策组合对融资约束和盈余管理的影响均显著为负，对研发人员数量占比的影响显著为正，但对企业承担风险水平的影响不显著。列（6）显示盈余管理程度增强和企业承担风险的增加均不利于企业技术创新水平的提升，研发人员数量占比增加能显著促进企业技术创新水平提升，但对融资约束指数的影响却不显著。故对融资约束机制和风险共担机制进行Sobel检验，得到Z统计量分别为8.051和-0.1613，结果显示融资约束机制的中介效应显著，风险共担机制不显著。两种税基优惠政策组合可通过融资约束机制、公司治理机制和人力资源机制影响企业技术创新。根据第5章的研究结论，研发费用加计扣除可通过融资约束机制、人力资源机制影响企业技术创新；固定资产加速折旧主要通过公司治理机制影响企业技术创新。可见两种税基优惠政策组合能够起到互补作用，强强联合使税收激励的传导渠道更为多样。

表6-5 两种税基优惠政策组合传导机制的检验结果

变量	*RDI*	*FCS*	*RDP*	*EM*	*riskt*	*RDI*
	(1)	(2)	(3)	(4)	(5)	(6)
FCS						-0.00281
						-0.00431

续表

变量	RDI	FCS	RDP	EM	riskt	RDI
	(1)	(2)	(3)	(4)	(5)	(6)
RDP						0.140***
						-0.0083
EM						-0.0252***
						-0.00585
riskt						-0.0121**
						-0.00574
AD	0.832***	0.311**	2.305***	0.256***	0.0684	0.585***
	(0.0499)	(0.128)	(0.0782)	(0.0941)	(0.138)	(0.0769)
dep	-0.113***	0.883***	-0.183***	0.0837	-0.00634	-0.0525
	(0.0320)	(0.0822)	(0.0501)	(0.0614)	(0.0779)	(0.0425)
AD & dep	0.133***	-0.486***	0.147***	-0.143***	0.00284	0.105***
	(0.0214)	(0.0549)	(0.0335)	(0.0413)	(0.0527)	(0.0287)
gro	0.00823**	0.0272***	-0.00908	0.0460***	-0.00117	0.0166***
	(0.00407)	(0.0105)	(0.00638)	(0.00776)	(0.0109)	(0.00607)
LS	0.0328**	0.0835**	0.0689***	-0.00316	-0.190***	0.0399**
	(0.0141)	(0.0361)	(0.0220)	(0.0267)	(0.0334)	(0.0183)
age	-0.401***	1.790***	0.812***	0.0975	0.142	-0.535***
	(0.0427)	(0.110)	(0.0669)	(0.0945)	(0.101)	(0.0667)
size	-0.0337***	-0.196***	0.00896	0.0779***	-0.111***	-0.0141
	(0.00778)	(0.0200)	(0.0122)	(0.0148)	(0.0195)	(0.0107)
nature	-0.112***	0.578***	0.0520	-0.0251	-0.0664	-0.114***
	(0.0315)	(0.0809)	(0.0494)	(0.0597)	(0.0747)	(0.0403)
ROA	-0.00132	-0.0532***	0.00881	0.00363	0.313***	0.00261
	(0.00403)	(0.0104)	(0.00632)	(0.00756)	(0.00770)	(0.00451)
TAR	-0.400***	-0.774***	-1.240***	0.125	0.504***	0.0131
	(0.0678)	(0.174)	(0.106)	(0.129)	(0.176)	(0.0967)
first	-0.00115*	0.00607***	-0.00319***	0.00282**	0.00212	-0.00104
	(0.000638)	(0.00164)	(0.00100)	(0.00121)	(0.00160)	(0.000868)
board	0.113***	-0.00562	0.0898	-0.00432	0.132	0.133***
	(0.0377)	(0.0968)	(0.0591)	(0.0712)	(0.0898)	(0.0488)

续表

变量	*RDI*	*FCS*	*RDP*	*EM*	*riskt*	*RDI*
	(1)	(2)	(3)	(4)	(5)	(6)
ln*sub*	0.00430***	0.00627*	0.00183	-0.00266	-0.0114***	0.00153
	(0.00126)	(0.00323)	(0.00197)	(0.00237)	(0.00314)	(0.00170)
ln*pgdp*	0.158**	-0.599***	0.690***	0.0444	0.0304	0.194*
	(0.0692)	(0.178)	(0.108)	(0.131)	(0.212)	(0.116)
PRl	0.00866	-0.0183	-0.0234	0.00137	-0.0163	0.0156
	(0.00932)	(0.0239)	(0.0146)	(0.0177)	(0.0216)	(0.0118)
ind	0.000759	-0.0189***	0.00103	-0.0000247	-0.00488***	0.000894
	(0.000537)	(0.00138)	(0.000842)	(0.00102)	(0.00122)	(0.000669)
_cons	0.400	5.926***	-8.207***	-6.811***	1.753	-0.713
	(0.774)	(1.987)	(1.212)	(1.470)	(2.345)	(1.292)
N	14111	14111	14111	13871	10575	10386
R-sq	0.318	0.110	0.649	0.036	0.187	0.344
时间	是	是	是	是	是	是
个体	是	是	是	是	是	是

6.3.2 税率优惠与税基优惠政策组合的传导机制检验

税率优惠与税基优惠政策组合对企业技术创新的影响效果显然低于两种税基优惠政策组合，而且与单一政策相比，税率优惠与税基优惠政策组合效果的显著性降低。由表6-6传导机制检验结果可知，税率优惠与税基优惠政策组合对研发人员数量占比的影响显著为正，对融资约束和风险共担水平的影响均不显著，对盈余管理的影响显著为正，即税率优惠会使企业加强盈余管理，而这对企业技术创新是不利的。进一步对融资约束机制和风险共担机制进行 Sobel 检验，得到的 Z 统计量分别为 0.4664 和 0.2148，两个统计量均不显著，即融资约束和风险共担的中介效应均不显著。税率优惠与税基优惠政策组合仅可通过人力资源机制正向影响企业技术创新，而且具有完全中介效应。由第 5 章的结论可知税率优惠可通过融资约束机制、公司治理机制、风险共担机制影响企业技术创新；研发费用加计扣除可通过融资约束机制、人力资源机制影响企业技术创新；固定资产加速折旧主要通过公司治理机制影响企业技术创新。税率优惠与税基优惠政策组合使政策的传导渠道变窄，进而影响其对企业技术创新的正向促进效果。

表 6 - 6　税率优惠与税基优惠政策组合传导机制的检验结果

变量	*RDI*	*FCS*	*RDP*	*EM*	*riskt*	*RDI*
	(1)	(2)	(4)	(3)	(5)	(6)
FCS						-0.00267
						(0.00431)
RDP						0.141***
						(0.00831)
EM						-0.0254***
						(0.00585)
riskt						-0.0116**
						(0.00574)
TR	0.166	0.518	2.079***	0.480	-0.0229	0.115
	(0.176)	(0.453)	(0.275)	(0.331)	(0.584)	(0.316)
AD	0.770***	0.375**	2.545***	0.202*	0.0532	0.527***
	(0.0589)	(0.152)	(0.0922)	(0.111)	(0.158)	(0.0869)
dep	-0.0989***	0.844***	-0.118**	0.0327	0.0286	-0.0425
	(0.0336)	(0.0865)	(0.0526)	(0.0645)	(0.0813)	(0.0443)
TR & AD	-0.147	-0.572	-2.073***	-0.546	0.0478	-0.100
	(0.177)	(0.456)	(0.277)	(0.333)	(0.587)	(0.317)
TR & dep	-1.332**	-1.252	-4.767***	-2.363**	0.125	-1.302
	(0.567)	(1.460)	(0.888)	(1.069)	(2.025)	(1.100)
AD & dep	0.127***	-0.486***	0.121***	-0.142***	0.00271	0.100***
	(0.0215)	(0.0552)	(0.0336)	(0.0415)	(0.0528)	(0.0288)
TR & AD & dep	1.327**	1.318	4.734***	2.443**	-0.176	1.299
	(0.569)	(1.465)	(0.891)	(1.073)	(2.028)	(1.102)
gro	0.00721*	0.0272***	-0.00849	0.0462***	0.000176	0.0160***
	(0.00407)	(0.0105)	(0.00637)	(0.00777)	(0.0109)	(0.00607)
LS	0.0323**	0.0855**	0.0653***	0.000146	-0.191***	0.0406**
	(0.0141)	(0.0362)	(0.0220)	(0.0267)	(0.0335)	(0.0183)

续表

变量	RDI	FCS	RDP	EM	riskt	RDI
	(1)	(2)	(4)	(3)	(5)	(6)
age	-0.395***	1.788***	0.770***	0.0943	0.134	-0.539***
	(0.0427)	(0.110)	(0.0669)	(0.0947)	(0.102)	(0.0667)
size	-0.0368***	-0.192***	0.0129	0.0834***	-0.111***	-0.0166
	(0.00779)	(0.0201)	(0.0122)	(0.0148)	(0.0196)	(0.0107)
nature	-0.107***	0.578***	0.0443	-0.0244	-0.0735	-0.110***
	(0.0315)	(0.0810)	(0.0492)	(0.0597)	(0.0747)	(0.0403)
ROA	-0.00182	-0.0531***	0.00823	0.00383	0.313***	0.00218
	(0.00403)	(0.0104)	(0.00630)	(0.00755)	(0.00770)	(0.00451)
TAR	-0.386***	-0.764***	-1.260***	0.125	0.483***	0.0249
	(0.0679)	(0.175)	(0.106)	(0.129)	(0.176)	(0.0968)
first	-0.00124*	0.00603***	-0.00317***	0.00271**	0.00221	-0.00109
	(0.000638)	(0.00164)	(0.000998)	(0.00121)	(0.00160)	(0.000868)
board	0.111***	-0.00870	0.0935	-0.00842	0.139	0.128***
	(0.0376)	(0.0968)	(0.0589)	(0.0712)	(0.0898)	(0.0487)
ln*sub*	0.00398***	0.00634**	0.00235	-0.00267	-0.0114***	0.00135
	(0.00125)	(0.00323)	(0.00196)	(0.00237)	(0.00314)	(0.00170)
ln*pgdp*	0.163**	-0.601***	0.689***	0.0425	0.0357	0.183
	(0.0691)	(0.178)	(0.108)	(0.131)	(0.212)	(0.116)
PRl	0.0106	-0.0186	-0.0248*	0.00173	-0.0176	0.0179
	(0.00931)	(0.0240)	(0.0146)	(0.0177)	(0.0217)	(0.0118)
ind	0.000738	-0.0189***	0.00107	-0.0000972	-0.00493***	0.000972
	(0.000536)	(0.00138)	(0.000839)	(0.00102)	(0.00122)	(0.000669)
_cons	0.319	5.847***	-8.123***	-6.908***	1.794	-0.597
	(0.772)	(1.988)	(1.209)	(1.470)	(2.346)	(1.292)
N	14111	14111	14111	13871	10575	10386
R-sq	0.321	0.110	0.651	0.037	0.188	0.346
时间	是	是	是	是	是	是
个体	是	是	是	是	是	是

6.4 稳健性检验

6.4.1 更换被解释变量或模型

同第4章和第5章，从企业技术创新四个阶段分别检验研究结果的稳健性。①研发决策阶段，同第4章将研发决策指标更换为 *decision2* 进行稳健性检验；②研发投入阶段，采用 Tobit 模型对研发投入阶段进行稳健性检验；③中间产出阶段，采用负二项分布模型对中间产出阶段进行稳健性检验；④最终产出阶段，采用研发支出资本化占营业收入之比（*new2*）为企业技术创新最终产出的代理变量。具体检验结果见表6-7，两种税基优惠政策组合对企业技术创新各阶段的影响均显著为正，研究结果具有一定的稳健性。

表6-7 稳健性检验结果

变量	*RD = decision2*	*RD = RDI*	*RD = patent*	*RD = new2*
	Logit 模型	Tobit 模型	负二项分布模型	Tobit 模型
	(1)	(2)	(3)	(4)
AD	4.780**	0.378***	-0.0486	0.640***
	(1.931)	(0.0648)	(0.0827)	(0.134)
dep	-0.761*	-0.526***	-1.270***	-0.0696
	(0.419)	(0.0566)	(0.0841)	(0.559)
AD & dep	0.787***	0.396***	0.904***	0.1439*
	(0.269)	(0.0392)	(0.0586)	(0.0816)
控制变量	是	是	是	是
sigma_u		0.936***		1.176***
		(0.0205)		(0.0423)
sigma_e		0.510***		0.6852***
		(0.00435)		(0.0126)
N	8816	14111	12528	14111
时间	是	是	是	是
个体	是	是	是	是

6.4.2 更换解释变量

为进一步检验两种税基优惠政策组合的效果，引入变量（*mix*），当企业同时享受研发费用加计扣除和固定资产加速折旧两种税收激励政策时，为其赋值为1，否则令其为0。表6－8为更换变量稳健性检验结果，可以看出，*mix* 对企业技术创新各阶段的影响均显著为正，说明两种税基优惠政策组合对企业技术创新各阶段的影响显著为正，两种税基优惠政策组合能够产生互补效应，加强单一税收激励政策对企业技术创新的影响。

表6－8 更换变量稳健性检验结果

变量	*RD = decision2*	*RD = RDI*	*RD = patent*	*RD = new2*
	(1)	(2)	(3)	(4)
mix	0.346***	0.225***	0.186***	0.311***
	(0.0734)	(0.0140)	(0.0270)	(0.0593)
控制变量	是	是	是	是
N	14125	14125	14125	14125
R－sq		0.310	0.178	
时间	是	是	是	是
个体	是	是	是	是

6.5 进一步研究

本章将在第4章和第5章的基础上，进一步研究税收激励政策组合对企业技术创新的扭曲性、外溢性、绿化性、创新质量和研发操纵的影响，从而发现税收激励政策组合实施过程中可能产生的低效率情况。

6.5.1 税收激励政策组合对企业技术创新要素资源扭曲性的影响

表6－9为税收激励政策组合对企业技术创新要素资源扭曲性的影响结

果，除企业所得税税率优惠和增值税优惠政策组合外，其他政策组合在扭曲性方面没有明显的表现，即没有明显证据表明税收激励政策组合会加剧或缓解创新要素资源扭曲性。企业所得税税率优惠和增值税优惠政策组合对创新要素资源扭曲性的影响为正，且在1%水平下显著，该政策组合未能缓解增值税优惠对创新要素资源的扭曲性，反而加剧了要素资源的扭曲性，甚至大于增值税优惠单一政策的影响，进一步证实该政策组合的不一致性。

表6-9 税收激励政策组合对企业技术创新要素资源扭曲性的影响结果

变量	扭曲性 *RD* = *FD*			
	(1)	(2)	(3)	(4)
TR		0.000637	-0.000581 *	
		(0.00137)	(0.000349)	
AD	-0.0573 ***	-0.0551 ***	-0.0566 ***	-0.0555 ***
	(0.00789)	(0.00774)	(0.00847)	(0.00796)
dep	-0.00422	0.00352	0.00262	0.00277
	(0.00491)	(0.00220)	(0.00181)	(0.00182)
vat			0.00438	
			(0.00396)	
west				-0.00147
				(0.00262)
AD & *dep*	0.00504			
	(0.00332)			
TR & *AD* & *dep*		-0.00120		
		(0.00192)		
TR & *vat*			0.00970 ***	
			(0.00299)	
AD & *dep* & *vat*			-0.000524	
			(0.00324)	
AD & *dep* & *west*				0.00136
				(0.00396)
控制变量	是	是	是	是
N	12343	12353	12353	12353

续表

变量	扭曲性 $RD = FD$			
	(1)	(2)	(3)	(4)
$R-sq$	0.685	0.685	0.686	0.685
时间	是	是	是	是
个体	是	是	是	是

6.5.2 税收激励政策组合对企业技术创新外溢性的影响

由表6-10的回归结果可知，两种税基优惠政策组合、税率优惠与税基优惠政策组合对企业技术创新都具有显著的正外溢性。由第5章单一税收激励政策的研究结论可知，两种税基优惠政策对企业技术创新外溢性的影响均不显著，研发费用加计扣除还会产生负的外溢性，但两种税基优惠政策组合对企业技术创新外溢性产生显著的正向促进作用。合适的税收激励政策组合不但会加强其对企业技术创新的正向促进作用，在某种程度上还提升了税收激励政策的实施效率。税率优惠和税基优惠政策组合对企业技术创新的正向促进作用减弱，但是该政策组合对企业技术创新的正外溢性显著。企业所得税税率优惠和增值税优惠政策组合会产生显著的负外溢性，这种外溢性虽然对于企业来说是不利的，但是有利于社会整体技术创新水平的提升。

表6-10 税收激励政策组合对企业技术创新外溢性的影响结果

变量	外溢性 $RD = spill$			
	(1)	(2)	(3)	(4)
TR		-0.478^{**}	0.484^{***}	
		(0.193)	(0.0495)	
AD	-3.633^{***}	-1.570^{*}	-1.768^{*}	-2.042^{**}
	(0.895)	(0.861)	(0.953)	(0.880)
dep	-5.483^{***}	-1.082^{***}	-0.363	-0.432^{*}
	(0.724)	(0.279)	(0.236)	(0.238)
vat			-0.132	
			(0.571)	

续表

变量	外溢性 *RD = spill*			
	(1)	(2)	(3)	(4)
west				-0.107
				(0.337)
AD & dep	3.603 ***			
	(0.488)			
TR & AD & dep		1.284 ***		
		(0.27)		
TR & vat			-1.164 ***	
			(0.351)	
AD & dep & vat			0.358	
			(0.336)	
AD & dep & west				0.467
				(0.443)
控制变量	是	是	是	是
sigma_u	12.33 ***	12.18 ***	12.19 ***	12.55 ***
	(0.283)	(0.281)	(0.283)	(0.286)
sigma_e	7.181 ***	7.176 ***	7.180 ***	7.184 ***
	(0.0620)	(0.0620)	(0.0621)	(0.0620)
N	14111	14121	14121	14121
时间	是	是	是	是
个体	是	是	是	是

6.5.3 税收激励政策组合对企业技术创新绿化性的影响

表6-11汇报了税收激励政策组合对企业技术创新绿化性的影响，可知除两种税基优惠政策组合外，其他政策组合对企业技术创新绿化性的影响均不显著，即没有证据表明这些税收激励政策组合能够促进企业开展绿色技术创新。根据第5章结论可知，企业所得税税率优惠、研发费用加计扣除均能促进企业技术创新向绿化性转变，固定资产加速折旧对企业技术创新绿化性的影响为负。虽然固定资产加速折旧单一政策对企业技术创新绿化性影响为负，但两种税基优惠政策组合却能提升其对企业绿色技术创

新的正向促进效应，可见合适的政策组合能够各取所长，提升税收激励政策实施效率。企业所得税税率优惠对企业技术创新绿化性影响显著，但企业所得税税率优惠与增值税优惠政策组合后的影响效果却变得不显著，低效的政策组合反而减弱单一税收激励政策对企业技术创新绿化性的影响。

表 6-11 税收激励政策组合对企业技术创新绿化性的影响

变量	绿化性 *RD* = *greenRD*			
	(1)	(2)	(3)	(4)
TR		0.0973*	0.0258*	
		(0.0539)	(0.0138)	
AD	-0.112	0.432**	0.443**	0.447**
	(0.234)	(0.206)	(0.222)	(0.208)
dep	-1.702***	-0.0544	-0.105	-0.120*
	(0.306)	(0.0716)	(0.0641)	(0.0636)
vat			-0.402**	
			(0.196)	
west				-0.0435
				(0.0828)
AD & *dep*	1.217***			
	(0.231)			
TR & *AD* & *dep*		-0.109		
		(0.0779)		
TR & *vat*			-0.0244	
			(0.0919)	
AD & *dep* & *vat*			0.00790	
			(0.078)	
AD & *dep* & *west*				-0.0648
				(0.0989)
控制变量	是	是	是	是
N	4636	4638	4638	4638
时间	是	是	是	是
个体	是	是	是	是

6.5.4 税收激励政策组合对企业技术创新质量的影响

表6-12为税收激励政策组合对企业技术创新质量的影响结果，可以看到两种税基优惠政策组合在促进企业技术创新质量方面依然具有较高的效率。从单一政策来看，税基优惠主要针对研发投入阶段，使企业更加重视研发投入，对企业技术创新质量提升的影响并不具备稳健性，但有效的政策组合可弥补单一税收激励政策的缺陷，合理的政策组合能够引导企业开展高质量创新活动。企业所得税税率优惠与税基优惠政策组合在促进企业技术创新质量方面效率依然较低。

表6-12 税收激励政策组合对企业技术创新质量的影响结果

变量	创新质量 *RD* = *RDQ*			
	(1)	(2)	(3)	(4)
TR		-0.000534	0.00384***	
		(0.00360)	(0.000949)	
AD	-0.00420	0.0180	0.00611	0.0199
	(0.0191)	(0.0186)	(0.0208)	(0.0191)
dep	-0.0408***	0.00783	0.0113**	0.0106**
	(0.0122)	(0.00558)	(0.00457)	(0.00458)
vat			0.00954	
			(0.0105)	
west				0.00735
				(0.00684)
AD & dep	0.0377***			
	(0.00817)			
TR & AD & dep		0.00510		
		(0.00502)		
TR & vat			-0.0142**	
			(0.00684)	
AD & dep & vat			0.0117	
			(0.00714)	
AD & dep & west				-0.00963
				(0.00961)

续表

变量	创新质量 $RD=RDQ$			
	(1)	(2)	(3)	(4)
控制变量	是	是	是	是
N	14111	14121	14121	14121
$R-sq$	0.033	0.032	0.032	0.031
时间	是	是	是	是
个体	是	是	是	是

6.5.5 税收激励政策组合对企业研发操纵的影响

表6-13进一步研究税收激励政策组合对企业研发操纵的影响，其中列（1）为两种税基优惠组合对研发操纵的影响，列（2）~（4）分别为税基优惠与税率优惠、不同普惠性税收激励、普惠性税收激励与区域性税收激励组合对研发操纵的影响。可以看出，两种税基优惠政策组合对企业研发操纵行为的影响不显著，税基优惠与税率优惠、普惠性税收激励与区域性税收激励政策组合对企业研发操纵行为具有显著的促进作用。而增值税与企业所得税，两种税率优惠政策组合却会降低企业技术创新寻租行为，跨税种的税率优惠政策组合可能会阻碍企业的寻租行为。

表6-13 税收激励政策组合对企业研发操纵的影响结果

变量	研发操纵 $RD=RDM$			
	(1)	(2)	(3)	(4)
TR		-0.0863	0.119***	
		(0.0987)	(0.0261)	
AD	-1.141**	-0.908*	-1.164**	-1.171**
	(0.512)	(0.492)	(0.559)	(0.519)
dep	-0.980*	-0.293*	-0.173	-0.212
	(0.503)	(0.157)	(0.147)	(0.147)
vat			0.786**	
			(0.326)	
$west$				-0.314*
				(0.181)

续表

变量	研发操纵 *RD* = *RDM*			
	(1)	(2)	(3)	(4)
AD & dep	0.568			
	(0.359)			
TR & AD & dep		0.247 *		
		(0.143)		
TR & vat			-0.635 ***	
			(0.188)	
AD & dep & vat			0.161	
			(0.157)	
AD & dep & west				0.345 *
				(0.198)
控制变量	是	是	是	是
N	4939	4939	4939	4939
R - sq	—	—	—	—
时间	是	是	是	是
个体	是	是	是	是

6.6 本章小结

我国税收激励政策种类多样，在实证研究中不可能对政策组合一一枚举，本章仅以企业所得税税率优惠、研发费用加计扣除、固定资产加速折旧、增值税优惠、西部大开发税收优惠为代表性政策，分别研究不同税基优惠政策组合、税率优惠与税基优惠、不同普惠性税收激励、普惠性税收激励与区域性税收激励政策组合对企业技术创新各阶段的影响，以期从不同研究视角获得政策启示。研究发现，与综合政策和单一政策相比，税收激励政策组合对企业技术创新的影响呈现出一些变化：①合适的税收激励政策组合的传导渠道会变得更加多样，能够加强其对企业技术创新的正向促进作用，实施效率也更高。其中以研发费用加计扣除和固定资产加速折旧两种税基优惠政策组合最为典型，不仅对企业技术创新各阶段的影响显著为正，而且可通过融资约束、公司治理和人力资源等多种机制影响企业技术创新。另外，两种税基优惠政策组合在促进企业技术创新外溢性、绿化性和创新质量等方面也都具有较高的效率。②低效的税收激励政策组合的传导渠道会变窄，进而削弱单一政策对企业技术创新的正向促进效应，甚至还会出现多种低效率情况。税率优惠与税基优惠政策组合仅对研发投入强度有正向促进作用，仅可通过人力资源机制影响企业技术创新，且易导致研发操纵行为。企业所得税税率优惠与增值税优惠、税基优惠与增值税优惠、税基优惠与西部大开发税收优惠政策组合都能够促进企业增加研发投入和中间产出，强化增值税和西部大开发税收优惠对企业技术创新的影响，却仍不利于高研发投入的选择和研发成果的最终转化，改变企业所得税优惠的正向促进效应。税率优惠和增值税优惠政策组合还会加剧要素资源的扭曲性、产生负外溢性、降低创新质量等。以上结论验证了假设H5。由此得到一些启示：①仅对综合政策和单一政策效果进行评估是不够的，可能会高估激励政策的效果；②两种税基优惠政策组合在政策组合中表现最佳，说明之前在税基优惠方面的持续税制改革是有效和有必要的，但目前税基优惠占比仍较低，持续对税基优惠改革仍是主要方向之一；③我国税收激励政策组合对企业研发投入的促进效果显著，但在研发成果转化和选择高研发投入方面却效果不佳，说明税收激励政策“组合拳”需要在促进企业研发成果转化方面持续优化；④与中东部企业相比，西部企业在促进企业技术创新方面并无显著优势，改善西部企业技术创新环境，税收激励改革仍有必要。

6.7 实证研究小结

本书的研究立足我国国情和事实，在已有文献和理论基础上，构建促进企业技术创新的税收激励政策理论研究框架，并在第4章到第6章构建计量经济模型，分别实证研究税收激励对企业技术创新的综合效应、特质效应和组合效应。对不同税收激励政策及其组合对企业技术创新的影响及传导机制等有了较为全面和深刻的认识，为了更清晰地展示研究结果，笔者汇总了不同税收激励政策及其组合对企业技术创新的影响（见表6-14）。从中可以看出：①从综合税收激励政策来看，我国税收激励政策能够促进企业增加研发投入，以及研发成果转化，但对企业选择高研发投入的激励效应并不显著。②从单一税收激励政策来看，企业所得税优惠在企业技术创新各个阶段都发挥着重要作用，其中企业所得税税率优惠对企业技术创新的影响效果、传导渠道等方面都具有无可比拟的优势，而且在提升企业技术创新外溢性、增强企业技术创新质量方面效果显著，但也要关注到税率优惠易引起企业研发操纵行为，这是税率优惠需要优化的主要方向之一。个人所得税优惠在促进企业技术创新方面发挥着巨大的作用，能够通过公司治理机制和人力资源机制促进企业技术创新，也能够缓解资源扭曲，促进绿色技术创新等，但最容易被忽视，应充分发挥个人所得税优惠在促进企业技术创新方面的作用。增值税优惠和西部大开发税收优惠未能有效促进企业技术创新水平的提升，可能因为增值税作为间接税激励存在税负转嫁不确定等问题，也可能因为增值税促进效应需要较长时间才能显现，增值税作为第一大税种，应持续对其深化改革；西部大开发税收优惠在促进西部地区经济发展方面作用有限，甚至与个别税收激励存在冲突，该政策应优化后再实施。③从税收激励政策组合来看，两种税基优惠政策组合对企业技术创新各阶段影响均显著为正，并未改变单一税收激励政策对企业技术创新的正向促进效应，甚至能够提升单一税收激励政策的激励效果，两种税基优惠政策组合的传导渠道更加多样，在促进企业绿色技术创新、提升创新质量等方面都有较高的效率；税率优惠和税基优惠政策组合则表现出相反的效果，显著降低单一税收激励政策的激励效果，还会加剧要素资源的扭曲性、降低创新质量等；企业所得税与增值税优惠、两种税基优惠与西部大开发税收优惠政策组合都会增强增值税优惠或西部大开发税收优惠的激励效果，但改变了企业所得税优惠的正向激励效应。合理的税收激励政策组合能够增强单一税收激励政策的激励效果，低效的税收激励政策组合则会削弱单一税收激励政策的激励效果。

表 6-14 不同税收激励政策及其组合对企业技术创新的影响对比

分类				影响效应				传导机制				效率分析					
				创新决策	研发投入	中间产出	最终产出	融资约束	人力资源	公司治理	风险共担	长期影响	资源扭曲 -	外溢效应 +	绿色创新 +	创新质量 +	研发操纵 -
综合效应	综合政策	结构性减税		×	* * *	* *	* *	—	—	—	—	×	×	*	* *	×	×
		实质性减税		×	*	* * *	* *	* * *	* * *	×	×	×	×	* *	×	×	×
特质效应	单一政策	普惠性税收激励	税率优惠	* * *	* * *	* * *	*	* * *	×	* *	*	* * *	×	* * *	* *	* * *	* * *
			研发费用加计扣除	* * *	* * *	* * *	* *	* * *	* * *	×	×	×	×	×	* *	×	×
			固定资产加速折旧	* * *	* * *	* * *	* * *	×	×	* * *	×	×	×	×	×	×	×
			个人所得税	* * *	* * *	* * *	* * *	×	* * *	* * *	—	×	×	* * *	* * *	×	* * *
			增值税	×	×	×	×	—	—	—	—	×	* *	×	×	×	×
		区域性税收激励	西部大开发税收优惠	×	×	* * *	*	—	—	—	—	×	×	×	×	×	×
组合效应	政策组合	研发费用加计扣除 & 固定资产加速折旧		* * *	* * *	* * *	*	* * *	* * *	* * *	×	—	×	* * *	* * *	* * *	×
		税率优惠 & 研发费用加计扣除 & 固定资金加速折旧		×	* *	×	×	×	×	×	*	—	×	* * *	×	×	*
		税率优惠 & 增值税优惠		×	* * *	*	×	—	—	—	—	—	* * *	×	×	×	×

续表

分类			影响效应				传导机制				效率分析					
			创新决策	研发投入	中间产出	最终产出	融资约束	人力资源	公司治理	风险共担	长期影响	资源扭曲 -	外溢效应 +	绿色创新 +	创新质量 +	研发操纵 -
组合效应	政策组合	税率优惠 & 税基优惠 & 增值税优惠	×	* * *	*	×	—	—	—	—	—	×	×	×	×	×
		研发费用加计扣除 & 固定资产加速折旧 & 西部大开发税收优惠	×	* * *	* * *	×	—	—	—	—	—	×	×	×	×	*

注：×表示影响不显著或者为反向影响；*、* *、* * *表示影响为正的显著程度；—表示本书未检验。

7 促进企业技术创新的税收激励政策建议

在高质量发展阶段，税收激励政策也要体现其高质量性，主要表现为政策的高效性、渠道的高效性和效率的高效性。其中，政策的高效性和效率的高效性主要从税收激励政策的管理和优化两方面来着手，并在此基础上深入构建完善的税收激励体系和引入新型税收优惠政策，通过循环的税制改革打造高效的税收激励制度和完善的税制管理体系；渠道的高效性则需要政府、企业、科研院所、投资机构等多方配合，促进产学研的结合，完善金融市场、产权制度、创新型人才培养等。因此，促进企业技术创新，需要将宏观政策与微观企业治理相结合，深化税制改革，增强不同税收激励政策的系统性和协调性，优化企业治理和管理机制，不断完善税收激励政策为企业技术创新提供良好的制度环境，从而有利于形成税收制度创新与技术创新的“双轮驱动”，充分发挥两者的共同作用，助力我国经济高质量发展。具体政策建议如下。

7.1 持续深化税制结构改革

减税降费是促进经济高质量发展的重要抓手，持续优化减税降费政策是要将实质性减税与结构性减税相结合。一方面，持续深入开展实质性减税，减轻企业税费负担；另一方面，继续深化税制结构调整。在我国经济下行压力下，主要问题仍是结构性的，而减税也有结构性问题（刘尚希等，2019）[345]。我国税制结构以间接税为主，2000 年以前间接税占比达 70% 以上，随着税制结构的优化，直接税占比逐渐提升，但税制结构性问题依然是我国较为突出的问题。特别是直接税中的个人所得税规模明显较小，占比为6%～8%，发达国家这一比例却高达25%左右，即使占比较低的韩国、日本，这一数值也在10%以上。税制结构与一国经济发展水平密切相关，对提升企业技术创新水平具有显著的促进作用，而且具有一定的长期性，有利于未来企业技术创新水平的提升。我国高质量发展和创新驱动发展战略的顺利实施都需要与之相匹配的税制结构，由研究结论可知，以企业所得税为代表的直接税激励在促进企业技术创新方面效果十分显著，以增值税为代表的间接税激励却因受较多因素影响而效果较差。我国促进企业技术创新的税收激励政策主要集中于企业所得税（即直接税）中，但增值税才是我国第一大税种，税收激励结构与税制结构存在明显不符。因此，应继续降低间接税比重，提升所得税比重，同时要不断完善财产税，适时推出房地产税，真正实现货物和劳务税与所得税并重。

7.2 健全税收激励政策体系

为促进企业技术创新，我国已出台多项税收激励政策，但体系性较差。一个完善的税收激励政策体系应统筹考虑国内与国外，税收激励政策要有国际竞争力，为国内企业“走出去”、国外企业“走进来”而服务；应统筹考虑单一税收激励政策与政策组合，不仅要考虑单项政策，还要考虑不同政策组合之间的影响，充分发挥政策组合的优势；应统筹考虑各个税种，税收激励不仅要基于企业所得税，还要充分考虑间接税甚至社保基金等的激励作用；应统筹考虑数量与质量，税收激励政策要有利于企业技术创新各个阶段，尤其是促进研发成果的转化和创新质量的提升；应统筹考虑企业技术创新的各个阶段，税收激励政策应从全视角切入，覆盖研发创新的各个阶段，特别关注研发、试验阶段和成果转化阶段。以日本为例，企业研发税制体系相对完整，在研究开发税收激励政策（概要）（No. 5441）中有明确体现，主要包括四个部分——研发支出总额税收抵免制度、加强中小企业技术基础税收制度、专项研究免税制度和研究费用增加的税收抵免制度，不仅囊括了中小企业、专项研发的抵免，而且从税收抵免、税收扣除、研发费用支出增量和总量等多方面激励企业技术创新。我国现有促进企业技术创新的税收激励政策散落在各个文件中，缺少统一的顶层设计或统领性文件，建议进一步健全我国现有税收激励体系。

7.2.1　明确税收激励目标，落实税收法定原则

税收激励体系构建的目标需再次明确，直接目标是引导企业积极参与研发创新活动，促进企业技术创新整体水平提升，根本目的是推动经济高质量发展，提升人民生活水平。税收激励政策的制定要秉承税收法定、税收公平、经济效率、税收中性等原则，其中税收法定原则尤为重要，要加快税收法定进程，必要时可建立税收优惠法，提升税收激励政策立法层级。我国税收优惠一般以财政部、国家税务总局等部委颁布的规范性文件为主，税收优惠文件多杂，存在立法主体多、立法层级低、“政出多门”等问题，这会降低税收激励政策的实施效率，加大纳税人的遵从成本。例如，仅针对固定资产加速折旧就涉及财税〔2014〕75号、国家税务总局公告2014年第64号、财税〔2015〕106号、财税〔2019〕13号及财政部、国家税务总局公告2019年第66号等多份文件。税收法定能最大限度地体现其公平公正性，有利于强化税收执法的统一性，降低纳税人的遵从成本。许多国家都以专有的法律形式对税收激励政策进行明确，例如，美国的《小企业创新发展法》、俄罗斯的《斯科尔科沃创新中心法》等。提高税收优惠立法层级是税收法定的重要一环。

7.2.2　实施精准激励政策，确保政策高效落地

我国税收激励政策项目较多，但重点不够突出，应进一步明确税收激励政策的导向，在加大优惠力度的同时突出“精准”和“高效”。找准对象，精准施策，不是一味地加大税收激励力度，而是有针对性地加大税收激励力度，税收激励政策不在多而贵在“精”和“准”，中国目前缺乏的是核心、有力、高效的税收优惠。建议由“普及化的”税收优惠调整为“普及化为主，重点铺开”的税收优惠制度，让有限资源发挥最大功效。

例如，根据企业创新能力给予不同的税收激励，根据研发机构类型及研发内容差异化实施税收激励，甚至可以根据企业规模、创新意愿、成果转化情况等精准施策。将税收激励政策向中小企业、初创企业、经济不发达地区、高新技术企业等倾斜，鼓励实质性创新、天使投资、研发成果转化等。中小企业更易受资金限制，应将税收优惠与政府研发补贴相结合，使其发挥最大功效。税收激励导向要重点突出以下几个方面：一是向中小微企业、初创企业等倾斜，中小微企业、初创企业是企业技术创新的庞大生力军，是创新、生产力的最大贡献者，对就业机会以及国家经济发展有非常大的贡献，但其面临着融资难、人才短缺等问题，应加大对中小微企业的支持；二是奖励企业绿色技术创新，技术创新不能以损害环境为代价，应坚持绿色技术创新；三是加大研发成果转化的税收激励，企业技术创新的目的不仅是增加研发投入强度，更主要的是发展高水平的技术创新，以及增加研发成果的转化，将技术转化为创新产品；四是加强创新型人才的税收激励，现有税收激励主要偏向于物质资本激励，对人力资本激励不足；五是引导企业开展高质量、高水平创新，我国研发投入阶段的税收激励政策未能对研发创新质量的提升产生积极促进作用，税收激励政策应进一步关注创新质量的提升，应增加与研发创新质量相关的税收激励，引导企业开展高水平技术创新，如通过精准差异化的税收激励、高质量的税收征管，以及研发成果端的税收激励等引导企业注重研发创新质量，高新技术企业的认定也应加强其与创新质量之间的联系。另外，对基础研究、先导性产业、创新型非营利组织等应给予相应的税收激励倾斜，还应关注税收激励政策整体社会福利效率，在促进企业技术创新的同时要防止顾此失彼，尽可能不干预或少干预资源配置，保持税收中性，以使税收对纳税人的行为扭曲最小。

7.2.3 关注政策组合效果，提高政策的一致性

完善的税收激励体系能促进税收激励多元化发展，但又不失包容性。税收激励体系的制定要有全局观，不仅要优化每一项税收激励政策，也要关注税收激励的体系化，不同税收激励政策之间的一致性、连贯性等，要

综合考虑税收激励政策组合的实施效果，防止多项税收激励政策叠加可能带来的负效应。我国税收优惠主要运用的是单一模式的税收激励，虽然企业在现实中可同时采用多种税收激励，但制定政策时并非采用组合模式的税收激励，即同一份税收激励文件很少为同一目的同时规定两项及以上税收优惠政策。与单一政策相比，政策组合税制设计不易，但可增强不同单一政策之间的一致性，也可提高税收激励政策的实施效率。虽然我国有多项税收激励政策，但关于税收激励政策并没有统领性的文件或标准，政策制定时未充分统筹考虑组合政策的实施效果，以及不同单一政策之间的相互关系，政策出台的随机性较大。在多项税收激励政策下，企业可能仅专注于某一项税收激励政策，而导致其他政策失效，而且不同单一税收激励政策之间一致性的缺乏可能给企业带来可乘之机，使税收激励并未真正促进企业技术创新水平提升。因此，制定税收激励政策时若仅考虑单一政策，税收激励效果可能小于预期，应加大复合型税收激励政策的使用，增强单一税收激励政策之间的一致性，合适的税收激励政策组合对企业技术创新的传导渠道更加多样，促进效果也会大于单一政策的实施效果。当然，还要关注税收激励政策组合实施效率，比如，税收激励政策组合是否会导致研发操纵，一项税收激励政策的出台是否会对其他政策产生影响，是否会导致其他政策的失效等。

7.2.4　规范税收激励管理，提升政策的前瞻性

税收激励是“一揽子”税收政策的组合，企业研发类税收优惠的设计要通盘考虑，改变目前优惠政策松散的现状，出台具有统领性的税收激励文件，详细规范税收激励政策的规范性、政策导向等。第一，税收优惠额度列入财政年度预算，保持其稳定性，以进行统一管理。第二，梳理我国现有税收激励政策，清理不合规的优惠政策。根据国家税务总局《“大众创业、万众创新”税收优惠政策指引》，截至 2019 年 6 月，我国针对“双创”已陆续推出 89 项税收激励政策，税收激励政策项目较多，内容细致，但重点不够突出，政策较为零碎，缺乏核心、有力、高效的税收激励政策。税收激励政策的制定不能脱离公平和效率，政策内容不宜复杂，需综

合考虑税收征管成本。一方面，进一步简化税收激励政策，烦琐的税收激励约束条件，难懂的税收激励政策内容，不利于企业对政策的理解和使用，一项优惠政策往往需要政府出台多份文件反复解释，在实施中还可能出现各种新问题，加大税收征管成本；另一方面，清理低效税收激励政策，提高实施政策的精准度，让有限资源发挥最大功效，这也符合税基侵蚀与利润转移（BEPS）行动计划 5 的要求，各国已开始对 100 项税收优惠进行梳理，以完善国际税收框架。繁多的税收激励政策反而会让企业抓不住重点，适当合并一些税收激励政策，根据企业创新能力实施不同税收激励政策，根据研发机构类型及研发内容差异化实施税收激励，甚至可以根据企业规模、创新意愿、成果转化情况等精准施策。第三，以完善的税收数据为依托，建立完善的绩效评价机制，从事前、事中、事后等多维度对实际效果量化考评，做到细致、全面、有前瞻性，既关注税收激励政策带来的直接目的效果，也要评判其带来的间接影响。建立税收优惠实施效果评价机制，及时跟进分析，加强税收激励政策监控、预算管理。对于低效税收激励政策要及时跟进，寻找原因，以便对其进行优化调整。另外，关于数据口径建议统一规范标准，例如，仅研发费用就有会计核算、高新技术企业认定和研发费用加计扣除三个口径，这三个口径在财企〔2007〕194 号、国科发火〔2016〕195 号和财税〔2015〕119 号等文件中分别做出具体规定，不利于企业日常管理和政策理解。

税收激励政策的制定要具有一定前瞻性，有利于保持政策的持续稳定，以及给予企业稳定的预期，使其有能力和信心开展创新活动。税收激励的前瞻性要与国家高质量发展相符，符合“创新、协调、绿色、开放、共享”新发展理念。税收激励政策要具有创新性，协调资源配置促进企业技术创新活动，而且不能以破坏环境为代价，引导企业开展绿色技术创新活动。高质量发展下税收政策应是开放的，是与国际接轨的，税收激励改革也要全球化开放性地发展。在新形势下企业技术创新不会局限于某一家企业，可能需要企业之间开展全球化合作，税收激励政策要与“一带一路”建设、全球化发展、数字经济等相符合，防止创新资本和人才外流。税收激励政策的前瞻性有利于明确政策导向，包括产业导向、人才导向、生态导向等，税收激励政策的出台向市场传递明确的信号，为企业投资发展提供导向，促进相关产业发展，税收激励政策也有利于人才培养、就业，以及生态保护等。

7.3 优化已有税收激励政策

7.3.1 企业所得税

（1）税率优惠。企业所得税税率优惠在促进企业技术创新方面发挥了重要作用，特别是针对高新技术企业，给予较大力度的税率优惠，但税率优惠在实施效率方面也存在一些较大问题，例如，税率优惠易导致企业研发操纵、资格认定型税收优惠易受政企关系影响等。第一，应持续降低企业所得税税率，从国际上看，降低企业所得税税率已成为大趋势。2017 年 8 个国家降低企业所得税税率，平均下降 2. 7 个百分点，2018 年仍有 8 个国家降低企业所得税税率，但平均降幅已升至 4. 8 个百分点[①]，还有一些传统上高企业所得税税率的国家也开始减税。适度降低整体企业所得税税率，对于提升企业国际竞争力、降低企业整体税负等至关重要。第二，应关注税率优惠中的低效率现象，尽可能减少资格认定型税收激励带来的负面影响。资格认定型税收优惠存在人为因素，企业可能为了获得更优惠的政策而寻租，导致税收激励政策效率低下。关于高新技术企业资格认定，中国在 2016 年对准入条件进行改革，降低中小企业认定门槛，鼓励中小企业研发创新，说明该政策已引起相关部门重视，加大中小企业税收优惠力度。建议下一步，严把资格认定关，政府相关部门要提高企业资格认定的识别能力，将寻租企业排除在外，使该政策切实为企业带来优惠，防止政策被滥用，可将资格认定的标准逐渐法律化，同时完善评审、复议等机制；优化资格认定门槛，门槛跨度不能太大，但档次不宜过高，防止企业

① 数据来源：OECD（2018），Tax Policy Reforms 2018，OECD Publishing. https://read. oecd - ilibrary. org/taxation/tax - policy - reforms - 2018_9789264304468 - en#page7。

为了跨越门槛而虚假创新。

（2）税基优惠。研发费用加计扣除是主要的税基优惠政策之一，但享受该政策的企业占比并不高。一是继续加大企业研发加计扣除比例和扩充扣除范围，如企业对创新型人才培养、培训等费用。中国研发费用加计扣除比例在国际上基本处于中等水平，印度的研发费用加计扣除比率最高为200%，波兰最高达250%。2019年6月25日，印度尼西亚颁布了一项法规，为企业研发创新引入新的所得税激励政策，其中规定最高可以扣除研发活动支出金额的300%①。建议差异化扣除比例，对中小型企业或某些特殊行业可再提高比例。二是中小企业往往因为亏损难以真正享受研发费用加计扣除等税收优惠政策，建议采取自盈利年度起结转扣除或退税等方式。三是合伙企业、个人独资企业无法享受研发费用加计扣除，建议将该政策拓展至以上企业。四是持续优化政策内容，使研发费用加计扣除的边界标准更加清晰，使政策内容更加简单易懂。五是我国研发项目分为研究阶段和开发阶段，前者的支出可直接在当期费用中一次性扣除，而后者政策规定形成无形资产的要按175%摊销，而且一般期限不得低于10年，研发支出资本化后反而不能一次性扣除，使企业在当期缴纳的税增多。研发费用是否形成无形资产在税务方面存在较大差异，为企业操纵盈余避税提供条件（王亮亮，2016），也不利于激励研发成功者。对于虚增研发费用的，应加大处罚力度，提高企业违规成本。

在固定资产加速折旧方面，我国设置了限制条件，应对其优化处理：一是限制特定行业和企业，专门用于研发的仪器设备，单位价值不超过100万元的允许一次性扣除，适用于所有行业，但是针对新购进的研发和生产经营共用的仪器、设备，单位价值不超过100万元的可一次性扣除，仅适用于生物药品制造业、专用设备制造业等六个行业的小型微利企业。2019年1月1日起享受固定资产加速折旧的行业范围扩大至全部制造业领域。二是加大企业在环保型设备采购方面的激励力度，对于更换高污染、

---

① 数据来源：https://www.taxathand.com/article/12022/Indonesia/2019/New - tax - incentives - granted - for - certain - industries - and - expenditure。

高能耗设备，购置环保设备的允许加速折旧，而且不对行业做限制，以促进企业技术创新向绿色化转变。三是提升研发设备一次性计入当期成本费用的扣除门槛，目前该门槛是 100 万元，研发专用设备仅单位价值不超过 100 万元的，其他固定资产单位价值不超 5000 元的，允许一次性计入当期成本费用在计算应纳税所得额时扣除，研发专用设备采购价格一般非常昂贵，单价定位 100 万元吸引力不足。鉴于研发设备投入金额较大，更新换代频率较高，建议将该门槛提升至 200 万元。四是在天使投资方面，目前仅可按其投资额的 70% 抵扣转让该初创科技型企业股权取得的应纳税所得额，建议借鉴英国、印度等国的做法，加大天使投资转让税收优惠力度。五是在人才培养方面，企业产生的员工教育经费支出不超过工资薪金总额 8% 的部分允许税前扣除，该比例可适当提高或对教育经费支出差异化扣除，将该政策调整为全额扣除或加计扣除。

7.3.2 个人所得税

具有创造能力的各类人才是研发创新的关键，是创新的核心要素，也是企业技术创新主要投入之一。在我国高质量发展阶段，更是对人才提出新的要求，但促进企业技术创新的税收激励政策却相对忽视个人所得税优惠的重要性。个人所得税优惠对企业技术创新水平的提升至关重要，对创新型人才的吸引和保留至关重要，有利于改变实物与人力资源投资不平衡的状况，应增加高新技术人员的个人所得税优惠。近年来，我国对个人所得税改革迈出“综合”制度建设步伐，出台粤港澳大湾区个人所得税优惠等政策，但个人所得税相关激励政策仍十分有限，尤其是针对企业研发人员的直接优惠、高层次人才的税收激励较少。

首先，关于个人所得税税率，2018 年改革后个人所得税征收模式由分类改为分类与综合相结合的方式，但却只对四种劳动收入做综合，非劳动收入并未纳入，而且最高边际税率 45% 并未调低。与国际水平相比，中国个人所得税的边际税率依然较高，会形成对劳动收入的“税收歧视”和对知识分子、专家型纳税人的“税负打击”，这种打击很可能传导到一批高科技型企业要以高薪高待遇才能在全球竞争环境中“留住人才团队”的实际压力上。

其次，关于个人研发创新的股权奖励和现金奖励，进一步完善和优化相关税制，使科技创新人才获得更高的预期收益，充分调动其积极性。目前符合条件的股票期权、股权期权、股权奖励等可递延纳税，在股权激励方面，中国出台递延纳税的激励，但并没有免税激励，国外对雇员持有股份达到一定年份的允许免税，以鼓励研发人才持续为企业研发活动提供支持。应解决创业者股权激励所得、股息红利所得等面临的同时缴纳个人所得税和企业所得税的双重征税问题，加大减免以技术入股的股权收益。科技创新相关奖励虽然已有个人所得税优惠，但政策覆盖面较窄，且存在滞后性。例如，2011 年出台的《关于 2011 年度李四光地质科学奖奖金免征个人所得税的公告》，建议统一规范科技创新类奖励，扩大现金奖励的适用范围，可根据科技创新奖励的级别给予差异化税率优惠。还应继续加大研发人员创新激励，针对智力密集型劳动、个人知识产权转让所得等加大个人所得税减免，可将其纳入个人所得税扣除中。

最后，关于天使投资和个人研发成果转让方面，不仅要加大天使投资转让税收优惠力度，还应免征天使投资个人的科技型初创企业投资收益，增加对天使投资人的个人所得税优惠政策，以鼓励其对科技型初创企业的支持。对于个人转让研发创新成果，建议设定免税范围，转让所取得的收入在一定数额内给予免税。另外，应鼓励企业和个人在教育、培训等方面的支出，允许相关支出在税前扣除，以及适当增加外国企业或科研人员在中国开展研发活动的优惠政策，鼓励外国企业和科研人员在中国国内研发。

7.3.3 增值税

由研究结论可知，间接税促进企业技术创新的效应不如直接税，但我国以间接税为主，尤其是“营改增”之后，增值税已成为中国第一大税，占比达 40%，增值税的激励作用不能忽视，应充分发挥增值税的激励效应。近年来，中国对增值税做出一系列改革，包括减并增值税税率、放宽留抵退税条件等，但“营改增”的减税改革在短期内并未对企业技术创新产生显著影响，即增值税优惠在激发企业活力、引导企业开展技术创新方面发挥的作用有限。目前，企业间接税负担仍较重，部分行业企业的减税获得感并不强，降低增值税税负是中国税制优化改革的主要方向之一。“营改增”后应继续对增值税进行改革，持续减并、降低增值税税率，中国增值税法定税率与国际上其他国家相比基本处于中低水平，仅韩国、加拿大等国增值税税率低于13%，更重要的是继续完善增值税抵扣链条，加大增值税优惠力度。特别是非国有企业技术创新对增值税优惠较为敏感，应加大中小企业、初创企业的增值税优惠力度，扩大增值税抵扣范围，如人力成本、进项留抵等。还应进一步完善留抵退税制度，当期进项大于销项时，就会出现留抵税金，导致增值税无法完全转嫁到下一环节，完善的留抵退税制度能够降低企业实际税负。

7.3.4 西部大开发税收优惠

西部大开发税收优惠政策相对单一，仅针对西部地区鼓励类产业享受15%的优惠税率，且该政策于2020年12月31日到期后，开启第三个十年优惠期。由研究结果可知，该政策对企业技术创新的影响并不显著，西部企业技术创新对税基优惠和个人所得税优惠更为敏感。2008年以前内资企业所得税税率较高，西部大开发税收优惠优势明显，2008年以后企业所得税税率整体降低，而且随着高新技术企业税收激励的普遍认可，西部大开发税收优惠激励作用有限。该政策优惠具有时间限制和条件限制，要求鼓励类产业项目的主营业收入占企业总收入的70%以上，限制较多，不确定性较大，尤其是与东部企业相比，西部高新技术企业并无额外税收优惠。结合地区之间差异仍较大的现实，建议在高质量发展阶段制定常态化的西部大开发税收优惠政策，并关注以下几点内容：一是适度加大税收优惠力度，差异化鼓励。例如，对西部高新技术企业给予更为优惠的企业所得税税率。二是适度丰富税收激励方式，在税率优惠的基础上增加税基优惠、个人所得税优惠等。例如，西部企业开展技术创新的研发费用加计扣除比例适度增加，西部创新人才在税率或专项附加扣除方面给予优惠。三是适度减弱税收优惠限制条件。例如，原政策要求鼓励类产业项目的主营业务收入占企业总收入的70%以上，这一比例修改后也要达到60%，不利于企业多元化发展。四是税收激励应向高质量化和绿色化改革。

7.3.5 其他税收激励政策

科技园区、科技孵化器等相关税收激励政策本书并未直接研究，但它们在促进企业技术创新方面也发挥着重要作用。各国对科技园区十分重视，给予相当大的税收优惠力度，这是区域性税收激励不可或缺的一部分。尤其是中关村国家自主创新示范区试点“1+6”政策[①]的出台，不仅是国家自主创新示范区的建立，而且为促进企业技术创新的税收激励政策改革打下基础。目前关于科技企业孵化器、大学科技园和众创空间免征房产税和城镇土地使用税，对其向在孵对象提供孵化服务取得的收入免征增值税，但该政策主要针对经过认证的国家级、省级科技企业孵化器，优惠范围有限，对于那些未达到认定标准但做出专业贡献的孵化器亦应考虑给予税收优惠，对于资格认定型税收激励也应加大资格认定过程的监管。

7.4 探索新型税收激励政策

（1）关于税收抵免方式。税收抵免是发达国家主要使用的优惠方式，是从应纳税额中直接减免一定比例的研发支出。税收抵免形式较为丰富，包括基于总量的税收抵免（volume - base credits）、基于增量的税收抵免（incremental credits），以及两者相结合的混合抵免方式。美国、挪威等使用的是增量税收抵免，加拿大、澳大利亚采用的是总量税收抵免，还有少数国家同时使用以上两种方式，如日本。税收抵免方式在发达国家的使用

---

① 试点的税收激励政策主要包括《对中关村科技园建设国家自主创新示范区有关研究开发费用加计扣除试点政策的通知》（财税〔2010〕81号）、《对中关村科技园区建设国家自主创新示范区有关职工教育经费税前扣除试点政策的通知》（财税〔2010〕82号）等。具体内容有：将企业为研发人员缴纳的“五险一金”、医药企业发生的临床试验费等纳入加计扣除范围；将职工教育经费税前扣除比例由2.5%提高到8%；以股份或出资比例等股权形式给予本企业相关技术人员的奖励，可在5年内分期缴纳个人所得税。

已越发成熟，与税收扣除相比，税收抵免方式激励效果更强，实际效果也不受企业所得税税率影响，税收优惠更显性化，而且税收抵免更能体现技术创新的长期性。例如，美国、日本等国既有基于增量的税收激励，又有基于总量的税收激励，对于企业逐年增加研发投入的可给予特别优惠的税收减免，以鼓励企业长期持续开展创新活动。我国可采取地区试点方式推广，或先针对大型企业采用税收抵免方式，等政策较为成熟后再向全国推广。

（2）关于专利盒制度。专利盒制度是世界各国激励研发成果转化普遍使用的政策之一，主要是针对研发成果免税或减税，目前英国、法国等欧洲 12 个国家均有该制度。但该制度存在较大争议，因为知识产权的地域流动性较强，专利盒制度可能存在侵蚀税基等问题，导致企业税收转移和国家之间的税收竞争（Evers et al.，2015）[346]。还有学者认为专利盒制度作用于创新过程的后端，对企业研发的促进效果很小。不过，近年来专利盒制度不断得到拓展和优化，使用频率逐渐增多，多个国家重新修订或引入专利盒制度。爱尔兰于 2016 年实施知识发展盒子（Knowledge Development Box），对在爱尔兰开展研发活动所产生的知识产权利润适用 6.25% 的优惠税率（一般法定税率为 12.5%）。荷兰于 2017 年重新修订专利盒制度并经欧盟审议通过；毛里求斯也计划引入专利盒制度。我国并未明确提出专利盒的概念，但一些学者将我国的技术转让所得税收优惠政策形容为“具有中国特色的专利盒制度”或“类专利盒制度”（程瑶、潘旭文，2018）[347]，该政策与专利盒有类似之处，但又存在差异。中国技术转让所得税收优惠规定居民企业转让 5 年以上非独占许可所获得的技术转让所得，不超过 500 万元的部分免征企业所得税，超过的部分减半征收。该政策限制 5 年以上非独占许可，而且仅针对销售专利和满足特定条件的专利许可权所得，涉及范围较窄，与技术转让项目相关的技术咨询、培训等收入并未纳入优惠范围，也未考虑销售专利技术产品等的所得。我国对技术转让所得设定上限，只有不超过 500 万元的部分才可免税，超过的部分则减半征收，具有累退效应。建议我国依托现有政策，逐渐引入真正的专利盒制度。一是扩大税收激励的范围，例如，对内嵌所得提供税收优惠，将软件版权扩展至软件产品，这与BEPS行动计划允许“有版权的软件”可享受优惠是一致的（朱为群、李佳坤，2019）；二是增加高质量知识产权的税收激励；三是增加“关联法”的要求，我国虽然能够通过设置自主研发条件等保障该政策的无害性，但“关联法”的引入能够确保享受税收优惠的是自主研发成果，更有效地激励自主研发创新，特别是OECD提出BEPS行动计划后，其中第五项专注于打击“有害税收实践”，只有纳税人存在实质性经营活动才可享受相应税收优惠。

（3）关于研发准备金。目前，有一些国家采用研发准备金的形式，即允许企业按总收入或应纳税所得额的一定比例提取研发准备金，准备金允许不纳税，但对资金的使用范围有一定限制。一方面，研发准备金能够增强企业抵御研发风险的能力；另一方面，允许研发准备金税前扣除，给予一定税收优惠，缓解企业资金压力。例如，新加坡允许部分企业按照应纳税所得额的20%提取研发准备金，韩国则是按照企业总收入的3%来提取。中国也可尝试研发准备金制度，鼓励企业提取研发准备金，并允许税前扣除。

随着税收激励政策的实施，各国对税收激励政策的认识越来越充分，政策越来越成熟，方法也越来越多样，在以上税收激励方式的基础上，还可进一步对现金退税、创新项目激励、绿色创新激励等方式进行探索。中国税收激励还应向多税种拓展，这是符合国际趋势的，在促进企业技术创新方面，税收优惠逐渐拓展至个人所得税、增值税、房产税等多个税种，甚至拓展至社保基金。土耳其规定2023年12月31日之前，技术开发区的企业免征增值税，对在其中工作的科研人员免征个人所得税；韩国对符合要求的学术研究用品等减免特别消费税和关税；阿根廷增加对软件、知识型服务和研发方面的税收激励政策，符合条件的活动可降低所得税税率和社会保障缴费①；俄罗斯减免企业的社会保障税、房产税、增值税等。中国以间接税为主，增值税作为第一大税种，其优惠政策对企业技术创新所

① 资料来源：2019年6月号《G20财税动态》（http://ippg.shufe.edu.cn/2019nw20csdt/list.htm）。

发挥的效果有限，应在完善已有税收激励政策的基础上，不断探索新的税收激励政策，在促进研发成果转化、产业化方面增加增值税激励，还可以借鉴俄罗斯等国的做法，对社保基金等减免。为促进企业技术创新，税收激励政策的供给不应局限于企业，应向人才的供给端、创新成果的需求端等加深拓展，对科研基金、研发成果购买等提供税收优惠。此外，还应鼓励非高新技术企业创新，我国对高新技术企业创新尤为重视，税收激励政策也较多，但非高新技术企业与人民生活息息相关，其研发能力与发达国家差距较大，需要加大鼓励。

7.5 逐渐完善税收管理环境

7.5.1 提升税收征管效率

税收激励政策的落地离不开高效的税收征管，税收征管不仅直接影响税收激励政策的实施效果，还可以作为一种外部治理机制发挥公司治理的功能（Mironov，2013）[348]，是监督企业税收行为的一种外部有效监督措施，使企业遵从税法，规范税收管理，约束企业滥用税收激励政策（Hoopes et al.，2012）[349]；税收征管还有利于改善企业的债务融资能力，促进企业融资，有效缓解融资过程中的信息不对称等问题（Guedhami and Pittman，2008）[350]。这都为税收激励政策的高效实施提供了有利条件。但与调整税率相比，税收征管努力程度的调整更为灵活和隐蔽，也较难被监管（范子英、田彬彬，2013）[351]，加强税收征管对税收激励政策有效实施十分重要。需要税务机构不断提升纳税服务水平，在高质量发展阶段，税收激励体系愈加完善复杂，对税收征管提出更高要求，以降低政企双方的征纳成本和风险。

第一，提高税收征管力度。税务部门应加强税收征管努力程度，充分利用信息监管技术，提高税收监管力度，改善税收监管方式，确保税收激励政策的高效落地。过于严格的税收征管强度反而损害税收激励政策的实施效果，对于税收激励政策的实施要尽可能确保口径的一致性，明确政策内容，简化操作流程，优化管理方式。税务部门内部要建立科学的绩效考核制度，调动税务人员的积极性，外部应加大对税务部门的有效监督。第二，优化纳税服务。为纳税人提供更加便利、优质的纳税服务，构建和谐的征纳关系。加强税务知识教育培训，提升征管人员的综合素质，增强纳税人对税收激励政策的理解，使其充分享受税收激励带来的红利。最大化利用税务局微信公众号、窗口提示牌等提高征纳双方沟通效率，便捷税法宣传和税务咨询；利用“互联网+”等不断完善纳税人自助办税模式，开通多种申报方式，简化税收激励的申请、办理以及认定程序，使征税更加便捷，提升税收征管效率。第三，构建科学的征管效率评估体系。目前常用的人均征税额、征税成本率等指标过于单一和简便，不能对税收征管效率进行综合评估，可能导致评估结果有偏，为此可依托税收“大数据”，建立信息共享机制，构建科学的征管效率评估体系，必要时可引入第三方评审机制等，为逐渐提升税收征管效率打下基础。第四，保障税收征管的独立性。制定和完善相关法律法规，完善税务机构与地方政府、税务机构与企业的关系。一方面，最大限度地防止寻租行为，约束和制衡政府官员的权力，减少政府对企业的过多干预；另一方面，树立正确的绩效考核观念，防止地方政府联合税务部门赋予企业多目标的任务。

7.5.2 加强企业税收管理

企业自身要加强税收管理，健全的税收管理有利于企业充分享受税收激励红利，实现可持续健康发展。例如对于研发费用加计扣除，只有会计核算健全并能准确归集研发费用的企业才能真正享受政策红利。企业要转变税收管理的理念，给予足够的重视，建立动态管理思维，不断加强税收管理。一是加强培训管理，使会计和涉税人员及时学习更新的税务知识和政策内容，提高其业务处理能力，培养更多高素质、高能力的税务人员，使其有能力根据税收政策对企业发展战略进行有针对性的调整及改变。二是要结合企业所在行业的特殊性，以及企业自身的特点，在税法允许的范围内，充分利用国家税收激励政策为企业经营谋福利，降低企业税负，提升企业经营能力。

7.6 不断优化相关配套措施

7.6.1 降低企业整体负担

近年来，为减轻企业负担，激发企业创新活力，各国都致力于降低企业所得税，中国企业所得税税率不算特别高，但企业整体税负较重，持续为企业整体减负仍然任重道远。唯有减税与降费并重，才能真正实现“放水养鱼”。企业所感知的税负过重，实际上是综合税负过重，企业在缴纳企业所得税、增值税等法定税的基础上，还面临着各种行政性收费，以及各种人工用水用电等成本。因此，减税与降费同等重要，在优化促进企业技术创新税收激励政策的基础上应降低企业整体负担，主要包括清理规范政府性基金、涉企行政事业性收费等，以及各种不合理收费，还应在保证职工社保待遇的基础上，减轻企业社保的缴费负担，特别是对创新型初创企业可给予特殊优待。

7.6.2 持续优化制度环境

良好的制度环境是优化营商环境的关键，是经济高质量发展的基础。良好的制度环境能够调动企业的积极性，促进企业开展技术创新活动。良好的制度环境包括完善的税收制度，但促进企业技术创新不能一味地提供慷慨的税收激励政策，要通过体制机制改革理顺政府与市场的关系，通过“放管服”规范政府行为，增强政府公信力和执行力。进一步完善产权保护制度，通过加强对私有财产权的法律保护来发展私营部门，从制度上保护创新成果，为企业技术创新提供良好的制度环境，使企业开展创新活动再无后顾之忧，营造良好的制度环境，为企业家发挥创新才能提供制度保障。创建良好的政企关系，完善地方官员考评机制，引入市场化进程指标，充分调动地方政府的积极性，减少政治寻租对税收激励政策有效性的影响。积极引导地区之间良性竞争，防止税收激励政策被滥用，以及税收洼地的形成。

7.6.3 深化金融体制改革

金融体制改革对于我国高质量发展，以及企业技术创新具有重要作用。企业技术创新需要高投入，企业迫切需要能够提供长期融资、低成本融资以及直接融资的金融体系，但我国目前的金融体系以银行等中介机构为主，企业融资难问题未能得到有效解决，融资渠道少、金融歧视常常存在，尤其不利于民营企业、中小企业的技术创新。我国应继续推进金融市场化改革，放开金融市场管制，建立完善高效的资本市场体系，在以银行为主导的金融体系基础上，建立多层次资本市场，完善银行信贷资源配置制度，提升股票市场地位，完善股票市场运行机制，提高资本市场运行效率。同时，也要积极进行金融产品和服务的创新，促进金融与科技融合，充分激发金融机构和资本市场活力，以及加强金融监管，防范金融风险。

7.6.4 促进产学研的结合

产学研的结合是知识共享的过程，是提升技术创新水平、促进高质量创新和研发成果转化的重要内容。院校、企业、科研机构在企业技术创新各个阶段功能定位不同，应将各方资源充分整合，加强院校、科研机构与企业的互动和协同，推动产学研深度融合。在完善促进企业技术创新的税收激励政策基础上，要不断整合院校、企业、科研机构等各方资源，建立科学有效的产学研深度融合机制。要以市场为导向，遵循市场规律，而政府在其中要充当引导者、服务者及参与者等角色。强化企业技术创新的主体地位，根据项目实际情况，有针对性地给予财政支撑、资源倾斜等，引导创新资源向企业集聚，不断加大企业技术创新的支持力度，加强公共基础研究的支持力度，设置并完善专项支持基金；加强研究型、创新型、创业型大学的建设，支持企业在大学或科研机构投资建立实验室，支持产学研联盟形成创新合力，提高我国高质量科技成果供给，促进科研成果转化为现实生产力。

7.6.5 健全人才培养机制

国家发展依靠人才，我国高质量发展更离不开创新型人才，人才是企业技术创新的重要资源，是企业技术创新成败的关键，要健全人才教育和培养体系，尤其是复合型人才的培养体系。我国高校等教育机构要重视人才综合素质培养，在校园内营造科研实践的氛围，充分激发学生兴趣，培养其创新思考能力；企业要健全人才培养机制和激励机制，要激励企业加强人才培养，鼓励企业多组织培训、学习交流，不断提高人才实践能力；健全人才机制，不唯学历、资历、身份等论英雄，为优秀人才脱颖而出打造平台，鼓励人才创新行为，营造浓厚的创新氛围；利用产学研融合，协同搭建创新人才培养的多元平台，通过共同开发课程、联合研究实验室、合作开展竞赛等，打造人才培养新模式。

8　结论与展望

8.1　研究结论

技术创新对经济增长的重要贡献已在全球范围内形成普遍共识，它是一个国家优化资源配置、提高综合竞争力的基础动力，是企业降低成本费用、提高自身市场竞争力的重要手段。改革开放以来，我国技术创新水平迅速提升，但在取得巨大成就的同时，应清楚地看到我国整体研发水平仍存在大而不强、量多质低、成果转化率低等诸多问题，尤其是企业作为技术创新的重要主体，创新动力不足，与发达国家存在较大差距。促进企业技术创新离不开市场机制，需要完善的制度环境，其中税收激励政策因其寻租空间小、覆盖范围广、税收法定等特性颇受欢迎。税收激励是一种特殊的财政支出，并非越优惠越好，面对财政资源的稀缺性、公共性，提升财政资金使用效率、不断优化税收激励政策是十分必要的。在我国高质量发展阶段，税收激励政策更应突出“精准”和“高效”。促进企业技术创新的税收激励政策研究不是一个新话题，但税制改革依然是当今社会热议的话题之一。财税体制改革并非解一时之弊，而是要着眼长远，在新环境、新形势与新背景下研究具有新的意义。基于此，本书围绕促进企业技术创新的税收激励政策这个主题，沿着“发现问题—分析问题—论证问题—解决问题”的思路，在我国国情、已有研究文献和理论基础上，构建促进企业技术创新的税收激励政策理论研究框架，按照从整体到个体、从单一到组合的顺序，逐层细化深入，研究税收激励政策对企业技术创新综合效应、特质效应和组合效应。选取 2008—2017 年我国沪深两市 A 股上市公司面板数据，采用双固定效应面板模型、Logit 模型、双重差分模型、中介效应模型等方法实证研究，得出以下研究结论：

综合来看，税收激励对企业技术创新具有正向促进作用，但对企业技术创新不同阶段影响效应呈现差异化。①结构性减税和实质性减税是我国在不同阶段采取的不同策略，两者都可以引导企业增加研发投入，甚至促进研发成果转化，其中结构性减税更有利于引导企业增加研发投入，实质性减税则更有利于企业技术创新向下一阶段推进，但两者都不会促使企业选择高研发投入。②税收激励主要通过融资约束和人力资源机制影响企业技术创新，资金和人才是影响企业技术创新的两个最为重要的因素，税收激励也主要通过缓解这两个因素产生的问题来促进企业技术创新。风险共担机制整体来看并不显著，公司治理机制则可能产生“遮掩效应”。③税收激励在促进企业技术创新的同时，也存在低效率情况。如税收激励对企业技术创新的长期正向促进效应不足，在缓解企业技术创新要素资源扭曲性、引导企业技术创新绿色化以及提升企业技术创新质量等方面有待优化。

不同单一税收激励政策对企业技术创新的影响存在差异性：①企业所得税是激励企业技术创新的主要税种，发挥着举足轻重的作用，企业所得税税率优惠、研发费用加计扣除、固定资产加速折旧对企业技术创新各阶段影响均显著为正，而且与税率优惠相比，两种税基优惠发挥的激励作用更大，特别是研发费用加计扣除激励效果尤为显著。税率优惠可通过融资约束机制、公司治理机制、风险共担机制影响企业技术创新，但易导致企业研发操纵；研发费用加计扣除可通过融资约束机制、人力资源机制影响企业技术创新，但对企业技术创新具有负外溢性；固定资产加速折旧主要通过公司治理机制影响企业技术创新，但不利于企业绿色技术创新水平的提升。②个人所得税优惠对企业技术创新的促进作用仅次于企业所得税优惠，可通过融资约束、公司治理、人力资源等多种机制影响企业技术创新，但显然目前对个人所得税优惠的重视程度还不够。③增值税和西部大开发税收优惠在促进企业技术创新方面的作用不尽如人意。增值税优惠对企业技术创新各阶段的影响均不显著，还会加速要素资源的扭曲性，也不利于绿色技术创新水平的提升；西部大开发税收优惠对企业选择高研发投入和增加研发投入的影响均不显著。

与综合税收激励政策和单一税收激励政策相比，税收激励政策组合对企业技术创新的影响呈现出一些变化：①合适的税收激励政策组合的传导渠道会变得更加多样，能够加强单一政策对企业技术创新的正向促进效应，实施效率也更高。其中以研发费用加计扣除和固定资产加速折旧两种税基优惠政策组合最为典型，不仅对企业技术创新各阶段的影响显著为正，而且可通过融资约束、公司治理和人力资源等多种机制影响企业技术创新。另外，两种税基优惠政策组合在促进企业技术创新外溢性、绿化性和创新质量等方面也都具有较高的效率。②低效的税收激励政策组合的传导渠道会变窄，进而减弱单一政策对企业技术创新的正向促进效应，甚至会出现多种低效率情况。税率与税基优惠政策组合仅对研发投入强度有正向促进作用，仅可通过人力资源机制影响企业技术创新，且易导致研发操纵行为。企业所得税税率优惠与增值税优惠、税基优惠与增值税优惠、税基优惠与西部大开发税收优惠政策组合都能够促进企业增加研发投入和中间产出，增强增值税和西部大开发税收优惠对企业技术创新的影响，却仍不利于高研发投入的选择和研发成果的最终转化，改变企业所得税优惠的正向促进效应。税率优惠和增值税优惠政策组合还可能加剧要素资源的扭曲性、产生负外溢性、降低创新质量等。

综上可知，我国税收激励体系不断发展完善，在促进企业技术创新方面发挥着重要的作用，从不同维度研究促进企业技术创新的税收激励政策，有利于在解析税收激励政策综合效果的基础上，分析不同单一税收激励政策的差异，以及政策组合后发生的变化。另外，整体来看，虽然税收激励对企业技术创新表现为正向的促进效应，但也确实存在一些低效率的情况，削弱税收激励的正向促进作用，在一定程度上解答已有研究文献中税收激励对企业技术创新的激励效应与挤出效应之争。

8.2 研究展望

尽管本书构建了一个较为完善的税收激励体系，采用理论与实证相结合等方法，从综合政策、单一政策、政策组合三个维度研究促进企业技术创新税收激励政策，但受数据、时间等客观因素影响仍有以下几点不足，未来有待继续努力完善和深入探索：首先，关于政府支持政策组合的研究值得持续深入。我国税收激励项目较多，规模较大，但本书仅选取几种具有代表性的税收激励政策，初步探究促进企业技术创新的税收激励政策及其组合，关于税收激励政策组合，以及复合型税收激励的研究仍不完善，具体合适的政策组合比例应如何分配等有待进一步研究；而且现实中税收激励政策项目杂多，对于激励政策的组合研究难以全面，也很难对现实情况进行模拟，在研究方法上也值得深入探究。其次，关于间接税的税收激励有必要深入细致研究。我国以间接税为主，且间接税的税收激励占国内生产总值的比重已超过8%（高培勇、毛捷，2013），但实施效果不尽如人意，类似政策绩效的研究不可忽视。尤其是“营改增”之后，多项增值税优惠政策出台，效果究竟如何有待继续评估。最后，关于税收激励对企业技术创新的效率研究缺少一个较为完整的评估体系，税收效率的定义较为复杂，标准也并非唯一（刘玉龙，2017）[352]，书中并未对税收激励效率深入研究，仅在研究税收激励对企业技术创新影响效应、传导机制的基础上，在进一步分析中做了简单讨论，未来可从多维度切入，分析其综合福利效应。

参考文献

[1]ROMER P. Endogenous technological change [J]. Journal of political economy, 1990, 98(5):71 -102.

[2]ROSENBERG N. Innovation and economic growth [M]. Pairs: OECD Press, 2006.

[3]唐未兵,傅元海,王展祥. 技术创新、技术引进与经济增长方式转变[J]. 经济研究,2014(7):31 -43.

[4]林木西,张紫薇,和军. 研发支持政策、制度环境与企业研发投入[J]. 上海经济研究,2018(9):35 -48.

[5]韦森. 中国经济增长的真实逻辑[M]. 北京:中信出版社,2017.

[6]PORTER M. Capital disadvantage: America's failing capital investment system [J]. Harvard business review, 1992, 70(5): 65 -82.

[7]SILVA F, CARREIRA C. Financial constraints: do they matter to allocate R&D subsidies? [J]. The BE journal of economic analysis & policy, 2017, 17(4):1 -26.

[8]TASSEY G. Policy issues for R&D investment in a knowledge - based economy [J]. The journal of technology transfer, 2004, 29(2):153 -185.

[9]ARROW K J. The economic implications of learning by doing [J]. The review of economic studies, 1962, 29(3):155 -173.

[10]林毅夫. 产业政策与我国经济的发展:新结构经济学的视角[J]. 复旦学报(社会科学版),2017,59(2):148 -153.

[11]CROPPER M L, OATES W E. Environmental economics, a survey

[J]. Journal of economic literature, 1992, 30(2): 675 –740.

[12]HU A G, JEFFERSON G H. A great wall of patents: what is behind China's recent patent explosion? [J]. Journal of development economics, 2009, 90(1):1 –68.

[13]CZARNITZKI D, HANEL P, ROSA J M. Evaluating the impact of R&D tax credits on innovation: a microeconometric study on canadian firms [J]. Research policy, 2011, 40(2):217 –229.

[14]刘啟仁,赵灿,黄建忠. 税收优惠、供给侧改革与企业投资[J]. 管理世界,2019(1):78 –96.

[15]GREENWALD B C, STIGLITZ J E. Externalities in economies with imperfect information and incomplete markets [J]. Quarterly journal of economics, 1986, 101(2):229 –264.

[16]GOKHBERG L, KITOVA G, ROUD V. Tax incentives for R&D and innovation: demand versus effects [J]. Foresight – Russia, 2014, 8(3):18 –41.

[17]CAPPELEN A, RAKNERUD A, RYBALKA M. The effects of R&D tax credits on patenting and innovations [J]. Research policy, 2012, 41(2): 334 –345.

[18]NEUBIG T, GALINDO – RUEDA F, APPELT S, et al. Fiscal incentives for R&D and innovation in a diverse world[R/OL]. Paris: OECD Taxation Working Papers No. 27, 2016. [2016 –09 –13]. http://dx. doi. org/10. 1787/5jlr9stckfs0 – en.

[19]OECD. Tax policy reforms 2017: OECD and selected partner economies [R/OL]. Paris: OECD Publishing, 2017. [2017 –09 –23]. http://dx. doi. org/10. 1787/9789264279919 – en.

[20]杨兴全,尹兴强,孟庆玺. 谁更趋多元化经营:产业政策扶持企业抑或非扶持企业?[J]. 经济研究,2018,53(9):135 –152.

[21]江飞涛,李晓萍. 直接干预市场与限制竞争:中国产业政策的取向与根本缺陷[J]. 中国工业经济,2010(9):26 –36.

[22]骆永民,翟晓霞. 中国税收自动稳定器功能的双重约束研究[J].

经济研究,2018, 53(7):106 - 120.

[23]BECKER B. Public R&D policies and private R&D investment: a survey of the empirical evidence [J]. Journal of economic surveys, 2014, 29(5): 917 - 942.

[24]张杰,郑文平. 创新追赶战略抑制了中国专利质量么? [J]. 经济研究,2018(5):30 - 43.

[25]王俊. 政府 R&D 资助与企业 R&D 投入的产出效率比较[J]. 数量经济技术经济研究,2011(6):93 - 106.

[26]胡凯,吴清. 税收激励、制度环境与企业研发支出[J]. 财贸经济,2018(1):38 - 53.

[27]JIA J, MA G. Do R&D tax incentives work? Firm - level evidence from China [J]. China economic review, 2017, 46(12):50 - 66.

[28]SCHUMPETER J A. Capitalism, socialism, and democracy [J]. American economic review, 1942, 3(4):594 - 602.

[29]傅家骥. 技术创新学[M]. 北京:清华大学出版社,1998.

[30]邓子基,杨志宏. 财税政策激励企业技术创新的理论与实证分析[J]. 财贸经济,2011(5):5 - 10.

[31]HSU P H, TIAN X, XU Y. Financial development and innovation: cross - country evidence [J]. Journal of financial economics, 2014, 112(1): 116 - 135.

[32]CHEMMANUR T J, LOUTSKINA E, TIAN X. Corporate venture capital, value creation, and innovation [J]. Review of financial studies, 2014, 27(8): 2434 - 2473.

[33]WILLIAMSON, OLIVER E. Innovation and market structure [J]. Journal of political economy, 1965, 73(1):67 - 73.

[34]TAN Y, TIAN X, ZHANG X, et al. The real effects of privatization: evidence from China's split share structure reform [R]. Social science electronic publishing,2014.

[35]JIN X, LEI G, YU J. Government governance, executive networks

and enterprise R&D expenditure [J]. China journal of accounting research, 2016, 9(1):59 - 81.

[36]党力,杨瑞龙,杨继东. 反腐败与企业创新:基于政治关联的解释[J]. 中国工业经济,2015(7):146 - 160.

[37]FEDERICO G, LANGUS G, VALLETTI T. Horizontal merger and product innovation [J]. International journal of industrial organization, 2018, 59(7):1 - 23.

[38]STIGLITZ, JOSEPH E. Leaders and followers: perspectives on the Nordic model and the economics of innovation [J]. Journal of public economics, 2015(127):3 - 16.

[39]MANSO G. Motivating innovation [J]. The journal of finance, 2011, 66(5):1823 - 1860.

[40]蔡卫星,倪骁然,赵盼,等. 企业集团对创新产出的影响:来自制造业上市公司的经验证据[J]. 中国工业经济,2019(1):137 - 155.

[41]ACEMOGLU D. When does labor scarcity encourage innovation? [J]. Journal of political economy, 2010, 118(6):1037 - 1078.

[42]BARASA L, KNOBEN J, VERMEULEN P, et al. Institutions, resources and innovation in east Africa: a firm level approach [J]. Research policy, 2017, 46(1):280 - 291.

[43]FALEYE O, KOVACS T, VENKATESWARAN A. Do better - connected CEOs innovate more? [J]. Journal of financial and quantitative analysis, 2014, 49(5/6):1201 - 1225.

[44]袁建国,后青松,程晨. 企业政治资源的诅咒效应:基于政治关联与企业技术创新的考察[J]. 管理世界,2015(1):139 - 155.

[45]BALSMEIER B, FLEMING L, MANSO G. Independent boards and innovation [J]. Journal of financial economics, 2017, 123(3):536 - 557.

[46]王玉泽,罗能生,刘文彬. 什么样的杠杆率有利于企业创新[J]. 中国工业经济, 2019(3):138 - 155.

[47]FUDENBERG D, TIROLE J. Understanding rent dissipation: on the

use of game theory in industrial organization [J]. American economic review, 1987, 77(2):176 – 183.

[48] FEDYK T, KHIMICH N V. R&D Investment decisions of IPO firms and long – term future performance [J]. Review of accounting and finance, 2018, 17(1):78 – 108.

[49] FANG V W, TIAN X, TICE S. Does stock liquidity enhance or impede firm innovation? [J]. Social science electronic publishing, 2014, 69(5): 2085 – 2125.

[50]张劲帆,李汉涯,何晖. 企业上市与企业创新:基于中国企业专利申请的研究[J]. 金融研究,2017(5):160 – 175.

[51]龙小宁,林菡馨. 专利执行保险的创新激励效应[J]. 中国工业经济,2018(3):116 – 135.

[52]虞义华,赵奇锋,鞠晓生. 发明家高管与企业创新[J]. 中国工业经济,2018(3):136 – 154.

[53]林志帆,龙晓旋. 卖空威胁能否激励中国企业创新[J]. 世界经济,2019,42(9):126 – 150.

[54]周煊,程立茹,王皓. 技术创新水平越高企业财务绩效越好吗?——基于16年中国制药上市公司专利申请数据的实证研究[J]. 金融研究,2012(8):166 – 179.

[55] TONG T W, HE W, HE Z L, et al. Patent regime shift and firm innovation: evidence from the second amendment to China's patent law [J]. Academy of management annual meeting proceedings, 2014, 2014(1):14174.

[56]孔东民,徐茗丽,孔高文. 企业内部薪酬差距与创新[J]. 经济研究,2017(10):144 – 157.

[57] AMORE M D, SCHNEIDER C, ŽALDOKAS A. Credit supply and corporate innovation [J]. Journal of financial economics, 2013, 109(3):835 – 855.

[58] HASHMI, RAFIQUE A. Competition and innovation: the inverted – U relationship revisited [J]. Review of economics and statistics, 2013, 95(5): 1653 – 1668.

[59]CHANG X, FU K, LOW A, et al. Non – executive employee stock options and corporate innovation [J]. Journal of financial economics, 2015, 115 (1):168 – 188.

[60]许昊,万迪昉,徐晋. 风险投资、区域创新与创新质量甄别[J]. 科研管理,2017,38(8):27 – 35.

[61]HAUCAP J, RASCH A, STIEBALE J. How merger affect innovation: theory and evidence [J]. International journal of industrial organization, 2019, 63(3): 283 – 325.

[62]龙小宁,王俊. 中国专利激增的动因及其质量效应[J]. 世界经济, 2015(6):115 – 142.

[63]AKCIGIT U, BASLANDZE S, STANTCHEVA S. Taxation and the international mobility of inventors [J]. American economic review, 2016, 106 (10):2930 – 2981.

[64]HUERGO E, JAUMANDREU J. Firms' age, process innovation and productivity growth [J]. International journal of industrial organization, 2004, 22(4): 541 – 559.

[65]DUGUET E. Innovation height, spillovers and TFP growth at the firm level: evidence from French manufacturing [J]. Development & comp systems, 2006, 15(4/5):415 – 442.

[66]张杰,高德步,夏胤磊. 专利能否促进中国经济增长:基于中国专利资助政策视角的一个解释[J]. 中国工业经济,2016(1):83 – 98.

[67]HIRSHLEIFER D A, HSU P H, Li D. Innovative originality, profitability, and stock returns [J]. NBER working papers, 2017, 25(25):63 – 68.

[68]钟腾,汪昌云. 金融发展与企业创新产出:基于不同融资模式对比视角[J]. 金融研究, 2017(12):127 – 142.

[69]CLAUSEN T H. Do subsidies have positive impacts on R&D and innovation activities at the firm level? [J]. Structural change and economic dynamics, 2009, 20(4):239 – 253.

[70]严成樑,龚六堂. R&D 规模、R&D 结构与经济增长[J]. 南开经济

研究,2013(2):3－19.

[71]叶祥松,刘敬. 异质性研发、政府支持与中国科技创新困境[J]. 经济研究,2018(9):116－131.

[72]LIN C, LIN P, SONG F M, et al. Managerial incentives, CEO characteristics and corporate innovation in China's private sector [J]. Journal of comparative economics, 2009, 39(2):176－190.

[73]温军,冯根福. 风险投资与企业创新:"增值"与"攫取"的权衡视角[J]. 经济研究, 2018,53(2):185－199.

[74]LAMBERTINI L, POYAGO－THEOTOKY J, TAMPIERI A. Cournot competition and "green" innovation: an inverted－U relationship [J]. Energy economics, 2017, 68(10):116－123.

[75]罗良文,梁圣蓉. 中国区域工业企业绿色技术创新效率及因素分解[J]. 中国人口·资源与环境,2016,26(9):149－157.

[76]徐建中,王曼曼. 绿色技术创新、环境规制与能源强度:基于中国制造业的实证分析[J]. 科学学研究,2018,36(4):744－753.

[77]NASIEROWSKI W, ARCELUS F J. On the efficiency of national innovation systems [J]. Socioeconomic planning sciences, 2003, 37(3):215－234.

[78]屈国俊,宋林,郭玉晶. 中国上市公司技术创新效率研究:基于三阶段 DEA 方法[J]. 宏观经济研究,2018(6):97－106.

[79]肖仁桥,陈忠卫,钱丽. 异质性技术视角下中国高技术制造业创新效率研究[J]. 管理科学, 2018,31(1):48－68.

[80]LUCKING B, BLOOM N, REENEN J V. Have R&D spillovers changed? [R]. NBER Working Paper No. 24622, 2018.

[81]钟炜. 税收优惠与 FDI 的时空分析:基于税收优惠信号理论的实证研究[J]. 财经研究, 2006, 32(8):124－134.

[82]SCHARF K, SMITH S. The price elasticity of charitable giving: does the form of tax relief matter? [J]. International tax and public finance, 2015, 22(2):330－352.

[83]LOKSHIN B, MOHNEN P. Do R&D tax incentives lead to higher wa-

ges for R&D workers? Evidence from the Netherlands[J]. Research policy, 2013, 42(3):823 -830.

[84]贾俊雪. 税收激励、企业有效平均税率与企业进入[J]. 经济研究, 2014,49(7):94 -109.

[85]张莹,王雷. 税收激励、投资结构偏向与企业价值[J]. 财贸研究, 2016,27(5):136 -146.

[86]SCHOLES M S, WILSON G P, WOLFSON M A. Firms' responses to anticipated reductions in tax rates: the tax reform act of 1986[J]. Journal of accounting research, 1992, 30(3):161 -185.

[87]陈运森,孟庆玉,袁淳. 关系型税收优惠与税收政策的有效性:隐性税收视角[J]. 会计研究, 2018(2):42 -48.

[88]唐飞鹏. 地方税收竞争、企业利润与门槛效应[J]. 中国工业经济, 2017(7):99 -117.

[89]高培勇. 中国税收持续高速增长之谜[J]. 经济研究,2006(12): 13 -23.

[90]刘放,杨筝,杨曦. 制度环境、税收激励与企业创新投入[J]. 管理评论,2016,28(2):61 -73.

[91]宋凌云,王贤彬. 重点产业政策、资源重置与产业生产率[J]. 管理世界,2013(12):63 -77.

[92]李维安,李浩波,李慧聪. 创新激励还是税盾?——高新技术企业税收优惠研究[J]. 科研管理, 2016,37(11):61 -70.

[93]付文林,赵永辉. 税收激励、现金流与企业投资结构偏向[J]. 经济研究,2014,49(5):19 -33.

[94]柳光强. 税收优惠、财政补贴政策的激励效应分析:基于信息不对称理论视角的实证研究[J]. 管理世界,2016(10):62 -71.

[95]雷根强,郭玥. 高新技术企业被认定后企业创新能力提升了吗?——来自中国上市公司的经验证据[J]. 财政研究,2018(9):32 -47.

[96]林志帆,刘诗源. 税收负担与企业研发创新:来自世界银行中国企业调查数据的经验证据[J]. 财政研究,2017(2):98 -112.

[97]林洲钰,林汉川,邓兴华. 所得税改革与中国企业技术创新[J]. 中国工业经济,2013(3):111-123.

[98]李林木,郭存芝. 巨额减免税是否有效促进中国高新技术产业发展[J]. 财贸经济,2014(5):14-26.

[99]王登礼,赖先进,郭京京. "研发费加计扣除政策"的税收激励效应:以战略性新兴产业为例[J]. 科学学与科学技术管理,2018,39(10):3-12.

[100]曹越,陈文瑞. 固定资产加速折旧的政策效应:来自财税〔2014〕75号的经验证据[J]. 中央财经大学学报,2017(11):58-74.

[101]李昊洋,程小可,高升好. 税收激励影响企业研发投入吗?——基于固定资产加速折旧政策的检验[J]. 科学学研究,2017,35(11):1680-1690.

[102]范子英,彭飞. "营改增"的减税效应和分工效应:基于产业互联的视角[J]. 经济研究,2017,52(2):82-95.

[103]张璇,张计宝,闫续文,等. "营改增"与企业创新:基于企业税负的视角[J]. 财政研究,2019(3):63-78.

[104]刘行,赵健宇. 税收激励与企业创新:基于增值税转型改革的"准自然实验"[J]. 会计研究,2019(9):43-49.

[105]申广军,陈斌开,杨汝岱. 减税能否提振中国经济?——基于中国增值税改革的实证研究[J]. 经济研究,2016,51(11):70-82.

[106]ZHANG L, CHEN Y, HE Z. The effect of investment tax incentives: evidence from China's value-added tax reform [J]. International tax & public finance, 2017(8):913-945.

[107]李旭红,方超. 促进创新的个人所得税政策研究[J]. 税务研究,2019(10):36-39.

[108]高凤勤,杨璇,李涛. 促进创新的个人所得税制改革思考[J]. 税务研究,2019(3):24-29.

[109]刘生龙,王亚华,胡鞍钢. 西部大开发成效与中国区域经济收敛[J]. 经济研究,2009,44(9):94-105.

[110]袁航,朱承亮. 西部大开发推动产业结构转型升级了吗?——基于PSM-DID方法的检验[J]. 中国软科学,2018(6):67-81.

[111]周业安,高新雅. 区域综合性创新政策能够提升当地的创新能力吗? ——基于西部大开发的经验实证研究[J]. 经济管理,2008(Z3):31-38.

[112]贾俊雪,应世为. 财政分权与企业税收激励:基于地方政府竞争视角的分析[J]. 中国工业经济,2016(10):23-39.

[113]唐书林,肖振红,苑婧婷. 上市企业的自主创新驱动困境:是免费补贴还是税收递延? [J]. 管理工程学报,2018,32(2):95-106.

[114]CASTELLACCI F, LIE C M. Do the effects of R&D tax credits vary across industries? A meta-regression analysis [J]. Research policy, 2015, 44(4):819-832.

[115]RAO N. Do tax credits stimulate R&D spending? The effect of the R&D tax credit in its first decade [J]. Journal of public economics, 2016(140):1-12.

[116]FREITAS I B, CASTELLACCI F, FONTANA R, et al. Sectors and the additionality effects of R&D tax credits: a cross-country microeconometric analysis [J]. Research policy, 2017, 46(1):57-72.

[117]WILSON D J. Beggar thy neighbor? The in-state, out-of-state, and aggregate effects of R&D tax credits [J]. Review of economics & statistics, 2009, 92(2):431-436.

[118]KARKINSKY T, RIEDEL N. Corporate taxation and the choice of patent location within multinational firms [J]. Journal of international economics, 2012, 88(1):176-185.

[119]KASAHARA H, SHIMOTSU K, SUZUKI M. Does an R&D tax credit affect R&D expenditure? The Japanese R&D tax credit reform in 2003[J]. Journal of the Japanese and international economies, 2014, 31(C):72-97.

[120]OESTREICH N, TOOLE H R, WILLIAMSON J E. Component depreciation: a tax planning strategy for small businesses [J]. Journal of small business strategy, 2015, 12(2): 112-118.

[121]ALSTADSÆTER A, BARRIOS S, NICODEME G, et al. Patent bo-

xes design, patents location, and local R&D [J]. Economic policy, 2017, 33(1): 131 – 177.

[122]MOHNEN P, VANKAN A, VERSPAGEN B. Evaluating the innovation box tax policy instrument in the Netherlands [J]. Oxford review of economic policy, 2017, 33(1):141 – 156.

[123]RUSSO B. A cost benefit analysis of R&D tax incentives [J]. Canadian journal of economics, 2004, 37(2):313 – 335.

[124]KOGA T. Firm size and R&D tax incentives [J]. Technovation, 2003, 23(7):643 – 648.

[125]李万福,杜静,张怀. 创新补助究竟有没有激励企业创新自主投资:来自中国上市公司的新证据[J]. 金融研究,2017(10):130 – 145.

[126]戴晨,刘怡. 税收优惠与财政补贴对企业 R&D 影响的比较分析[J]. 经济科学,2008(3):58 – 71.

[127]AGHION P, ASKENAZY P, BERMAN N, et al. Credit constraints and the cyclicality of R&D investment: evidence from France [J]. Journal of the european economic association, 2012, 10(5):1001 – 1024.

[128]李林木,汪冲. 税费负担、创新能力与企业升级:来自"新三板"挂牌公司的经验证据[J]. 经济研究,2017,52(11):119 – 134.

[129]MUKHERJEE A, SINGH M, ŽALDOKAS A. Do corporate taxes hinder innovation? [J]. Journal of financial economics, 2017(124): 195 – 221.

[130]兰贵良,张友棠. 企业异质性因素、研发税收激励与企业创新产出[J]. 财会月刊,2018,834(14):44 – 51.

[131]李新,汤恒运,陶东杰,等. 研发费用加计扣除政策对企业研发投入的影响研究:来自中国上市公司的证据[J]. 宏观经济研究,2019(8):81 – 93,169.

[132]BRADLEY S, DAUCHY E, ROBINSON L. Cross – country evidence on the preliminary effects of patent box regimes on patent activity and ownership [J]. National tax journal, 2015, 68(4):1047 – 1071.

[133]HINES J R. Tax Incentives and the location of R&D by American

multinationals [J]. Tax policy and the economy, 1994(8):65 – 104.

[134]HALL B H, REENEN J V. How effective are fiscal incentives for R&D? A new review of the evidence [J]. Research policy, 2000, 29(4):449 – 469.

[135]KOBAYASHI Y. Effect of R&D tax credits for SMEs in Japan: a microeconometric analysis focused on liquidity constraints [J]. Small business economics, 2014, 42(2):311 – 327.

[136]CRESPI G, GIULIODORI D, GIULIODORI R, et al. The effectiveness of tax incentives for R&D + i in developing countries: the case of Argentina [J]. Research policy, 2016, 45(10):2023 – 2035.

[137]MINNITI A, VENTURINI F. The long – run growth effects of R&D policy [J]. Research policy, 2017, 46(1):316 – 326.

[138]HOWELL A. Firm R&D, innovation and easing financial constraints in China: does corporate tax reform matter? [J]. Research policy, 2016, 45(10):1996 – 2007.

[139]袁建国,胡明生,唐庆. 营改增对企业技术创新的激励效应[J]. 税务研究,2018(3):44 – 50.

[140]孙吉乐. “营改增”、企业利润率与企业创新[J]. 管理世界,2017(11):180 – 181.

[141]贺娜,李香菊. 企业异质性、环保税与技术创新:基于税制绿化视角的研究[J]. 税务研究,2018(3):74 – 80.

[142]陈远燕,何明俊,冯文芸. 中关村鼓励创新税收优惠政策效果评估:基于双重差分模型的实证分析[J]. 税务研究,2017(10):56 – 61.

[143]崔静静,程郁. 孵化器税收优惠政策对创新服务的激励效应[J]. 科学学研究,2016,34(1):30 – 39.

[144]关成华,邱英杰,袁祥飞. 财政政策工具与中国科技企业孵化器效率[J]. 财政研究,2018(12):48 – 61.

[145]HALL B H. R&D tax policy during the eighties: success or failure? [J]. Tax policy and economy, 1993, 7(12):1 – 35.

[146] WILLIAM W. Estimating the impact of the R&D tax credit on strategic groups in the pharmaceutical industry [J]. Research policy, 1993, 22(4): 337 - 351.

[147] 谭光荣,黄慧. 新企业所得税法的税收激励效应:基于我国上市高新技术企业的实证分析[J]. 财政研究,2010(4):24 - 27.

[148] HSIAO S H. PTE, innovation capital and firm value interactions in the biotech medical industry [J]. Journal of business research, 2014, 67(12): 2636 - 2644.

[149] BLOOM N, GRIFFITH R, REENEN J V. Do R&D tax credits work? Evidence from a panel of countries 1979—1997 [J]. Journal of public economics, 2002, 85(1):1 - 31.

[150] FABER J, HESEN A B. Innovation capabilities of European nations: cross - national analyses of patents and sales of product innovations [J]. Research policy, 2004, 33(2):193 - 207.

[151] YANG C H, HUANG C H, HOU C T. Tax incentives and R&D activity: firm - level evidence from Taiwan [J]. Research policy, 2012, 41(9): 1578 - 1588.

[152] 王玺,张嘉怡. 税收优惠对企业创新的经济效果评价[J]. 财政研究,2015(1):58 - 62.

[153] DECHEZLEPRÊTRE A, EINIÖ E, MARTIN R, et al. Do tax incentives for research increase firm innovation? An RD Design for R&D [R]. NBER Working Papers, No. 22405, 2016.

[154] LOKSHIN B, MOHNEN P. How effective are level - based R&D tax credits? Evidence from the Netherlands [J]. Applied economics, 2012, 44 (12):1527 - 1538.

[155] ERNST C, RICHTER K, RIEDEL N. Corporate taxation and the quality of research and development [J]. International tax and public finance, 2014, 21(4):694 - 719.

[156] 陈红,张玉,刘东霞. 政府补助、税收优惠与企业创新绩效:不同

生命周期阶段的实证研究[J]. 南开管理评论,2019,22(3):187 - 200.

[157]EISNER R, ALBERT S H, SULLIVAN M A. The new incremental tax credit for R&D: incentive or disincentive [J]. National tax journal, 1984, 37(2): 171 - 183.

[158]HAN B H, MANRY D. The value - relevance of R&D and advertising expenditures: evidence from Korea [J]. International journal of accounting, 2004, 39(2):155 - 173.

[159]BAGHANA R, MOHNEN P. Effectiveness of R&D tax incentives in small and large enterprises: analysis of firm data in Québec [J]. Small business economic, 2009, 33(2): 91 - 107.

[160]吴祖光,万迪昉,吴卫华. 税收对企业研发投入的影响:挤出效应与避税激励:来自中国创业板上市公司的经验证据[J]. 研究与发展管理,2013,25(5):1 - 11.

[161]黎文靖,郑曼妮. 实质性创新还是策略性创新?——宏观产业政策对微观企业创新的影响[J]. 经济研究,2016(4):60 - 73.

[162]杨国超,刘静,廉鹏,等. 减税激励、研发操纵与研发绩效[J]. 经济研究,2017(8):112 - 126.

[163]BROWN J R, MARTINSSON G, PETERSEN B C. What promotes R&D? Comparative evidence from around the world [J]. Research policy, 2017, 46(2):447 - 462.

[164]吴一平,李鲁. 中国开发区政策绩效评估:基于企业创新能力的视角[J]. 金融研究,2017(6):126 - 141.

[165]汪冲,江笑云. 研发税收激励、企业资格认定与减免可持续性[J]. 经济研究,2018,53(11):67 - 82.

[166] HAAPANEN M, LENIHAN H, MARIANI M. Government policy failure in public support for research and development [J]. Policy studies, 2014, 35(6):557 - 575.

[167]吴文锋,吴冲锋,芮萌. 中国上市公司高管的政府背景与税收优惠[J]. 管理世界,2009(3):134 - 142.

[168] RODRIK D. Industrial policy for the 21st century [R]. Kennedy School of Government, Harvard University, 2004.

[169]安同良,周绍东,皮建才. R&D 补贴对中国企业自主创新的激励效应[J]. 经济研究,2009(10):87-98.

[170] NADINE R. Quantifying international tax avoidance: a review of the academic literature [J]. Review of economics, 2018, 69(2):169-181.

[171]罗鸣令,范子英,陈晨. 区域性税收优惠政策的再分配效应:来自西部大开发的证据[J]. 中国工业经济,2019(2):61-79.

[172] TAKALO T, TANAYAMA T, TOIVANEN O. Welfare effects of R&D support policies [R]. Social Science Electronic Publishing, 2017.

[173]冯海波,刘胜. 所得课税、风险分担异质性与创新[J]. 中国工业经济,2017(8):138-155.

[174]王春元. 税收优惠刺激了企业 R&D 投资吗? [J]. 科学学研究, 2017,35(2):255-263.

[175]刘溶沧. 促进科技成果转化的税收政策探讨[J]. 中国工业经济, 2000(6):11-14.

[176]曾国祥. 税收政策与企业科技创新[J]. 财贸经济,2001(3): 34-39.

[177]胡勇辉,罗淑琴,黄黎明. 促进创新的企业所得税政策选择:国际经验与启示[J]. 税务研究,2016(12):62-64.

[178]薛薇,魏世杰. 刍议由国家自主创新示范区推广的创新税收政策[J]. 税务研究,2018(9):17-21.

[179]许多奇. 新税制改革与创新驱动发展战略[J]. 中国社会科学, 2018(3):123-145.

[180]朱为群,李佳坤. 激励科技创新的“专利盒”优惠税制的发展特征及启示[J]. 税务研究,2019(11):52-59.

[181] CLARYSSE B, WRIGHT M, MUSTAR P. Behavioural additionality of R&D subsidies: a learning perspective [J]. Research policy, 2009, 38(10): 1517-1533.

[182] NELSON R R. The simple economics of basic scientific research [J]. Journal of political economy, 1959, 67(3):297 -306.

[183] CERULLI G, POTÌ B. Evaluating the robustness of the effect of public subsidies on firms' R&D: an application to Italy [J]. Journal of applied economics, 2012, 15(2):287 -320.

[184] XU E, XU K. A multilevel analysis of the effect of taxation incentives on innovation performance [J]. Engineering management IEEE transactions on, 2013, 60(1):137 -147.

[185]水会莉,韩庆兰. 融资约束、税收激励与企业研发投入:来自中国制造业上市公司的证据[J]. 科技管理研究,2016,36(7):30 -36.

[186]田中禾,王丽茗. 融资约束、R&D税收优惠政策与研发投入:基于战略性新兴产业的实证研究[J]. 财会研究,2017(4):22 -28.

[187]王春元,叶伟巍. 税收优惠与企业自主创新:融资约束的视角[J]. 科研管理, 2018,39(3):37 -44.

[188] BOND E W, SAMUELSON L. Tax holidays as signals [J]. American economic review, 1986, 76(4):820 -826.

[189]郭晓丹,何文韬. 战略性新兴产业政府R&D补贴信号效应的动态分析[J]. 经济学动态,2011(9):88 -93.

[190] MEULEMAN M, MAESENEIRE W D. Do R&D subsidies affect SMEs' access to external financing? [J]. Research policy, 2012, 41(3):580 -591.

[191] YAN Z Q, LI Y. Signaling through government subsidy: certification or endorsement [J]. Finance research letters, 2018, 25(6):90 -95.

[192]郭玥. 政府创新补助的信号传递机制与企业创新[J]. 中国工业经济,2018(9):98 -116.

[193]王明海,李小静. 政府干预、外部投资与企业自主创新:基于信号传递视角的研究[J]. 上海经济研究,2017(2):9 -16.

[194]黄永春,姚远虎,徐军海,等. 规模扩张还是产品研发?——创业资助对新生企业家创业导向的影响[J]. 科学学研究,2020,38(2):

296－305.

［195］代明，殷仪金，戴谢尔．创新理论：1912—2012：纪念熊彼特《经济发展理论》首版100周年［J］．经济学动态，2012（4）：143－150.

［196］PABLO D R，CARRILLO－HERMOSILLA J，TOTTI K. Policy strategies to promote eco－innovation［J］．Journal of industrial ecology，2010，14（4）：541－557.

［197］AGHION P，CAI J，DEWATRIPONT M，et al. Industrial policy and competition［J］．American economic journal：macroeconomics，2015，7（4）：1－32.

［198］余明桂，范蕊，钟慧洁．中国产业政策与企业技术创新［J］．中国工业经济，2016（12）：7－24.

［199］陈志军．地方政府间财政竞争、空间策略行为与企业技术创新［J］．财政研究，2017（8）：69－78.

［200］BUSOM I，CORCHUELO B，MARTÍNEZ－ROS E. Participation inertia in R&D tax incentive and subsidy programs［J］．Small business economics，2017，48（1）：153－177.

［201］ROTHWELL R，GARDINER P. The strategic management of re－innovation［J］．R&D management，1989，19（2）：147－160.

［202］VECCHIATO R，ROVEDA C. Foresight for public procurement and regional innovation policy：the case of Lombardy［J］．research policy，2014，43（2）：438－450.

［203］SLAVTCHEV V，WIEDERHOLD S. Does the technological content of government demand matter for private R&D? Evidence from US states［J］．American economic journal：Macroeconomics，2016，8（2）：45－84.

［204］BASCAVUSOGLU－MOREAU E，MAHROUM S，et al. The role of demand on innovation：evidence from a resource rich economy［J/OL］．SSRN Electronic，2017（1）：1－25.［2017－05－16］．https://ssrn.com/abstract=2968932.

［205］GEROSKI P A. Procurement policy as a tool of industrial policy［J］．International review of applied economics，1990，4（2）：182－198.

［206］胡凯，蔡红英，吴清．中国的政府采购促进了技术创新吗？［J］．

财经研究,2013(9):134-144.

[207]HUERGO E, TRENADO M, UBIERNA A. The impact of public support on firm propensity to engage in R&D: Spanish experience [J]. Technological forecasting and social change, 2016, 113(12):206-219.

[208]WANG Y, LI J, FURMAN J L. Firm performance and state innovation funding: evidence from China's Innofund program [J]. Research policy, 2017, 46(6): 1142-1161.

[209]程聪慧,王斯亮. 创业投资政府引导基金能引导创业企业创新吗?[J]. 科学学研究,2018(8):1466-1473.

[210]董建卫,王晗,施国平,等. 政府引导基金参股创投基金对企业创新的影响[J]. 科学学研究,2018(8):1474-1486.

[211]CZARNITZKI D, LICHT G. Additionality of public R&D grants in a transition economy: the case of Eastern Germany [J]. Economics of Transition, 2005, 14(1):101-131.

[212]WOLFF G B W, REINTHALER V. The effectiveness of subsidies revisited: accounting for wage and employment effects in business R&D [J]. Research policy, 2008, 37(8):1403-1412.

[213]AERTS K, SCHMIDT T. Two for the price of one? On additionality effects of R&D subsidies: a comparison between Flanders and Germany [J]. Research policy, 2008, 37(5):806-822.

[214]CARBONI O A. R&D Subsidies and private R&D expenditures: evidence from Italian manufacturing data [J]. International review of applied economics, 2011, 25(4): 419-439.

[215]李汇东,唐跃军,左晶晶. 用自己的钱还是用别人的钱创新?——基于中国上市公司融资结构与公司创新的研究[J]. 金融研究,2013(2):170-183.

[216]陆国庆,王舟,张春宇. 中国战略性新兴产业政府创新补贴的绩效研究[J]. 经济研究,2014(7):44-55.

[217]XU K, HUANG K F, XU E. Giving fish or teaching to fish? An em-

pirical study of the effects of government research and development policies [J]. R&D management, 2014, 44(5):484 -497.

[218]ADAMS J D, CHIANG E P, JENSEN J L. The influence of federal laboratory R&D on industrial research [J]. Review of economics and statistics, 2003, 85(4):1003 -1020.

[219]HOTTENROTT H, LOPES - BENTO C. (International) R&D collaboration and SMEs: the effectiveness of targeted public R&D support schemes [J]. Research policy, 2014, 43(6):1055 -1066.

[220]YU F, GUO Y, LE - NGUYEN K, et al. The impact of government subsidies and enterprises' R&D investment: a panel data study from renewable energy in China [J]. Energy policy, 2016(89):106 -113.

[221]MONTMARTIN B, HERRERA M. Internal and external effects of R&D subsidies and fiscal incentives: empirical evidence using spatial dynamic panel models [J]. Research policy, 2015, 44(5):1065 -1079.

[222]HOWELL A. Picking "winners" in China: do subsidies matter for indigenous innovation and firm productivity? [J]. China economic review, 2017, 44(7):154 -165.

[223]刘春济,高静."扶优"还是"帮困":研发补助对创新的激励效应研究[J].经济管理,2019(6):57 -74.

[224]BOEING P. The allocation and effectiveness of China's R&D subsidies - evidence from listed firms [J]. Research policy, 2016, 45(9):1774 -1789.

[225]李溪,郑馨,张建琦.制造企业的业绩困境会促进创新吗:基于期望落差维度拓展的分析[J].中国工业经济,2018(8):174 -192.

[226]张璇,刘贝贝,汪婷,等.信贷寻租、融资约束与企业创新[J].经济研究,2017(5):163 -176.

[227]肖文,林高榜.政府支持、研发管理与技术创新效率:基于中国工业行业的实证分析[J].管理世界,2014(4):71 -80.

[228]邵敏,包群.政府补贴与企业生产率:基于我国工业企业的经验

分析[J]. 中国工业经济,2012(7):70－82.

[229]WALLSTEN S J. The effects of government－industry R&D programs on private R&D: the case of the small business innovation research program [J]. RAND journal of economics, 2000, 31(1): 82－100.

[230]毛其淋,许家云. 政府补贴、异质性与企业风险承担[J]. 经济学(季刊),2016,15(4):1533－1562.

[231]VISHNY S R W et al. Politicians and firms [J]. The quarterly journal of economics, 1994, 109(4): 995－1025.

[232]余明桂,回雅甫,潘红波. 政治联系、寻租与地方政府财政补贴有效性[J]. 经济研究, 2010(3):65－77.

[233]孟辉,白雪洁. 新兴产业的投资扩张、产品补贴与资源错配[J]. 数量经济技术经济研究, 2017(6):21－37.

[234]刘海洋,孔祥贞,马靖. 补贴扭曲了中国工业企业的购买行为吗?——基于讨价还价理论的分析[J]. 管理世界,2012(10):119－129.

[235]GWARTNEY J, LAWSON R, HOLCOMBE R. The size and functions of government and economic growth [R]. Working Paper, 1998.

[236]WU Y. The effects of state R&D tax credits in stimulating private R&D expenditure: a cross－state empirical analysis [J]. Journal of policy analysis and management, 2005, 24(4):785－802.

[237]DANG J, MOTOHASHI K. Patent statistics: a good indicator for innovation in China? Patent subsidy program impacts on patent quality [J]. China economic review, 2015, 35(9):137－155.

[238]陈远燕,何明俊,张鑫媛. 财政补贴、税收优惠与企业创新产出结构:来自中国高新技术上市公司的证据[J]. 税务研究,2018(12):48－54.

[239]LACH S. Do R&D Subsidies stimulate or displace private R&D? Evidence from Israel [J]. Journal of industrial economics, 2002, 50(4):369－390

[240]熊和平,杨伊君,周靓. 政府补助对不同生命周期企业 R&D 的影响[J]. 科学学与科学技术管理,2016,37(9):3－15.

[241]WANG J. Innovation and government intervention: a comparison of

Singapore and Hong Kong [J]. Research policy, 2018, 47(2):399 -412.

[242]范子英,王倩. 财政补贴的低效率之谜:税收超收的视角[J]. 中国工业经济,2019(12):23 -41.

[243]张辉,刘佳颖,何宗辉. 政府补贴对企业研发投入的影响:基于中国工业企业数据库的门槛分析[J]. 经济学动态,2016(12):28 -38.

[244]李晓钟,徐怡. 政府补贴对企业创新绩效作用效应与门槛效应研究:基于电子信息产业沪深两市上市公司数据[J]. 中国软科学,2019(5):31 -39.

[245]柳光强,杨芷晴,曹普桥. 产业发展视角下税收优惠与财政补贴激励效果比较研究:基于信息技术、新能源产业上市公司经营业绩的面板数据分析[J]. 财贸经济,2015(8):38 -47.

[246]GUAN J C, YAM R C M. Effects of government financial incentives on firms' innovation performance in China: evidences from Beijing in the 1990s [J]. Research policy, 2015, 44(1):273 -282.

[247]LEE K S, BROUWER W B F, LEE S I, et al. Introducing economic evaluation as a policy tool in Korea: will decision makers get quality information? [J]. Pharmaco economics, 2005, 23(7):709 -721.

[248]ATKINSON R D. Expanding the R&E tax credit to drive innovation, competitiveness and prosperity [J]. The journal of technology transfer, 2007, 32(6):617 -628.

[249]张同斌,高铁梅. 财税政策激励、高新技术产业发展与产业结构调整[J]. 经济研究,2012,47(5):58 -70.

[250]CZARNITZKI D, LOPES - BENTO C. Innovation subsidies: does the funding source matter for innovation intensity and performance? Empirical evidence from Germany [J]. Industry and innovation, 2014, 21(5):380 -409.

[251]储德银,杨姗,宋根苗. 财政补贴、税收优惠与战略性新兴产业创新投入[J]. 财贸研究,2016,27(5):83 -89.

[252]BERUBE C, MOHNEN P. Are firms that receive R&D subsidies more innovative? [J]. Canadian Journal of Economics, 2009, 42(1): 206 -225.

[253]ROGGE K S, REICHARDT K. Towards a more comprehensive policy mix conceptualization for environment technological change: a literature synthesis [R]. Working Paper Sustainability and Innovation, No. S 3/2013.

[254]COSTANTINI V, CRESPI F, PALMA A. Characterizing the policy mix and its impact on eco – innovation: a patent analysis of energy – efficient technologies [J]. Research policy, 2017, 46(4):799 – 819.

[255]GUERZONI M, RAITERI E. Demand – side vs. supply – side technology policies: hidden treatment and new empirical evidence on the policy mix [J]. Research policy, 2015, 44(3):726 – 747.

[256]DUMONT M. Assessing the policy mix of public support to business R&D [J]. Research policy, 2017, 46(10):1851 – 1862.

[257]HOTTENROTT H, LOPES – BENTO C, VEUGELERS R. Direct and cross scheme effects in a research and development subsidy program [J]. Research policy, 2017, 46(6): 1118 – 1132.

[258]MONTMARTIN B, HERRERA M, MASSARD N. The impact of the French policy mix on business R&D: how geography matters [J]. Research policy, 2018, 47(10):2010 – 2027.

[259]郑绪涛,柳剑平. 促进 R&D 活动的税收和补贴政策工具的有效搭配[J]. 产业经济研究, 2008(1):26 – 36.

[260]赵爱武,关洪军. 企业环境技术创新激励政策优化组合模拟与分析[J]. 管理科学,2018,31(6):104 – 116.

[261]张娜,杜俊涛. 对高新技术企业创新效率的影响:基于交互作用的视角[J]. 税务研究,2019(12):47 – 53.

[262]徐喆,李春艳. 我国科技政策组合特征及其对产业创新的影响研究[J]. 科学学研究,2017,35(1):45 – 53.

[263]孟维站,徐喆,刘宇佳,等. 我国科技政策组合特征对高技术产业创新效率的分阶段影响[J]. 经济问题,2019(6):49 – 54.

[264]娄贺统,徐恬静. 税收激励对企业技术创新的影响机理研究[J]. 研究与发展管理,2008,20(6):88 – 94.

[265]叶金育．税收优惠统一立法的证成与展开:以税收优惠生成模式为分析起点[J]. 江西财经大学学报,2016(2):114－129.

[266]程瑶,闫慧慧．税收优惠对企业研发投入的政策效应研究[J]. 数量经济技术经济研究,2018(2):116－130.

[267]GRIFFITH R, SANDLER D, REENEN J V. Tax incentives for R&D [J]. Fiscal studies, 1995, 16(2):21－44.

[268]高培勇,毛捷．间接税税收优惠的规模、结构和效益:来自全国税收调查的经验证据[J]. 中国工业经济,2013(12):143－155.

[269]孙莹．基于三维框架下科技创新税收优惠政策的量化分析[J]. 税务研究,2018(9):22－28.

[270]严成樑,龚六堂．税收政策对经济增长影响的定量评价[J]. 世界经济,2012,35(4):41－61.

[271]KAHNEMAN D, TVERSKY A. Prospect theory: an analysis of decision under risk [J]. Econometrica, 1979, 47(2):263－291.

[272]BAKER M P, WURGLER J. Behavioral corporate finance: an updated survey [J]. Handbook of the economics of finance, 2011, 2(8):357－424.

[273]王刚刚,谢富纪,贾友．R&D 补贴政策激励机制的重新审视:基于外部融资激励机制的考察[J]. 中国工业经济,2017(2):60－78.

[274]马光荣,刘明,杨恩艳．银行授信、信贷紧缩与企业研发[J]. 金融研究,2014(7):76－93.

[275]COLOMBO M G, D'ADDA D, PIRELLI L H. The participation of new technology－based firms in EU funded R&D partnerships: the role of venture capital [J]. Research policy, 2016, 45(2):361－375.

[276]HALL B H, LERNER J. The financing of R&D and innovation [J]. Handbook of the economics of innovation, 2010(1):609－639.

[277]LEVINE R. Bank－based or market－based financial systems: which is better? [J]. Journal of financial intermediation, 2002, 11(4):398－428.

[278]MYERS S C, MAJLUF N S. Corporate financing and investment decisions when firms have information that investors do not have [J]. Social Sci-

ence Electronic Publishing, 1984, 13(2):187 -221.

[279]STIGLITZ J E, WEISS A. Credit rationing in markets with imperfect information [J]. American economic review, 1981, 71(3):393 -410.

[280]CHEN D, LI O Z, XIN F. Five - year plans, China finance and their consequences [J]. China journal of accounting research, 2017(3):189 -226.

[281]陈思,何文龙,张然. 风险投资与企业创新:影响和潜在机制[J]. 管理世界,2017(1):158 -169.

[282]EDGERTON J. Investment, accounting, and the salience of the corporate income tax [R]. NBER Working Paper, 2012. [2012 -10 -20]. http://www.nber.org/papers/w18472.

[283]刘瑞明,赵仁杰. 西部大开发:增长驱动还是政策陷阱:基于PSM - DID方法的研究[J]. 中国工业经济,2015(6):32 -43.

[284]王永海,刘慧玲. 所得税税率变动与公司风险承受:基于我国A股上市公司的经验证据[J]. 会计研究,2013(5):43 -50.

[285]DOMAR E D, MUSGRAVE R A. Proportional income taxation and risk - taking [J]. The quarterly journal of economics, 1944, 58(3): 388 -422.

[286]FOCHMANN M, KIESEWETTER D, SADRIEH A. Investment behavior and the biased perception of limited loss deduction in income taxation [J]. Journal of economic behavior and organization, 2012, 81(1): 230 -242.

[287]王亮亮. 研发支出资本化或费用化:税收视角的解释[J]. 会计研究,2016(9):17 -24.

[288]高培勇. 结构性减税:2009年税收政策的主基调[J]. 涉外税务,2009(1):5 -7.

[289]杨灿明. 减税降费:成效、问题与路径选择[J]. 财贸经济,2017,38(9):5 -17.

[290]黄海杰,吕长江,Edward Lee. "四万亿投资"政策对企业投资效率的影响[J]. 会计研究, 2016(2):51 -57.

[291]徐飞. 银行信贷与企业创新困境[J]. 中国工业经济,2019(1):119 -136.

[292]He J, Tian X. The dark side of analyst coverage: the case of innovation [J]. Social science electronic publishing, 2013, 109(3):856-878.

[293]贾康,程瑜. 论“十二五”时期的税制改革:兼谈对结构性减税与结构性增税的认识[J]. 税务研究,2011(1):3-8.

[294]WHITED T M. Debt, Liquidity constraints, and corporate investment: evidence from panel data [J]. Journal of finance, 1992, 47(4):1425-1460.

[295]DEGRYSE H, JONG A D. Investment and internal finance: asymmetric information or managerial discretion? [J]. International journal of industrial organization, 2003, 24(1):125-147.

[296]ALMEIDA H, CAMPELLO M, WEISBACH M S. The cash flow sensitivity of cash [J]. Journal of finance, 2004, 59(4):1777-1804.

[297]KAPLAN S N, ZINGALES L. Do investment-cash flow sensitivities provide useful measures of financing constraints? [J]. Quarterly journal of economics, 1997, 112(1):169-215.

[298]WHITED T M, WU G. Financial constraints risk [J]. Review of financial studies, 2006, 19(2):531-559.

[299]DECHOW P M, SLOAN R G, HUTTON A P. Detecting earnings management [J]. The accounting review, 1995, 70(2):193-225.

[300]FANG V W, HUANG A H, KARPOFF J M. Short selling and earnings management: a controlled experiment [J]. Journal of finance, 2016, 71(3):1251-1294.

[301]胡元木,刘佩,纪端. 技术独立董事能有效抑制真实盈余管理吗?——基于可操控R&D费用视角[J]. 会计研究,2016(3):29-35,95.

[302]李广众,贾凡胜. 政府财政激励、税收征管动机与企业盈余管理:以财政“省直管县”改革为自然实验的研究[J]. 金融研究,2019(2):78-97.

[303]JOHN K, LITOV L, YEUNG B. Corporate governance and risk-taking [J]. The journal of finance, 2008, 63(4):1679-1728.

[304]BOUBAKRI N, COSSET J C, SAFFAR W. The role of state and foreign owners in corporate risk-taking: evidence from privatization [J]. Journal

of financial economics, 2013, 108(3):641 –658.

[305]余明桂,李文贵,潘红波. 管理者过度自信与企业风险承担[J]. 金融研究,2013(1):149 –163.

[306]何瑛,于文蕾,杨棉之. CEO 复合型职业经历、企业风险承担与企业价值[J]. 中国工业经济,2019(9):155 –173.

[307]余明桂,李文贵,潘红波. 民营化、产权保护与企业风险承担[J]. 经济研究,2013,48(9):112 –124.

[308]王小鲁,樊纲,余静文. 中国分省份市场化指数报告[M]. 北京:社会科学文献出版社,2017.

[309]王小鲁,樊纲,胡李鹏. 中国分省份市场化指数报告(2018)[M]. 北京:社会科学文献出版社,2019.

[310]张杰,周晓艳,李勇. 要素市场扭曲抑制了中国企业 R&D?[J]. 经济研究,2011(8):78 –91.

[311]王小龙,余龙. 财政转移支付的不确定性与企业实际税负[J]. 中国工业经济,2018(9):155 –173.

[312]BARON R M, KENNY D A. The moderator – mediator variable distinction in social psychological research: conceptual, strategic and statistical considerations [J]. Journal of personality and social psychology, 1986, 51(6): 1173 –1182.

[313]温忠麟,张雷,侯杰泰,等. 中介效应检验程序及其应用[J]. 心理学报,2004(5):614 –620.

[314]钱雪松,杜立,马文涛. 中国货币政策利率传导有效性研究:中介效应和体制内外差异[J]. 管理世界,2015(11):11 –28.

[315]齐绍洲,张倩,王班班. 新能源企业创新的市场化激励:基于风险投资和企业专利数据的研究[J]. 中国工业经济,2017(12):97 –114.

[316]Yu M, Ashton J K. Board leadership structure for Chinese public listed companies [J]. China economic review, 2015(34):236 –248.

[317]朱滔,丁友刚. 产权性质、领导权结构变化与公司业绩[J]. 会计研究,2016(5):48 –55.

[318]郝项超,梁琪,李政. 融资融券与企业创新:基于数量与质量视角的分析[J]. 经济研究, 2018(6):129 - 143.

[319]GUELLEC D, BRUNO V P D L P. The impact of public R&D expenditure on business R&D [J]. Economics of innovation and new technology, 2003, 12(3):225 - 243.

[320]KLETTE T J, GRILICHES Z. Empirical patterns of firm growth and R&D investment: a quality ladder model interpretation [J]. Economic journal, 2010, 110(463):363 - 387.

[321]STEIN J C. Takeover threats and managerial myopia [J]. Journal of political economy, 1988, 96(1):61 - 80.

[322]BUDISH E, ROIN B N, WILLIAMS H. Do firms underinvest in long - term research? Evidence from vancer clinical trials [J]. American economic review, 2015, 105(7): 2044 - 2085.

[323]CAGGESE A. Entrepreneurial risk, investment and innovation [J]. Journal of financial economics, 2012, 106(2):287 - 307.

[324]ORHANGAZI O. Financialization and capital accumulation in the nonfinancial corporate sector: a theoretical and empirical investigation on the US economy, 1973—2004[J]. Cambridge journal of economics, 2008, 32(6): 863 - 886.

[325]DEMIR F. Financial liberalization, private investment and portfolio choice: financialization of real sectors in emerging markets [J]. Journal of development economics, 2009, 88(2):314 - 324.

[326]吴延兵. 国有企业双重效率损失研究[J]. 经济研究,2012(3): 15 - 27.

[327]林伯强,杜克锐. 要素市场扭曲对能源效率的影响[J]. 经济研究,2013,48(9):125 - 136.

[328]AIELLO F, CARDAMONE P. R&D spillovers and firms' performance in Italy [J]. Empirical economics, 2008, 34(1):143 - 166.

[329]中国科技发展战略研究小组,中国科学院大学中国创新创业管理

研究中心．中国区域创新能力评价报告2019[M]．北京:科学技术文献出版社,2019.

[330]齐绍洲,林屾,崔静波．环境权益交易市场能否诱发绿色创新？——基于我国上市公司绿色专利数据的证据[J]．经济研究,2018,53(12):129－143.

[331]CHEN Z, LIU Z, SERRATO J C S,et al. Notching R&D investment with corporate income tax cuts in China [J]. American economic review, 2021, 111(7):2065－2100.

[332]张子余,杨丹,张碧秋．高新技术企业资格认定过程中的费用操控行为研究[J]．南开管理评论,2019,22(5):155－164.

[333]倪婷婷,王跃堂．增值税转型促进了企业研发投入吗？[J]．科学学研究,2018, 36(10):1848－1856.

[334]孙早,肖利平．融资结构与企业自主创新:来自中国战略性新兴产业A股上市公司的经验证据[J]．经济理论与经济管理,2016(3):45－58.

[335]刘晴,程玲,邵智,等．融资约束、出口模式与外贸转型升级[J]．经济研究,2017,52(5):75－88.

[336]江轩宇,朱琳,伊志宏,等．工薪所得税筹划与企业创新[J]．金融研究,2019(7):135－154.

[337]LACH S, SCHANKERMAN M. Dynamics of R&D and investment in the scientific sector [J]. Journal of political economy, 1989, 97(4):880－904.

[338]BROWN J R, PETERSEN B C. Cash holdings and R&D smoothing [J]. Journal of corporate finance, 2011, 17(3):694－709.

[339]温军,冯根福．异质机构、企业性质与自主创新[J]．经济研究,2012(3):53－64.

[340]张倩倩,周铭山,董志勇．研发支出资本化向市场传递了公司价值吗？[J]．金融研究,2017(6):176－190.

[341]朱星文．宏观政策、微观特征怎样影响了企业的R&D投入[J]．当代财经,2018(12):15－25.

[342]KERR W R, NANDA R. Democratizing entry: banking deregula-

tions, financing constraints, and entrepreneurship [J]. Journal of financial economics, 2009, 94(1):124 – 149.

[343]陆国庆. 中国中小板上市公司产业创新的绩效研究[J]. 经济研究,2011(2):138 – 148.

[344]BAI C E, HSIEH C T, SONG Z M. The long shadow of China's fiscal expansion [J]. Brookings paper on economic activity, 2016(2): 129 – 165.

[345]刘尚希,石英华,王志刚,等. 经济下行压力加大,亮点与挑战并存:2019 年三季度宏观经济形势分析报告[J]. 财政科学,2019(11):53 – 117.

[346]EVERS L, MILLER H, SPENGEL C. Intellectual property box regimes: effective tax rates and tax policy considerations [J]. International tax and public finance, 2015, 22(3):502 – 530.

[347]程瑶,潘旭文. 专利税收优惠设计的国际比较与借鉴[J]. 财政研究,2018(2):121 – 129.

[348]MIRONOV M. Taxes, theft, and firm performance [J]. The journal of finance, 2013, 68(4): 1441 – 1472.

[349]HOOPES J L, MESCALL D, PITTMAN J A. Do IRS audits deter corporate tax avoidance? [J]. The accounting review, 2012, 87(5):1603 – 1639.

[350]GUEDHAMI O, PITTMAN J. The importance of IRS monitoring to debt pricing in private firms [J]. Journal of financial economics, 2008, 90(1): 38 – 58.

[351]范子英,田彬彬. 税收竞争、税收执法与企业避税[J]. 经济研究,2013(9):99 – 111.

[352]刘玉龙. 最优税收理论分析框架:基于劳动价值论的视角[J]. 财贸经济,2017(9):18 – 30.

术语索引

C

产学研　9

创新驱动　1

创新市场失灵　35

D

单一税收激励政策　11

F

风险共担　22

G

高质量发展　2

个人所得税优惠　10

功能财政理论　34

公共物品理论　35

公司治理　22

古典经济理论　34

固定资产加速折旧　10

J

结构性减税　16

金融体制改革　194

P

普惠性税收激励　19

Q

企业技术创新　2

企业税收管理　192

企业所得税　4

区域性税收优惠　65

R

人力资源　22

融资约束　22

S

税基优惠　11

税率优惠　5

税收抵免　3

税收法定原则 179
税收激励 2
税收激励政策组合 16
税收优惠政策 5
税收征管效率 26
税制结构改革 19
市场失灵 2
实质性减税 16

W

外部性理论 35
外溢效应 99

X

西部大开发 21

Y

研发操纵 8
研发费用加计扣除 7
研发决策 15
研发投入 2
研发准备金 190
要素市场扭曲 98
“营改增” 28
盈余管理 57

Z

中间产出 10
专利盒制度 4
综合税收激励政策 16
最终产出 10